Informatik-Fachberichte 192

Herausgegeben von W. Brauer
im Auftrag der Gesellschaft für Informatik (GI)

K. Kansy P. Wißkirchen (Hrsg.)

Graphik im Bürobereich

GI-Fachgespräch

Bad Honnef, 29./30. November 1988

Proceedings

Herausgeber

Klaus Kansy
Peter Wißkirchen
Gesellschaft für Mathematik und Datenverarbeitung mbH
Schloß Birlinghoven, Postfach 1240, 5205 Sankt Augustin 1

GI-Fachgespräch „Graphik im Bürobereich"

Bad Honnef, 29. und 30. November 1988

Veranstalter

Gesellschaft für Informatik e. V. (GI),
Fachgruppe 4.1.1 „Graphische Systeme" und
Fachgruppe 4.1.2 „Graphische Kommunikation"
Gesellschaft für Mathematik und Datenverarbeitung mbH (GMD),
Sankt Augustin

Tagungsleitung

Dr. P. Wißkirchen (GMD, Sankt Augustin)

Programmkomitee

P. Egloff (GMD-FOKUS, Berlin)
M. Herzog (Siemens, Erlangen)
Dr. K. Kansy (GMD, Sankt Augustin)
H. Lutterbach (Bertelsmann, Gütersloh)
Prof. Dr. F. Nake (Universität Bremen)
Dr. J. Röhrich (FhG-IITB, Karlsruhe)
Dr. J. Schönhut (FhG-AGD, Darmstadt)
Prof. Dr. W. Straßer (Universität Tübingen)
Dr. P. Wißkirchen (GMD, Sankt Augustin)

CR Subject Classifications (1987): I.3, J.1

ISBN-13: 978-3-540-50543-3 e-ISBN-13: 978-3-642-74276-7
DOI: 10.1007/ 978-3-642-74276-7

Druck- und Bindearbeiten: Weihert-Druck GmbH, Darmstadt
2145/3140 – 543210 – Gedruckt auf säurefreiem Papier

Vorwort

Der vorliegende Tagungsband enthält die schriftliche Fassung der Vorträge des GI-Fachgesprächs **Graphik im Bürobereich**, das vom 29. bis 30. November 1988 in Bad Honnef stattfindet. Ziel des Fachgesprächs ist es, neuere Entwicklungen im Bereich der Graphischen Datenverarbeitung vorzustellen, die bürotypische Aufgaben im weiteren Sinne unterstützen. Neben der Darstellung des aktuellen Standes werden auch offene Forschungsfragen und neuartige Lösungsansätze aufgezeigt.

Während sich die Graphische Datenverarbeitung im Bürobereich noch vor wenigen Jahren auf die sogenannte "business graphics" beschränkte, in der typischerweise Zahlenkolonnen in Form von Kuchen- und Balkendiagrammen einprägsam dargestellt werden, hat sich heute das Anwendungsfeld von Graphik im Bürobereich wesentlich verbreitert. Neben der Generierung graphischer Darstellungen (passive Graphik) rücken mehr und mehr interaktive Anwendungen in den Vordergrund. Bemerkenswert sind hier zum Beispiel interaktive Graphikeditoren, die nicht nur schematisierte Geschäftsgraphiken erzeugen, sondern auch freies graphisches Gestalten erlauben.

Graphiksysteme kann man nicht nur als isolierte Systeme sehen, wichtig ist auch die Integration von Graphik mit Textsystemen, Datenbanken, Tabellenkalkulationsprogrammen etc. Im Beitrag von Hertweck/Stöhr werden am Beispiel eines Wissenschaftlerarbeitsplatzes die Anforderungen geschildert, die an integrierte Systeme gestellt werden, und die Leistungen beschrieben, die moderne Systeme heute schon erbringen.

Voraussetzung für den Austausch von Dokumenten in offenen Netzen ist die Normung von Dokumentarchitekturen. Im Beitrag von Scheller werden die Möglichkeiten zur Einbindung von Graphiken in Dokumente erläutert, die in der Norm "Office Document Architecture (ODA)" vorgesehen sind.

Die Erweiterung auf multimediale Dokumente mit Text, Bild und Ton (z.B. CD-ROM-basierte Informationsbasen) macht schnelle Fortschritte. Der Beitrag von Moeller/Schürmann beschreibt ein Modell für Multi-Media-Dokumente und analysiert Anforderungen an solche Dokumente im Rahmen offener Rechnernetze.

Ein auffallendes Phänomen der letzten Jahre ist das Vordringen graphischer Techniken an der Benutzerschnittstelle. Ursprünglich von XEROX entwickelte Konzepte einer graphischen Benutzungsoberfläche sind beim Apple Macintosh weiterentwickelt und in einem Maße populär gemacht worden, daß sie jetzt von anderen PC-Herstellern imitiert werden. Die konsequente Realisierung der gesamten Betriebssystemoberfläche und der Kommunikation mit Anwendungsprogrammen über graphische Metaphern hat Rechner auch für Laien zugänglich gemacht.

Die Bedeutung dieser Entwicklung spiegelt sich in fünf Beiträgen wider, die das Thema "Graphik und Benutzungsoberflächen" behandeln. Die Vorträge von Lorek und Scheuermann/Grollmann/Mühlfeld stellen Werkzeuge zur Erstellung objektorientierter graphischer Benutzungsoberflächen vor. Kühme et al. schildern die Systemarchitektur einer graphischen Benutzungsoberfläche für SINIX-Arbeitsplatzrechner an BS2000-Rechnern. Blumenfeld berichtet von der Entwicklung einer Benutzungsoberfläche für eine konkrete Anwendung, die Erfassung von Patentschriften. Juwig erläutert die softwaretechnologischen Grundkonzepte, auf der die graphische Benutzungsoberfläche des Apple Macintosh basiert.

Wenn auch die Verwendung von Graphiken an der Benutzungsoberfläche für mehr Einfachheit und Klarheit gesorgt hat, so bleibt die Erstellung von Graphiken selbst eine komplexe Aufgabe. Neben handwerklichen Problemen gibt es ästhetische Regeln und semantische Implikationen von graphischen Ausdrucksformen, die ein Laie nicht kennt und daher leicht verletzt. Im Beitrag von Kolb wird vorgeschlagen, Wissensbasen mit graphischem Wissen zu entwickeln, die es erlauben, aus Daten, die z.B. aus einer Datenbankabfrage hervorgegangen sind, mehr oder weniger automatisch eine angemessene graphische Darstellung zu generieren. Bolz untersucht, wie die Eingabe und Bearbeitung von Graphiken mit einem interaktiven Graphikeditor dadurch unterstützt werden kann, daß dem System Wissen über Eigenschaften verschiedener Graphiktypen und über Zusammenhänge zwischen Teilen einer Graphik zur Verfügung gestellt wird.

Drei Beiträge behandeln graphische Darstellungs- und Interaktionstechniken. Wegner stellt eine interaktive, graphische Schnittstelle für die Darstellung und Manipulation komplexer Objekte auf der Basis des erweiterten NF^2-Datenmodells vor.

Trambacz entwickelt in seinem Artikel eine Klassifikation typographischer Mittel, die richtig eingesetzt werden müssen, um zu einer Integrität von Form und Inhalt zu kommen. Durch die Leistungsfähigkeit moderner Desktop-Publishing-Systeme wird dem Benutzer das Gefühl vermittelt, daß man die Typographie perfekt beherrscht. Dabei wird leicht übersehen, wieviel Wissen notwendig ist, um ein Dokument gut zu gestalten, ein Wissen, das das "graphische Gewerbe" durch jahrhundertelange Erfahrung zusammengetragen hat.

Hinterberger/Teufel beschäftigen sich mit dem Problem, Textdokumente nicht nur über einzelne Schlüsselworte zu erschließen, sondern sie als Ganzes graphisch so darzustellen, daß ähnliche Dokumente noch als ähnlich erkannt werden können.

Den Abschluß des Tagungsbandes bilden Beiträge, in denen Systeme aus dem kommerziellen Bereich vorgestellt werden: ein TEX-Previewer zur Darstellung von Dokumenten mit Text und Graphik, die graphische Benutzungsoberfläche von SINIX, der GEAMATICS Dialog-Compiler für graphische Oberflächen und das System TRIXTER für eine Schnittstelle mit sich bewegenden räumlichen Objekten.

Bei der Vorbereitung und Durchführung einer Tagung ist die Zusammenarbeit vieler notwendig, um ein gutes Programm zusammenzustellen und das Gelingen der Tagung zu sichern. Für die Mithilfe bei der Gestaltung und Organisation des GI-Fachgesprächs **Graphik im Bürobereich** gilt unser besonderer Dank

- den Vortragenden, deren fachliche Beiträge dieses Fachgespräch ermöglicht haben,
- den Mitgliedern des Programmkomitees, die die einzelnen Beiträge ausgewählt und betreut haben,
- Herrn Dr. Reinhard Oppermann, der die Podiumsdiskussion zum Thema "Graphische Benutzungsoberflächen im Büro – Fortschritt oder Sackgasse" vorbereitet und geleitet hat,
- Frau Harms, die das Tagungssekretariat mit großem Einsatz geführt hat.

St. Augustin, im Oktober 1988

K. Kansy
P. Wißkirchen

Inhaltsverzeichnis

GRAPHISCHE DARSTELLUNGS- UND INTERAKTIONSTECHNIKEN

VORSTELLUNG VON PRODUKTEN

Graphik am Wissenschaftlerarbeitsplatz: Dokumenterstellung und Dokumentaustausch

Lioba Hertweck Wilfried Stöhr
Fraunhofer-Institut für Informations- und Datenverarbeitung
Fraunhoferstr. 1
7500 Karlsruhe 1

Zusammenfassung

Im Rahmen des Projektes "Wissenschaftlerarbeitsplatz" werden verschiedene Text-/Graphiksysteme verglichen. Wie sich zeigt, sind in der Funktionalität der Editoren nur geringe Unterschiede festzustellen. Deutlich wichtiger sind für die Gesamtplanung des WAP Funktionen, die den Datenaustausch in einem heterogenen Netzwerk unterstützen. Die Anforderungen in diesem Bereich werden von den heute verfügbaren Systemen nur sehr unzureichend erfüllt. Dies wiegt besonders schwer in einer heterogenen, vernetzten Umgebung, in der freier Dokumentaustausch angestrebt wird.

1 Das Projekt "Wissenschaftlerarbeitsplatz"

Zielsetzung

Das WAP-Projekt ist ein FhG-internes Projekt mit der Aufgabenstellung, ein Arbeitsplatz-System zu schaffen, das die Wissenschaftler bei ihren vielfältigen Aufgaben unterstützt.

Auf der Basis einer Umfrage wurden verschiedene Anwendungsbereiche ausgewählt, die in einer ersten Ausbaustufe des Systems unterstützt werden sollten. Dazu zählen Basisdienste wie

- Textverarbeitung
- Text-/Graphikverarbeitung
- Kommunikation
- Datenverwaltung
- Integration der Daten
- Wissenschaftliches Rechnen.

Unter dem letzten Begriff werden alle aufgabenspezifischen Hilfsmittel wie Statistikpakete, Simulatoren usw. zusammengefaßt.

Diese Funktionalität soll jedem Wissenschaftler an seinem Arbeitsplatz verfügbar gemacht werden, so daß sie ihm jederzeit für die Bearbeitung der gestellten Aufgaben zur Verfügung steht. Diese Anforderung kann heute weitgehend durch lokale Netzwerke erfüllt werden.

Darüber hinaus ist eine wesentliche Forderung die durchgängige Verfügbarkeit der im Gesamtsystem vorhandenen Daten Dadurch soll Mehrfacheingabe von Datenbeständen vermieden und so die Reduzierung von Routinetätigkeiten erreicht werden.

Innerhalb des WAP-Systemes hat die Graphikverarbeitung hohes Gewicht, sowohl innerhalb des Text-/Graphiksystems, das die Erstellung von Präsentationsmaterial und

Berichten unterstützt, als auch im Bereich "wissenschaftliches Rechnen", wo viele Ergebnisse graphisch präsentiert werden.

Das Basissystem

Maßgeblich für die Auswahl von Hardware und Betriebssystem war die Forderung, unabhängig von den verschiedenen Rechnerherstellern zu bleiben und genügend Rechenleistung sowie Speicherplatz auch für größere wissenschaftliche Anwendungen bereitzustellen. Die Wahl fiel auf UNIX, das derzeit offenste und unabhängigste Betriebssystem auf dem Markt. Durch die Wahl dieses Betriebssystems wurde Offenheit für praktisch alle Anbieter von Workstations erreicht.

Durch die Vernetzung der Arbeitsplatzrechner innerhalb eines LAN sollte im Prinzip freier Zugriff auf alle verfügbaren Systeme vom Arbeitsplatz aus ermöglicht werden.

Daß mit dieser Auswahl der derzeit größere DOS-Markt ausgeschlossen wurde, konnte mit Blick auf das Entwicklungspotential von UNIX gerade im wissenschaftlichen Bereich in Kauf genommen werden.

Das WAP-System sollte auf dieser Basis nach Möglichkeit aus fertigen, am Markt etablierten Software-Komponenten aufgebaut werden. Eigenentwicklungen sollten nur dort durchgeführt werden, wo Anpassungen dieser Komponenten unbedingt erforderlich sind.

Unter diesen Randbedingungen ist die Schaffung eines voll integrierten Gesamtsytems nicht möglich. Die geforderte durchgängige Verfügbarkeit der Daten kann nur über einen freizügigen Dokumentaustausch zwischen verschiedenen Rechnern und Bearbeitungssystemen angenähert werden.

Die Anwendung und ihre Umgebung

Das WAP-System wird in eine Umgebung eingeführt, die z. T. schon weitgehend mit Rechnern und Systemen der unterschiedlichsten Hersteller, Funktionalität und Datenformate ausgestattet ist. Im Bereich Text-/Graphikverarbeitung sind innerhalb der Institute typischerweise im Einsatz

- wissenschaftliche Programme mit graphischer Ausgabe auf PC, Workstations und Großrechner
- Text-/Graphiksyteme auf PC, Workstations und Spezialrechnern
- weitere Graphikanwendungen wie Business-Graphik, Zeichenprogramme usw.,

die alle unterschiedliche Funktionalität besitzen und mit unterschiedlichsten Datenformaten arbeiten. Für das WAP-System wurde ebenfalls ein Text-/Graphik-Programm ausgewählt, das additiv in diese bereits heterogene Landschaft eingeführt wird.

Gute Unterstützung der Text-/Graphikverarbeitung ist in dieser Umgebung nur möglich, wenn neben der reinen Funktionalität des Systems auch Möglichkeiten zur Integration existierender bzw. fremderzeugter Datenbestände sowie zum Datenaustausch zwischen unterschiedlichen Rechnern bestehen. Dies betrifft sowohl den Austausch von wissenschaftlichen Ergebnissen zum weiterverarbeitenden Text-/Graphiksystem als auch nach Möglichkeit zwischen den verschiedenen Text-/Graphiksystemen. Aus WAP-Sicht muß es zumindest möglich sein, alle im System vorhandenen Graphik-Formate in das Text-/ Graphiksystem des WAP einzulagern und weiterzuverarbeiten.

Zu berücksichtigen sind typischerweise folgende Formate

- andere Graphiksysteme wie WPS, XEROX Star, GEM...
- Industrie-Standards wie PLOT 10, HPGL, CALCOMP, GKSM...

Daneben müssen solche Integrationsfunktionen in möglichst einfacher Art und Weise nutzbar gemacht werden. Dies stellt hauptsächlich Anforderungen an die Architektur der Software.

2 Dokumenterstellung

Anforderungen

Auch für den Wissenschaftler liegt der Einsatz von Graphik am Arbeitsplatz neben der Auswertung von Meßergebnissen und dem Systemdesign mittels CAD hauptsächlich im Bereich der Dokumentation. Daraus resultieren Anforderungen bezüglich der geeigneten Funktionalität eines Graphikeditors, bezüglich der Integration von Text und Graphik im Dokument und auch bezüglich der Integration von Fremdgraphiken in einem Graphikdokument, z.B. zur Darstellung einer Meßkurve in einer Dokumentation. Der Graphikeditor ist also wichtiges Hilfsmittel zur Erzeugung und Weiterverarbeitung von Graphiken für den Wissenschaftler-Arbeitsplatz.

An dieser Stelle soll zunächst auf die Funktionalität von Graphikeditoren eingegangen werden. Zu den Anforderungen gehören neben den Funktionen zum Erzeugen von Grundelementen und deren Manipulation auch Hilfsfunktionen wie Ausrichtung oder Gruppierung und Überlagerung von Graphikelementen.

Die Funktionalität eines Graphikeditors läßt sich in folgende Bereiche unterteilen:

- Erzeugung von Grundelementen
  wie Linie, Rechteck, Ellipse usw.
  Besonderheiten sind in diesem Bereich das Freihandzeichnen oder die Möglichkeit, benutzerdefinierte Graphikelemente zu erstellen.
- Definition der Eigenschaften von Graphikelementen
  wie Linienstärke, Linienform und Füllmaske.
- Veränderungsfunktionen
  Vergrößern/Verkleinern, Drehen, Spiegeln, Erzeugen von Kreisbögen.
- Zuordnung von Graphikelementen
  Perspektivische Überlagerung, Gruppierung.
- Ausrichtung
  Erzeugen von Rastern, Ausrichtung.
- Geschäftsgraphik
  Ein besonderes Merkmal eines Bürosystems ist die Unterstützung von Geschäftsgraphiken. Unterstützung kann bedeuten, daß der Benutzer Balken-, Kuchen- oder Liniendiagramme als Graphikelemente erzeugen und mit dem Graphikeditor verändern kann oder, komfortabler, die automatische Umsetzung von Tabellen in Geschäftsgraphiken.

Vergleich verschiedener Graphiksysteme

Im Rahmen des WAP haben wir unter anderem folgende Text-/Graphiksysteme näher untersucht:

XEROX-STAR 6085
WPS V1.0
Alis V1.20

Die Graphikfunktionalität dieser Bürosysteme wird in Tabelle 1 beispielhaft gegenübergestellt. Die Funktionsmerkmale erheben dabei nicht den Anspruch auf Vollständigkeit, sondern sollen nur einen Überblick geben.

Außerdem ist zu erwarten bzw. schon erfolgt, daß neuere Versionen zusätzliche Funktionalität aufweisen.

Additive Funktionen

Wie Tabelle 1 zeigt, ist der Funktionsumfang der 3 betrachteten Systeme weitgehend identisch. Es ist auch die Tendenz zu beobachten, daß bei neueren Versionen der Funktionsumfang auf einen "marktüblichen" Standard erweitert wird.

Deshalb sollten solche Vergleichstabellen nicht allein als Beurteilungsmaßstab angelegt werden. Wichtiger als der Funktionsumfang sind nach unserer Erfahrung die Benutzungsoberfläche, die Verfügbarkeit sowie Integrationsfunktionen eines Systems.

Hier zeigen sich oft deutliche Unterschiede: Während z.B. XEROX-Star ein in sich geschlossenes System ist, das nur auf spezieller Hardware läuft, ist Alis auf den marktüblichen UNIX-Maschinen und auch auf PC verfügbar.

Die Möglichkeit, Graphik im Text zu integrieren, besteht bei allen 3 Systemen. XEROX-Star bietet den Vorteil, daß Text- und Graphikrahmen in einem Dokument beliebig geschachtelt werden können. Demgegenüber bietet Alis die Möglichkeit, Graphikdokumenttypen als Gestaltungsvorlage zu benutzen. Zusammen mit der Möglichkeit einer benutzerdefinierten Palette von Grundelementen können damit vom Benutzer graphische Dokumenttypen als Vorlagen definiert werden, z.B. zur Erstellung von Schaltplänen oder Flußdiagrammen usw.

Mit dem XEROX-Star können Rasterbilder erzeugt und mit einem Pixeleditor bearbeitet werden. Alis bietet diese Funktionalität erst in der nächsten Version.

Auch bezüglich der Integration von Fremdgraphiken ist Alis offener als XEROX-Star. In Alis können Graphiken im HPGL-Format importiert werden. Alis bietet zudem ein eigenes ASCII codiertes Austauschformat, mit dem Dokumente zwischen verschiedenen Maschinen und Software-Versionen ausgetauscht werden können. Für die nächste Version wurden zusätzliche Export- und Importschnittstellen im Graphikbereich angekündigt. Über das ASCII-Datenaustauschformat ist es möglich, beliebige selbsterstellte Konverter an Alis anzuschließen.

Der Anschluß der Tabellenkalkulation an die Graphik in Alis, d.h. die automatische Umsetzung von Tabellen in Geschäftsgraphiken ist eine besondere Funktion, die von WPS und XEROX-Star nicht bereitgestellt werden. Für unsere Zwecke ist diese Funktion ganz nützlich zur graphischen Auswertung von Meßergebnissen. Allerdings muß gesagt werden, daß sich diese Funktion nur auf einige Parameter beschränkt und nicht für die allgemeine Meßwertanalyse geeignet ist.

Funktionen zur Ausrichtung von geometrischen Objekten sind bei Alis besser als bei XEROX-Star und bei WPS. Was jedoch allen betrachteten Systemen fehlt, ist die Mitführung eines Fadenkreuzes in der horizontalen und vertikalen Maßanzeige zum maßstabgerechten Zeichnen.

Ganz allgemein kann man sagen, daß für den Wissenschaftler-Arbeitsplatz kein vollständig integriertes Gesamtsystem angeboten werden kann, sondern hier der Weg der Integration verschiedener Spezialanwendungen über Datenaustauschwege beschritten wird. Deshalb liegt hierbei die besondere Gewichtung auf der Integration von Fremddokumenten.

Tabelle 1:

	Alis	WPS	XEROX-Star
Grundelemente			
Linie	x	x	x
Rechteck	x	x	x
Ellipse, Kreis	x	x	x
Kurve	-	-	x
Polygonzug	x	-	-
Text	x	x	x
Freihandlinie	x	-	x
benutzerdefinierte Graphikelemente	x	-	
Eigenschaften			
Linienstärke	x	x	x
Linienform	x	x	x
Füllmuster	x	x	x
Veränderungsfunktionen			
Vergrößern/Verkleinern			
horizontal	x	x	x
vertikal	x	x	x
in bel. Richtung	x	x	x
Drehen	x	x	x
x/y-Spiegelung	x	-	-
Erzeugen von Kreisbogen	x	-	x
Zuordnung von Graphikelementen			
Überlagerung:			
Vordergrund, Hintergrund	x	x	x
Gruppierung:			
Zusammenfassung v. Elementen	x	x	x
Ausrichtung			
Erzeugen von Rastern	x	x	x
Ausrichtung nach links	x	x	-
rechts	x	x	-
oben	x	x	-
unten	x	x	-
zentral horizontal	x	x	-
zentral vertikal	x	x	-
Fangpunkte	x	x	x
Geschäftsgraphik			
Balkendiagramme	x	x	x
Kuchendiagramme	x	x	x
Liniendiagramme	x	-	x
Umsetzung von Tabellen in Geschäftsgraphik	x	-	x

Zusammenfassend können wir aufgrund unserer bisherigen Erfahrungen feststellen, daß bei der annähernd gleichen Funktionalität von relevanten Bürosystemen für Arbeitsplatzrechner die Gewichtung bei der Auswahl mehr auf die Integrationsmöglichkeiten und die Benutzungsoberfläche zu legen ist

3 Dokumentaustausch

Anforderung

Wie bereits erwähnt, ist eines der wichtigsten Ziele des WAP die Unterstützung eines freizügigen Dokumentaustausches zwischen den verschiedenen Rechnern und Programmsystemen. Ein wesentlicher Aufgabenbereich in der FhG besteht in der Durchführung und Auswertung von Versuchsreihen unterschiedlichster Art. Für diese Auswertungen werden i.a. Spezialsysteme herangezogen, die auch die graphische Aufbereitung der Ergebnisse unterstützen. Diese Systeme sind meist noch sehr hardware-orientiert und benutzen herstellerspezifische Datenformate zur Darstellung ihrer Graphiken. Die wichtigsten Formate sind hierbei HPGL, PLOT 10, CALCOMP. Daneben hat auch CGM ein gewisses Gewicht erlangt.

Die Integration solcher Ergebnisse in Berichte, Präsentationsmaterial oder sonstige schriftliche Unterlagen sind im WAP besonders wichtig. Da das Format solcher extern aufbereiteter Ergebnisse meist nicht präsentationsgerecht ist, muß auch die nachträgliche Manipulierbarkeit im Graphiksystem gefordert werden.

Wie schon erwähnt, existieren in den Instituten bereits Text-/Grafiksysteme zur Erzeugung von Graphik, deren Austausch mit dem WAP-System ebenfalls unterstützt werden soll, wenn auch mit geringerer Priorität.

Um die Komplexität des Gesamtsystems zu reduzieren, sollten Ausgabegeräte nach Möglichkeit von allen Systemen genutzt werden können.

Aktuelle Situation

Zur Erfüllung der aufgezeigten Anforderung müssen die Daten möglichst transparent zwischen jeweils zwei Systemen ausgetauscht werden können. Dazu müssen wir bei den beteiligten Systemen eine externe Zugriffsmöglichkeit auf die Daten voraussetzen, was selbstverständlich die Kenntnis von Syntax und Semantik einschließt. Dies ist i.a. keineswegs selbstverständlich. Alle untersuchten Graphiksysteme benutzen ein herstellerspezifisches internes Datenformat zur Beschreibung der erzeugten Graphiken. Diese Formate sind i.a. nicht oder nur unvollständig dokumentiert, so daß über diese Schnittstelle kein Austausch der Daten möglich ist. Liegen jedoch Formatbeschreibungen für diese Formate vor, so sind diese sehr unsicher und wechseln zwischen den verschiedenen Versionen.

Zum Teil sind die Systeme jedoch in der Lage, Dokumente in Industrie-Standardformaten wie HPGL, PLOT10 usw. oder Standardformaten wie CGM einzulesen. Dieser Weg ist jedoch oft nicht umkehrbar, d. h. interne Dokumente können nicht nach außen gegeben werden, was bei der Benutzung verschiedener Text-/Graphiksysteme notwendig wäre. Für nicht unterstützte externe Formate sind aufgrund der obigen Einschränkung mit vertretbarem Aufwand keine Integrationsmöglichkeiten realisierbar.

Ähnlich unbefriedigend ist der Austausch von Graphiken zwischen unterschiedlichen Systemversionen gelöst. Teilweise ist die Einlagerung von Dokumenten, die mit älteren Versionen erstellt wurden, nicht oder nur über eine Version hinweg möglich. Dies ist für den praktischen Einsatz der Systeme eigentlich nicht tragbar, entspricht aber dem Stand der Technik.

Auch für den Austausch von Graphiken zwischen denselben, jedoch auf unterschiedlichen Rechnern ablaufenden Graphikprogrammen werden nicht immer kompatible Austauschformate angeboten. Hier stehen wir mit unseren Anforderungen noch vielen ungelösten Problemen gegenüber, die z. T. bis auf die Ebene der Betriebssysteme bzw. Kommunikationssysteme reichen.

Da einige Systeme in sich geschlossen sind, können weder die zugehörigen Drucker von anderen Systemen genutzt werden, noch ist die Nutzung anderer Drucker aus diesen Systemen möglich. In diesen Systemen (z.B. XEROX Star) ist eine sehr gute Abstimmung zwischen Software und Drucker erreicht (WYSIWYG), was die Arbeit sehr erleichtert.

In den offeneren Systemen (z.B. Alis) führt die fehlende Normung von Fonts, Abbildung zwischen interner und externer Darstellung und Zusammenhang zwischen verschiedenen Graphikdruckformaten faktisch ebenfalls zu Hardwareabhängigkeiten. Damit ist beispielsweise der Aufbau von Standardformularen abhängig vom Ausgabegerät und kann nicht einheitlich für alle Ausgabegeräte angeboten werden.

Konzeption

Da die verfügbaren Systeme derzeit im Rahmen des Standard-Funktionsumfanges keinen Datenaustausch ermöglichen, müssen durch Eigenentwicklung entsprechende Austauschpfade entwickelt werden. Dazu sind zu jedem System entsprechende Export- und Importkonverter zu entwickeln, die den Austausch von und zu einem festen Austauschformat durchführen.

An dieses Austauschformat sind in der vorgegebenen inhomogenen Rechnerumgebung folgende Anforderungen zu stellen

1. Die Codierung muß geeignet sein für den Austausch zwischen unterschiedlichen Rechnern.
2. Zur Erhaltung der externen Dateninformation muß das Austauschformat möglichst viele Elemente enthalten.

Speziell in der hier beschriebenen Umgebung von UNIX-Rechnern wird die Codierung durch die erste Forderung eingeschränkt auf 7 bit Zeichen, da nur diese problemlos zwischen den Rechnern ausgetauscht werden können.

Die zweite Forderung ist nur schwer zu erfüllen. Die in existierenden Metafile-Formaten enthaltenen Elemente sind i.a. nicht ausreichend, so daß bei der Konvertierung ins Austauschformat Information verlorengeht. Die in den Standards enthaltenen Funktionen zur Erweiterung sollten wegen der daraus folgenden Inkompatibilität zu verfügbaren Konvertern nicht genutzt werden.

Das im WAP eingesetzte System Alis bietet derzeit folgende Integrationsfunktionen:

- ein innerhalb der UNIX-Systeme kompatibles ASCII-codiertes Austauschformat, mit dem der Austausch von beliebigen Dokumenten zwischen identischen Programmversionen, aber unterschiedlichen Rechnern möglich ist.
- die genaue Spezifikation dieses Austauschformates, wobei die Kompatibilität zwischen verschiedenen Software-Versionen noch nicht garantiert werden kann.
- die Möglichkeit, HPGL-Files in das System und damit in jedes Dokument zu integrieren.

Für die Realisierung weiterer Integrationsfunktionen kann auf dieser Funktionalität aufgesetzt werden. Soweit es um die Integration von extern erzeugten Graphiken geht, kann die HPGL-Schnittstelle genutzt werden.

Hier wollen wir jedoch, wo nötig, für eigene Konverter das CGM-Format nutzen, um von firmenspezifischen Formatvarianten, wie sie bei HPGL auftreten, unabhängig zu sein.

Für den Austausch von Text-/Graphikdokumenten wird ebenfalls ein Austauschformat festgelegt. Die Verwendung des Alis-Austauschformates als Standard bietet sich hierfür an, zumal sich hier noch keine Standards am Markt etabliert haben.

Auf der Basis dieser Zwischenformate sollen dann weitere Transformatoren entwickelt werden, die jeweils die beidseitige Abbildung von und zu einem systemspezifischen Format realisieren. Sollte in Zukunft die Verwendung anderer Zwischen- bzw. Zielformate nötig werden, so können mit den existierenden Transformatoren Ketten aufgebaut werden, die dann auch die Übernahme in neuere Systeme unterstützen.

Im Bereich Druckersteuerung bzw. Seitenbeschreibung bietet sich durch die rasche Verbreitung von Postscript die Chance, einheitliche Druckeransteuerung im gesamten Netz zu erreichen, und damit den freizügigen Datenaustausch auf dieser Ebene zu unterstützen.

Graphik in ODA - Realität und Benutzeranforderungen

ANGELA SCHELLER

GESELLSCHAFT FÜR MATHEMATIK UND DATENVERARBEITUNG (GMD)
FORSCHUNGSZENTRUM FÜR OFFENE KOMMUNIKATIONSSYSTEME (FOKUS)

1 Einleitung

Im Laufe des Jahres 1988 wird die *Office Document Architecture (ODA)* [1] als internationaler Standard veröffentlicht werden. Der endgültige Text liegt bereits vor. Zahlreiche Hersteller von Bürosystemen erproben schon seit einigen Jahren im Rahmen von ESPRIT-Projekten die Einsatzmöglichkeiten von ODA. Auf der CeBit '88 wurde unter Beteiligung von Bull, ICL, Olivetti und Siemens der Dokumentenaustausch zwischen existierenden Bürosystemen demonstriert. Als Basis für den Dokumentenaustausch diente dabei ODIF, das in ISO 8613 festgelegte Austauschformat für ODA-Dokumente. Aufgrund dieser Entwicklung ist damit zu rechnen, daß Hersteller demnächst auf ODA basierende Bürosysteme auf den Markt bringen werden und der Benutzer auf die im Standard angebotene Funktionalität festgelegt sein wird.

Ein weiterer Standard zur Strukturierung von Dokumenten, die *Standard Generalized Markup Language (SGML)* [2], wurde bereits 1986 veröffentlicht. SGML-Anwendungen unterliegen keinen Beschränkungen hinsichtlich der Datenstrukturen des Dokumenteninhaltes. Daher ist SGML auch für beliebige Anwendungen im Graphikbereich einsetzbar. Die zugrundeliegenden Datenstrukturen sind jedoch immer anwendungsabhängig und somit im Gegensatz zu ODA-Dokumenten nicht in offenen Netzen mit beliebigen Kommunikationspartnern austauschbar. Der Trend laufender Projekte und verfügbarer Produkte zeigt auch, daß das zukünftige Einsatzgebiet von SGML nicht im Bürobereich, sondern in einer Autoren/Verlagsumgebung liegen wird. Daher beschränkt sich das vorliegende Papier auf die Analyse der Graphikmöglichkeiten in ODA.

Im Rahmen dieses Artikels werden die durch die Dokumentenarchitektur von ODA gegebenen Möglichkeiten zur Integration von Graphiken in Dokumente erläutert und den Möglichkeiten heutiger, nicht standardisierter Bürosysteme, sowie den Anforderungen der Benutzer gegenübergestellt. Weiterhin wird eine kurze Übersicht über die für ODA zukünftig geplanten Erweiterungen im Graphikbereich gegeben.

2 Graphik in ODA

Auf eine detaillierte Beschreibung der ODA-Konzepte wird an dieser Stelle verzichtet, da in letzter Zeit zahlreiche Veröffentlichungen zu diesem Thema erschienen sind [3], [4], [5], [6].

Innerhalb von ODA wird deutlich zwischen dem reinen Dokumenteninhalt und übergeordneten Strukturen unterschieden. Die mögliche Funktionalität bezüglich des Dokumenteninhalts ist in sogenannten Inhaltsarchitekturen (Content Architectures) festgelegt. Im Standard sind bisher drei Typen von Inhaltsarchitekturen definiert:

- Zeichen (Character Content Architecture)
- Rastergraphik (Raster Graphics Content Architecture)
- Geometrische Graphik (Geometric Graphics Content Architecture)

In diesen Inhaltsarchitekturen werden sowohl die Struktur und Kodierung des entsprechenden Inhaltstyps festgelegt, als auch Attribute zur Steuerung der Darstellungsweise definiert. Alle drei bisher bestehenden Inhaltsarchitekturen basieren auf anderen bereits existierenden Standards. Im folgenden wird zunächst die Funktionalität der beiden Graphik-Inhaltsarchitekturen erläutert. Anschließend werden die sich daraus ergebenden Einsatzmöglichkeiten des Standards mit der Funktionalität heute bereits verfügbarer Bürosysteme und den Anforderungen der Benutzer verglichen.

2.1 Rastergraphik

Rastergraphik wird innerhalb von ODA als zweidimensionales rechteckiges Feld von Bildpunkten *(pel array)* aufgefaßt. Das Feld besteht aus einer geordneten Sequenz von Reihen, die jeweils eine Zeile des Bildes repräsentieren. Die einzelnen Bildelemente können bisher nur die Zustände *gesetzt* oder *nicht gesetzt* annehmen. Bei der Darstellung können diese beiden Zustände auf eine beliebige Vorder- bzw. Hintergrundfarbe abgebildet werden. Die Repräsentation dieser Farben ist im Standard nicht festgelegt. Mehrfarbige Bilder können mit der aktuellen Version der *Raster Graphics Content Architecture* nicht bearbeitet werden.

Zur Speicherung der Bildelemente können wahlweise drei verschiedene Kodierungen verwendet werden: Gruppe 3 Faksimile (CCITT T.4), Gruppe 4 Faksimile (CCITT T.6) oder Bitmap. Sogenannte Kodierungsattribute geben an, welche Kodierung tatsächlich für ein Bild verwendet wurde, aus wievielen Zeilen das Bild besteht und wieviele Bildelemente eine Zeile bilden.

Die *Raster Graphics Content Architecture* umfaßt zwei unterschiedliche Klassen für formatierten und formatierten weiterverarbeitbaren Inhalt. Die formatierte Form kann nur nach den Wünschen des Erzeugers dargestellt werden, während die formatierte weiterverarbeitbare Form darüber hinaus editiert und reformatiert werden kann.

Der Formatiervorgang und die Darstellung der Rastergraphiken kann duch sogenannte Darstellungsattribute beeinflußt werden. Folgende Darstellungsattribute stehen zur Verfügung:

- *Clipping* legt den Bereich des Feldes von Bildelementen fest, der tatsächlich dargestellt werden soll. Die Angabe erfolgt durch zwei Koordinatenpaare, die jeweils das erste und letzte darzustellende Bildelement festlegen (siehe Abbildung 1[1]). Entfällt die Angabe dieses Attributes, wird das gesamte Feld dargestellt.

- *Pel path* definiert die Richtung, in der die einzelnen Bildpunkte zu einer Zeile angeordnet werden sollen. Die zulässigen Werte sind 0, 90, 180 und 270 Grad. Diese Werte verstehen sich relativ zur horizontalen Achse des Ausgabemediums.

- *Line progression* bestimmt die Richtung relativ zum *pel path,* in der die einzelnen Zeilen zum Gesamtbild zusammengesetzt werden sollen. Die zulässigen Werte sind 90 und 270 Grad.

[1]Diese und folgende Abbildungen wurden teilweise direkt dem Standard entnommen und enthalten daher die englischen Originaltexte.

Durch die entsprechenden Kombinationen der Werte für *pel path* und *line progression* kann ein Rasterbild gedreht und/oder gespiegelt werden.

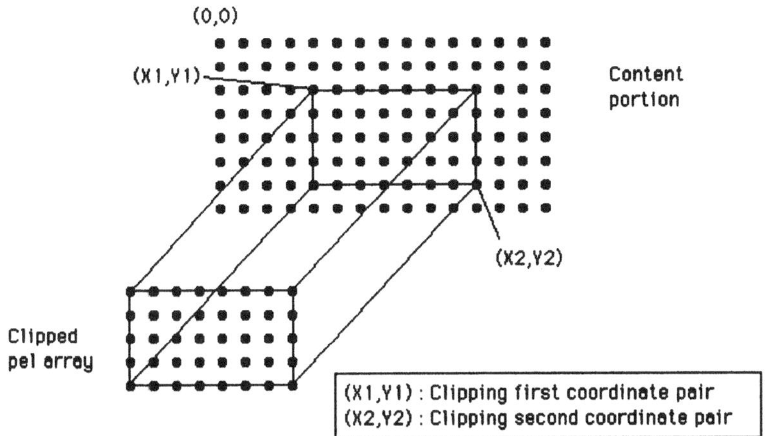

Abbildung 1 : Definition eines Ausschnittes aus einem Feld von Bildelementen

- Soll das Bild bei der Darstellung nicht mehr skaliert werden, wird mit Hilfe von *pel spacing* der Abstand von einem Bildelement zum nächsten und somit indirekt die Darstellungsgröße des Bildes festgelegt.

  Abbildung 2 zeigt ein Beispiel für den Zusammenhang von *pel path, line progression* und *pel spacing.*

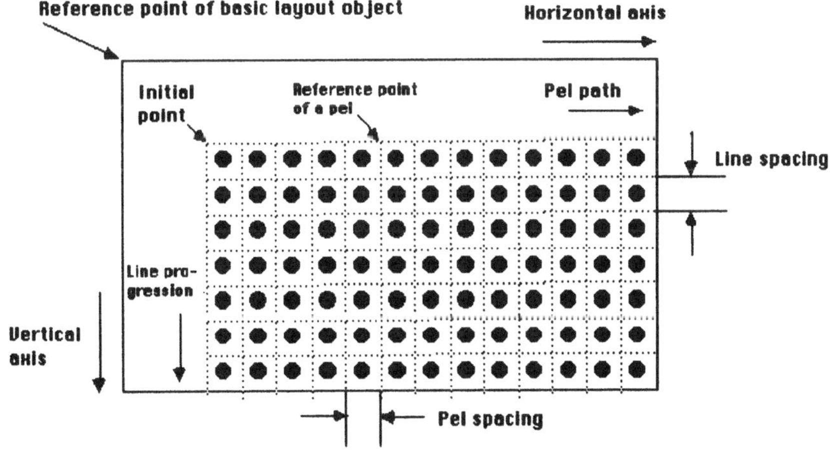

Abbildung 2 : Darstellung der Parameter, die die Positionierung von Bildelementen beeinflussen

- *Spacing ratio* gibt das Verhätnis von *line spacing* zu *pel spacing* an.

- Mit Hilfe von *image dimensions* kann die spätere Darstellungsgröße einer in weiterverarbeitbarer Form vorliegenden Rastergraphik beeinflußt werden. Es besteht die Auswahl zwischen vier unterschiedlichen Verfahren zur Bestimmung der Größe: *automatic, width controlled, height controlled* oder *area controlled.*

  Die Angabe von *automatic, width controlled* oder *height controlled* führt generell zu einer maßstabsgetreuen Abbildung des durch das Attribut *clipping* festgelegten Bildausschnittes. Im Fall von *automatic* wird der auf dem Ausgabemedium verfügbare Bereich in Richtung *pel path* vollständig ausgenutzt, während der Benutzer bei der Angabe von *width controlled* einen zulässigen Bereich für diese Dimension angeben kann. Bei der Formatierung wird der größtmögliche Wert aus dem angegebenen Bereich verwendet. Die zweite Dimension wird anhand des Maßstabs des gewählten Ausschnitts berechnet. Das Verfahren bei der Angabe von *height controlled* ist ähnlich, nur mit dem Unterschied, daß der Benutzer den zulässigen Bereich in Richtung *line progression* vorgibt.

  Wird als Verfahren *area controlled* gewählt, kann der Benutzer für beide Dimensionen Bereiche vorgeben. Zusätzlich muß angegeben werden, ob eine maßstabsgetreue Abbildung gewünscht wird oder Verzerrungen erlaubt sind. Bei erlaubten Verzerrungen ergibt sich die tatsächliche Bildgröße aus der maximalen Schnittmenge des vom Benutzer angegebenen Bereichs und dem auf dem Ausgabemedium verfügbaren Bereich. Besteht der Wunsch nach maßstabsgetreuer Abbildung, wird die tatsächliche Bildgröße unter Umständen durch den Maßstab des Bildausschnittes eingeschränkt. Die Möglichkeit der absoluten Größenangabe besteht, wenn unterer und oberer Wert für die Bereiche der Dimensionen gleich gewählt werden. Abbildung 3 zeigt einige Beispiele für den Einfluß des Attributes *image dimension* und des verfügbaren Bereiches auf die tatsächliche Bildgröße.

- *Pel transmission density* definiert für die formatierte Form der *Raster Graphics Content Architecture* die verwendete Auflösung. Es sind mit Rücksicht auf die Faksimile-Kodierungen der CCITT nur 6 verschiedene Werte zugelassen: 200, 240, 300, 400, 600 oder 1200 Bildelemente pro Zoll.

- Das Farstellungsattribut *initial offset* ist nur für die formatierte Form anwendbar und legt relativ zum Ausgabebereich den Punkt fest, an dem der Darstellungsprozeß mit der Ausgabe der Bildpunkte beginnen soll. Es können sowohl positive als auch negative Koordinatenwerte angegeben werden. Die Möglichkeit der Angabe negativer Werte wurde speziell für Inhaltsarchitekturen geschaffen, die auf CCITT Empfehlung T.73 basieren, da es dort keine anderen Mechanismen zur Definition eines Bildausschnittes gibt.

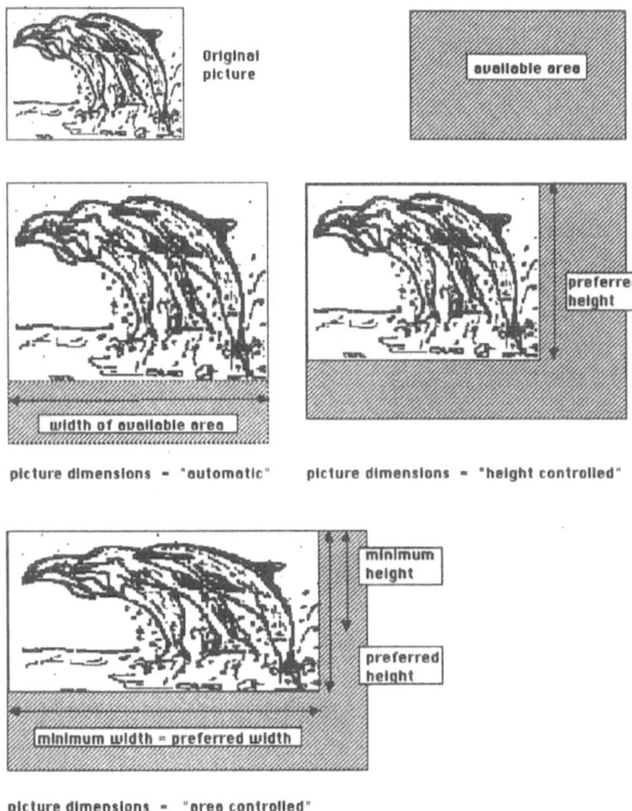

Abbildung 3 : Auswirkungen der vom Benutzer angegeben Größe und dem verfügbaren Bereich auf die tatsächliche Bildgröße

2.2 Geometrische Graphik

Die Inhaltsarchitektur für geometrisache Graphiken *(Geometric Graphics Content Architecture)* basiert auf dem 1987 veröffentlichten ISO-Standard 8632: *Computer Graphics Metafile (CGM)* [7]. Dieser Standard legt ein Format zur Speicherung und zum Austausch graphischer Informationen fest. Es handelt sich dabei um eine Sequenz von Elementen, die unter anderem der Darstellung graphischer Primitiva dienen, deren Darstellungsweise beeinflussen und verschiedene graphische Primitiva zu Bildern zusammenfassen. Ein CGM besteht aus einer sequentiellen Folge voneinder unabhängiger Bilder und übergeordneten Informationen, die alle Bilder betreffen. Hierarchische Strukturen werden im CGM bisher nicht unterstützt.

Im CGM-Standard wird sowohl die Semantik als auch die Syntax der Elemente festgelegt. Drei verschiedene Kodierungen sind Bestandteil des Standards: eine Binärkodierung, eine Zeichenkodierung und eine Klartextkodierung. Das folgende Beispiel eines CGM in Klartextkodierung soll den generellen Aufbau verdeutlichen. Der CGM enthält nur ein Bild, das in dem Koordinatenbereich (0.,0.) bis (1.,1.) definiert ist. Innerhalb des Bildes treten die graphischen Primitiva *polyline, line* und *circle* auf. Im Vorspann des CGM sind allgemeingültige Informationen wie zum

Beispiel Datentyp der verwendeten Koordinaten und deren Genauigkeit enthalten. Abbildung 4 zeigt die Darstellung des im folgenden aufgeführten klartextkodierten CGM.

```
BEGMF "Bicycle"; MFVERSION 1; MFELEMLIST "DRAWINGPLUS";
REALPREC -0.3276700E+05,0.3276700E+05,6; VDCTYPE REAL;
BEGPIC "PIC0001"; VDCEXT (0.0,0.0),(0.1E+01,0.1E+01); BEGPICBODY;
LINE (0.6E-01,0.235),(0.99,0.235); LINE (0.215,0.355),(0.295,0.535),(0.295,0.565);
LINE (0.295,0.545),(0.595,0.545),(0.595,0.545);
POLYGON (0.545,0.565),(0.595,0.545),(0.615,0.545),(0.615,0.565),(0.535,0.565);
LINE (0.295,0.565),(0.285,0.565),(0.275,0.575),(0.275,0.585),(0.285,0.595),
  (0.285,0.595),(0.305,0.595),(0.305,0.595),(0.315,0.595),(0.315,0.595);
CIRCLE 0.215,0.355,0.12; CIRCLE 0.655,0.355,0.12;
LINE (0.445,0.355),(0.445,0.305),(0.455,0.305),(0.435,0.305),(0.435,0.305);
LINE (0.445,0.355),(0.445,0.405),(0.455,0.405),(0.435,0.405);
LINE (0.545,0.565),(0.615,0.565),(0.615,0.545),(0.595,0.545),(0.545,0.565),
  (0.545,0.565); LINE (0.445,0.355),(0.285,0.515);
LINE (0.45E-01,0.91),(0.45E-01,0.91),(0.45E-01,0.91),(0.45E-01,0.91);
LINE (0.445,0.355),(0.655,0.355),(0.585,0.545),(0.445,0.355);
LINE (0.275,0.605),(0.275,0.59),(0.285,0.59),(0.29,0.595),(0.285,0.605),
  (0.275,0.605),(0.275,0.605);
POLYGON (0.265,0.555),(0.265,0.525),(0.285,0.525),(0.295,0.535),(0.285,0.555),
  (0.265,0.555); CIRCLE 0.445,0.355,.031; ENDPIC; ENDMF;
```

Abbildung 4 : Darstellung des CGM-Beispiels

Obwohl innerhalb des CGM-Standards drei unterschiedliche Kodierungen vorgesehen sind, wird innerhalb der *Geometric Graphics Content Architecture* von ODA nur die Binärkodierung zugelassen. Das Argument, daß innerhalb von ODA für alle Inhaltstypen eindeutige Austauschformate gewählt werden sollen, wurde durch die Existenz dreier unterschiedlicher Kodierungen für Rastergraphiken ad absurdum geführt. Die Einschränkungen für die geometrische Graphik wurden jedoch trotzdem vorgenommen. Graphiken, die nicht im ODA-Kontext erzeugt wurden und nachträglich in ein ODA-Dokument integriert werden sollen, müssen daher unter Umständen konvertiert werden.

Ein weitere Einschränkung gegenüber dem CGM-Standard ist die Tatsache, daß ein CGM im Rahmen der *Geometric Graphics Content Archtirecture* nur ein Bild enthalten darf. Diese Einschränkung ist jedoch sinnvoll, da im Standard keine Mechanismen zur Überlagerung mehrerer Bilder eines CGM festgelegt sind und die Darstellung somit anwendungsabhängig ist. In ODA wird jedoch der Anspruch erhoben, daß der Empfänger eines Dokumentes die Intention des Erzeugers eindeutig dem Dokument entnehmen und es in gleicher Weise darstellen kann.

Der Benutzer hat auf die Darstellung geometrischer Graphiken ähnliche Einflußmöglichkeiten wie bei der Rastergraphik. Er kann Ausgabegröße und -maßstab beeinflussen, einen Bildausschnitt bestimmen, die gewünschte Bildorientierung festlegen und das gesamte Bild spiegeln. Die Methoden, wie diese Darstellungseigenschaften durch Attribute definiert werden, weichen jedoch von denen der Rastergraphik erheblich ab.

Der gewünschte rechteckige Bildausschnitt wird bei der *Geometric Graphics Content Architecture* durch das Darstellungsattribut *region of interest specification* angegeben. Die erste Ecke des angegebenen Bereiches wird auf die linke untere Ecke des Ausgabebereiches abgebildet und die zweite entsprechend auf die rechte obere Ecke. Da bei der Angabe des gewünschten Bildausschnittes jedoch auch die linke obere und rechte untere Ecke gewählt werden können, kann durch diesen Abbildungsmechanismus eine Spiegelung des Bildes erreicht werden.

Mit Hilfe des Darstellungsattributes *picture orientation* kann das gesamte Bild in Einheiten von 90 Grad gedreht werden. Die Abbildungen 5 und 6 zeigen die Auswirkungen des Attributes *picture orientation* auf einen normal orientierten und einen gespiegelten Bildausschnitt.

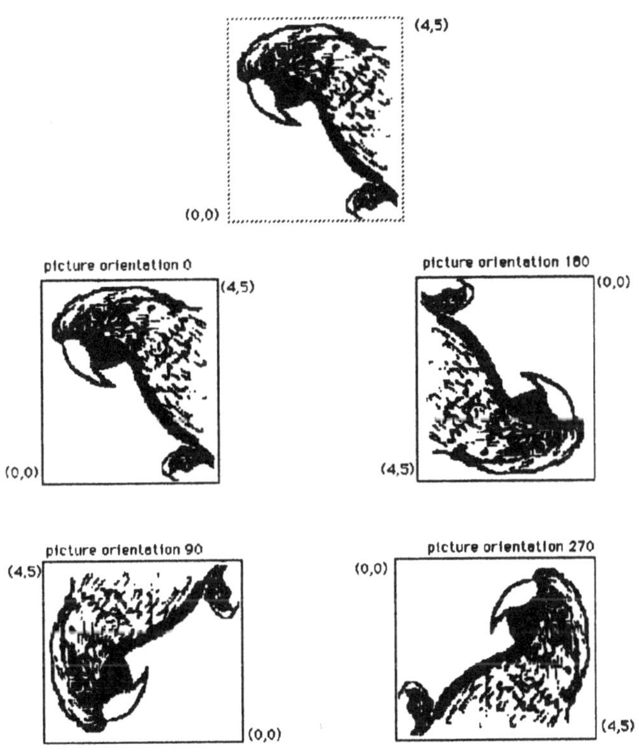

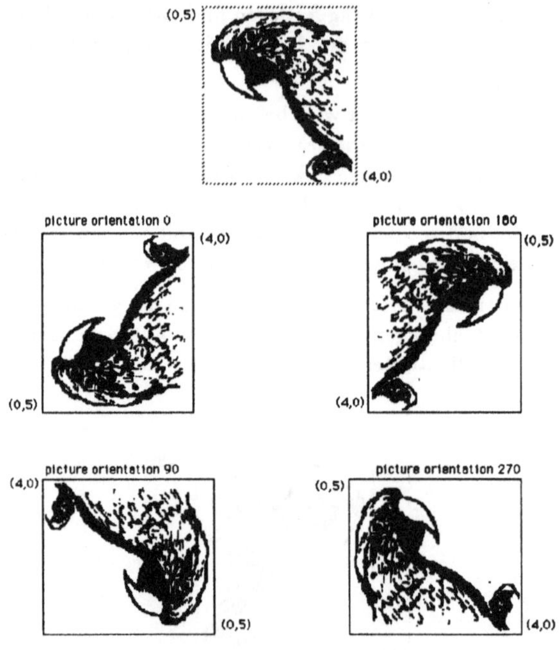

Abbildung 6 : Änderung der Orientierung des gespiegelten Bildes

Die Methode zur Definition der gewünschten Bildgröße entspricht der bereits im vorigen Abschnitt für die Rastergraphik erläuterten. Das entsprechende Darstellungsattribut heißt zwar *picture dimensions* anstelle von *image dimension*, hat jedoch dieselben Parameter und dieselbe Wirkungsweise. Wenn eine maßstabsgetreue Abbildung gewünscht wird, wird der Abbildungsmaßstab allerdings aus der *region of interest specification* anstelle von *clipping, pel spacing* und *spacing ratio* ermittelt.

Die folgenden Abbildungen zeigen zusammenfassend Beispiele für die Manipulationsmöglichkeiten eines CGM mit Hilfe der in der *Geometric Graphics Content Architecture* definierten Darstellungsattribute. Den Beispielen liegt der bereits in Abbildung 4 verwendete CGM zugrunde.

region of interest	(0.4,0.2),(0.8,0.6)
orientation	90 Grad
picture dimensions	"width controlled"
	minimum width = preferred width = 40mm

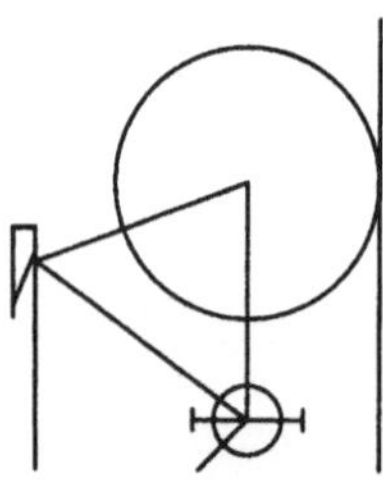

region of interest	(0.,0.2),(1.,0.65)
orientation	0 Grad
picture dimensions	"area controlled"
	minimum width = preferred width = 40mm
	minimum height = preferred height = 60mm
	aspect ratio flag = variable

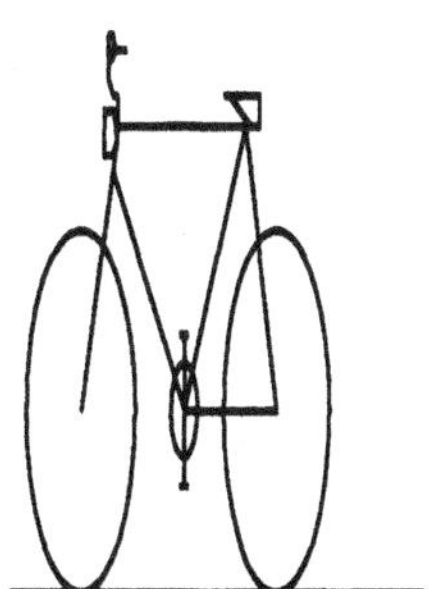

3 Gegenüberstellung von Einsatzmöglichkeiten und Benutzeranforderungen

Durch die Definition der oben beschriebenen Inhaltsarchitekturen hat man die früher übliche Methode der Graphikintegration durch Schere und Klebstoff automatisiert. Darüberhinaus sind Skalierungen und verzerrte Abbildungen möglich. Im Bereich der Rastergraphik ist die gebotene Funktionalität mit der von heutigen Bürosystemen, die einen Scanneranschluß und Editoren zur Weiterverarbeitung der gescannten Bilder anbieten, durchaus vergleichbar.

Anders sieht es im Bereich der geometrischen Graphik aus. Während im reinen Textbereich ganz klar zwischen einer weiterverarbeitbaren und einer formatierten Form unterschieden werden kann, hat man im Graphikbereich diese klare Trennung nicht. Der hier verwendete Computer Graphics Metafile (CGM) [ISO8632] stellt nur graphische Primitiva zur Verfügung. Graphische Primitiva sind zwar in gewisser Weise weiterverarbeitbar, jedoch auf sehr niedriger logischer Ebene. Es ist zwar zu erwarten, daß die Hersteller in ihren zukünftigen, auf ODA basierenden Produkten auch weiterhin Graphikeditoren mit der gewohnten Funktionalität anbieten werden (z.B. Definition höherer graphischer Objekte aus graphischen Primitiven), diese Informationen gehen jedoch bei der Abbildung auf das Austauschformat verloren. Die Weiterverarbeitungsmöglichkeiten des Empfängers beschränken sich auf einzelne Primitiva. So kann er zum Beispiel nicht ein graphisches Objekt als Ganzes verschieben, sondern muß die gewünschte Aktion für jedes Primitiv einzeln durchführen. Das lokale System kann den Benutzer zwar wieder bei der Bildung neuer Objekte unterstützen, die Objektstruktur des Senders ist jedoch unwiederbringlich verloren.

Unter einer weiterverarbeitbaren Form auf noch höherer logischer Ebene könnte man die Daten oder Modelle verstehen, die zur Erzeugung der Graphik geführt haben (z.B. CAD, Meßwerte, statistische Werte). Viele Bürosysteme bieten heute bereits Funktionen zur automatischen Erstellung von Geschäftsgraphiken aus Daten.

Ein grundlegendes Problem im Rahmen der geometrischen Graphik ist die Behandlung von Text. Der häufig verwendete Begriff der *Integration von Text und Graphik* ist in ODA bisher nur ein Schlagwort. Texte innerhalb von Graphiken werden mit den im CGM verfügbaren Textprimitiva dargestellt. Da es bisher keine einheitliche Beschreibungsmethode für die verwendeten Fonts gibt, ist es unmöglich dem Text in der Graphik das gleiche Erscheinungsbild zu geben wie dem umliegenden Fließtext.

Theoretisch besteht in ODA die Möglichkeit der Überlagerung einzelner Dokumententeile mit unterschiedlichem Inhaltstyp, also auch von Text und Graphik. Die verfügbaren Mechanismen wie Angabe der Position der einzelnen Teile liegen jedoch im Layout-Bereich, d.h. auf logischer Ebene können die Zusammenhänge nicht ausreichend definiert werden.

Selbst wenn man unterschiedliche Schrifttypen innerhalb von Graphik und Fließtext in Kauf nimmt, sind die Textfunktionen im CGM nicht ausreichend für eine Textbehandlung innerhalb von Graphiken. Es besteht nicht die Möglichkeit automatischer Formatiervorgänge (z.B. automatischer Zeilenumbruch mit Randausgleich). Aber auch die Funktionalität der *Character Content Architecture* reicht allein nicht zum Beschriften von Graphiken aus. Hier hat man sich mehr am reinen Fließtextbereich orientiert und Funktionen wie zum Beispiel die Ausgabe von Zeichen in beliebigen Winkeln zur Grundlinie werden nicht unterstützt. Vernünftige Überlagerungsmechanismen allein können daher die Probleme in diesem Bereich nicht lösen. Erstrebenswert wäre ein kompletter Satz von Textfunktionen, der alle Bereiche abdeckt, sowie geeignete Zuordnungsfunktionen zwischen Text und Graphik.

Überlagerungsmechanismen für Dokumententeile auf logischer Ebene werden nicht nur für Text und Graphik, sondern für beliebige Kombinationen von Inhaltstypen benötigt. In traditionellen Graphikanwendungen werden häufig graphische Informationen, die in einer Relation zu einander stehen, in verschiedenen Bildern gespeichert (z.B. eine Achse und unterschiedliche Kurven in separaten Bildern). Durch Überlagerung unterschiedlicher Kombinationen von Bildern will man verschiedene Graphiken erzeugen. Diese Graphiken sollen als Gesamtheit skalierbar, rotierbar oder verschiebbar sein, d.h. die Zusammenhänge müssen auf logischer Ebene beschreibbar sein und nicht erst in der Layout-Struktur.

Bisher müssen in ODA alle Graphiken mit dem Rest des Dokumentes in einer Datei vorliegen. Häufig verwendete Graphiken wie zum Beipiel Firmensymbole müssen also in jedem Dokument separat auftreten und lassen sich nicht referenzieren. Bei umfangreicheren Graphiken wie zum Beispiel Landkarten ist dieses Verfahren sehr speicherintensiv und Änderungen der Grahiken sind schwer zu verwalten, da sie an unterschiedlichen Stellen auftreten. Bei den heute auf dem Markt befindlichen Systemen ist die Möglichkeit der Referenzierung extern vorliegender Dokumententeile schon fast selbstverständlich.

4 Ausblick

Obwohl ODA noch nicht als Standard veröffentlicht wurde, existiert bereits heute eine umfangreiche Liste von geplanten Erweiterungen, die sich auch auf die Integration von Graphiken im weitesten Sinne beziehen. Man ist sich sehr wohl bewußt, daß langfristigt die Automatisierung von Schere und Klebstoff nicht ausreicht. Im folgenden sind stichpunktartig die geplanten Erweiterungen, die einen Bezug zur Graphik haben, aufgeführt:

- Überlagerung von Bildern
- Geschäftsgraphiken
- Unterstützung von 3D-Graphik
- dynamische Graphik (Bewegtbilder)

- CAD/CAM
- Unterstützung für Landkarten
- Farbe und Graustufen
- nicht-rechteckige Darstellungsbereiche auf dem Ausgabemedium
- externe Referenzen

Von der Problematik der Beschriftung von Graphiken abgesehen sind in dieser Liste alle als bisher nicht erfüllt identifizierten Benutzerwünsche stichwortartig erwähnt. Da über diese Liste geplanter Erweiterungen hinaus jedoch im Rahmen der Standardisierungskommitees bisher keine technische Arbeit in diesen Gebieten geleistet wurde, läßt sich über die zu erwartende Funktionalität heute noch keine genaue Aussage machen. So ist zum Beispiel im Bereich der externen Referenzen noch völlig unklar, ob diese sich nur auf separat gespeicherte ODA-konforme Dokumententeile beziehen werden oder ob die Funktionalität auch ausreichen wird, um Bilder in Bilddatenbanken zu identifizieren.

Ähnlich unklar sind bisher die angestrebten Erweiterungen zur Integration von Daten in Dokumente. Diese Daten sollen der automatischen Generierung von Dokumenteninhalten dienen und stellen somit den Dokumenteninhalt in seiner höchsten, weiterverarbeitbaren Form dar. Bisher wird in diesem Zusammenhang an vier spezielle Anwendungen gedacht: Formulare, Tabellen, Spread-Sheets und Geschäftsgraphiken.

Im reinen Graphikbereich hat man bisher davon Abstand genommen, spezielle Anwendungen wie die Erzeugung von Geschäftsgraphiken zu standardisieren. Die Wünsche der Benutzer sind hier so unterschiedlich, daß sie sich nur schwer in einen kompromißbehafteten Standard pressen lassen. Der Benutzer will hier noch viel mehr als im Textbereich die Darstellungsart bis ins kleinste Detail beeinflussen.

Die bisher in den im Rahmen der Standardisierungsgremien vorliegenden Papieren vertretene Meinung, daß die Abbildung von Daten in Geschäftsgraphiken mit Hilfe weniger Darstellungsattribute zu steuern ist, entspricht nicht den Tatsachen. Zur detaillierten Beschreibung einer Geschäftsgraphik sind mehr Attribute erforderlich als für den gesamten Textbereich. Grenzt man diese notwendigen Attribute auf wenige ein, führt das langfristig zu einem langweiligen Einerlei bei den durch zukünftige Bürosysteme erzeugten Geschäftsgraphiken.

In der Regel kommt der einzelne Benutzer bzw. ein Kreis von Benutzern mit einer sehr kleinen Untermenge der hier möglichen Gesamtfunktionalität aus, da in einem speziellen Anwendungsumfeld die Graphiken immer wieder in der gleichen Art und Weise gestaltet werden. Mit etwas Übung kann man heute anhand des Stils einer Geschäftsgraphik erkennen, welcher Zeitschrift sie entnommen wurde. Eine anderere Anwendergruppe wird den gleichen Sachverhalt jedoch in einer völlig anderen, ihrem Geschmack bzw. ihren Vorgaben entsprechenden Weise darstellen. Dieser Situation wird heute im reinen Graphikbereich dadurch Rechnung getragen, daß zahlreiche Anwendungsprogramme mit unterschiedlicher Funktionalität angeboten werden. Keines dieser Programmpakete deckt die volle, denkbare Funktionalität ab. Dieses "Supersystem" wäre auch in der Entwicklung so teuer, daß es sich bei den zahlreichen Anwendern kleiner Untermengen gar nicht vermarkten ließe. Ein Standard in diesem Bereich legt jedoch die Obermenge der möglichen Funktionalität fest.

In dem Bewußtsein, daß Standardisierung auch Kompromißbildung bedeutet, erscheint es nicht sinnvoll einzelne ganz spezielle Anwendungsbereiche durch die Definition einiger Darstellungsattribute festzulegen. Vielmehr sollte eine Schnittstelle geschaffen werden, die die Abbildungsbeschreibung von Daten in die Basisinhaltstypen Text, Graphik und Rastergraphik unabhängig von speziellen Anwendungen wie CAD oder Geschäftsgraphiken ermöglicht.

Einen Vorteil hätte die Standardisierung allerdings doch: Der Benutzer könnte nicht mehr durch Veränderungen von Maßstab oder Darstellungsweise innerhalb einer Geschäftsgraphik getäuscht werden (siehe Abbildung 7) [2]). Derartig komplexe Zusammenhänge ließen sich in einer standardisierten Form von Geschäfstgraphiken sicher nicht ausdrücken.

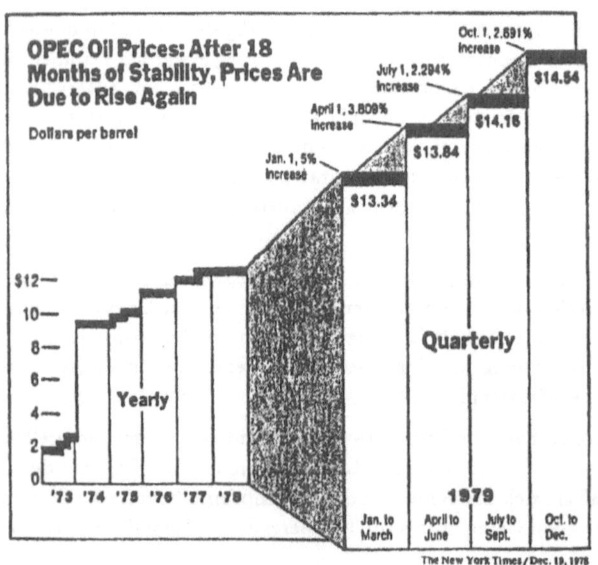

Abbildung 7 : Wechsel des Maßstabs innerhalb einer Geschäftsgraphik

Literaturverzeichnis

[1] *ISO 8613: Information Processing Systems - Text and Office Systems - Office Document Architecture (ODA) and Interchange Formats.* 1988.

[2] *ISO 8879: Information Processing Systems - Text and Office Systems - Standard Generalized Markup Language (SGML).* 1986.

[3] A. Scheller. *Dokumenten-Standards: Stand und Wertung.* 1987.

[4] I.R. Campbell-Grant and P.J. Robinson. *An Introduction to ISO DIS 8613, "Office Document Architecture," and its Application to Computer Graphics.* 1987.

[5] R. Carr. *ODA - The ISO Standard for Electronic Document Interchange.* 1988.

[6] G. Krönert. *Genormte Austauschformate für Dokumente.* 1988.

[7] *ISO 8632: Information Processing Systems - Computer Graphics - Metafile for the Storage and Transfer of Picture Description Information (CGM).* 1987.

[2]Diese Abbildung wurde aus E.R. Tufte, The Visual Display of Quantitative Information, Graphics Press, entnommen

Multi-Media-Dokumente in Breitbandnetzen

E. MOELLER UND G. SCHÜRMANN

GESELLSCHAFT FÜR MATHEMATIK UND DATENVERARBEITUNG GMD
FORSCHUNGSZENTRUM FÜR OFFENE KOMMUNIKATIONSSYSTEME FOKUS
HARDENBERGPLATZ 2, 1000 BERLIN 12

1 Zusammenfassung

Das vorliegende Papier analysiert Anforderungen an Multi-Media-Dokumente (MMD) hinsichtlich ihrer Verarbeitung in offenen Rechnernetzen. Da in einem MMD zum einen als *Basis-Informationstypen* neben *Text*, *Graphik* und *Festbild* auch *Bewegtbild* und *Audio/Sprache* und zum anderen anwendungsspezifische Informationstypen wie *produktdefinierende Daten*, *Formeln* oder *Animationssequenzen* enthalten sein können, reicht die heute in öffentlichen Netzen verfügbare Bandbreite für die Übertragung nicht mehr aus – die Einführung von *Breitbandnetzen* ist notwendige Voraussetzung zur Überwindung dieses Engpasses.

Zunächst werden die *informationstypübergeordneten* und *informationstypspezifischen* Anforderungen an Multi-Media-Dokumente unabhängig von ihrer Handhabung in einer Netzumgebung betrachtet.

Anhand des Anwendungsbeispiels *verteilte Bearbeitung von Multi-Media-Dokumenten* werden dann Anforderungen zusammengestellt, die als Maßgabe für die Entwicklung von Systemen zur Verarbeitung von MMDs in offenen (Breitband-) Netzen dienen sollen.

Die Anforderungen dienen als Grundlage für die Entwicklung eines MMD-Modells mit den Komponenten *Daten-Modell* und *Kommunikations-Modell*, das im Rahmen eines BERKOM[1]-Projekts entwickelt wird. Das vorliegende Papier basiert auf der in diesem Projekt erstellten Anforderungsanalyse [MMD-ANF].

2 Einleitung

Heute angebotene Dokumentenverarbeitungssysteme unterstützen neben normalem Fließtext auch Sonderinformationen wie Tabellen, Formeln oder Graphiken. Benutzungsoberflächen nach dem *WYSIWYG-Prinzip*[2] erlauben eine interaktive Integration dieser Informationen direkt am Bildschirm und eine identische Darstellung auf dem Papier. Diese Systeme basieren in der Regel auf nicht veröffentlichten, herstellerabhängigen Datenstrukturen. Daher sind die so erzeugten Dokumente in einer *heterogenen* Netzumgebung nicht austauschbar, und Daten aus speziellen Anwendungen wie zum Beispiel Statistikauswertungen oder durch Programme berechnete Graphiken können nicht in die Dokumente integriert werden. Modernere Systeme bieten bereits eine sogenannte *Exportschnittstelle* an. Der reine Dokumenteninhalt steht beim Informationstyp *Text* nach dem Export beispielsweise als ASCII-Zeichenkette zur Verfügung. Bei dieser Exportierung geht jedoch die Struktur des Dokumentes verloren. Die Weiterverarbeitung dieser exportierten Texte ist nur noch eingeschränkt möglich, da keine Informationen über Kapitel, Überschriften, Listen, Hervorhebungen oder ähnlichem mehr verfügbar sind.

---

[1] BERliner KOMmunikationssystem

[2] What You See Is What You Get

Die Weiterverarbeitbarkeit des Informationsstyps *Graphik* ist ebenfalls nicht oder nur bedingt möglich. Im Bereich der Graphik gibt es Standardisierungsvorschläge für den Austausch von graphischen Informationen, beispielsweise den *Computer Graphics Metafile (CGM)* [ISO-8632], den Metafile des *Graphical Kernel System (GKS)* [ISO-7942], der allerdings nicht Teil der Norm ist und "Quasi"-Standards wie *Postscript*. Eine Integration in die Dokumentenverarbeitung ist bisher nur im Rahmen der Standardisierungsbestrebungen der *Office Document Architecture (ODA)* [ISO-8613] erfolgt, die den CGM als Inhaltsarchitektur für *geometrische Graphik* definiert.

Zum Austausch von Informationen gibt es einige Dienste wie zum Beispiel *Telex, Teletex, Telefax, Message Handling Systeme (MHS)* oder *File Transfer*, die in eingeschränktem Rahmen auch zum Austausch von Dokumenten eingesetzt werden können. Bezüglich der möglichen Dokumenteninhalte wird bei diesen Systemen aber nur eine sehr eingeschränkte Funktionalität angeboten, so daß man eher von Informationsaustausch anstelle von Dokumentenaustausch sprechen muß. Der Austausch strukturierter Dokumente, die in geeigneter Weise weiterverarbeitbar sind, wird auch hier nicht unterstützt. Im Kommunikationsbereich bieten Message Handling Systeme zwar die Möglichkeit, Verteilerlisten anzulegen aber sie unterstützen nur Kommunikationsbeziehungen, die vom Sender initiiert werden. Mit dem File Transfer dagegen besteht die Möglichkeit, auch auf entfernt vorliegende Informationen zuzugreifen. Hier sind wiederum keine Verteilerlisten vorgesehen. Eine gleichzeitige interaktive Bearbeitung von Informationen wird von keinem der heute verfügbaren Dienste unterstützt.

Eine Integration der Dokumentenverarbeitungswelt und der Kommunikationswelt bzw. der Telekomunikation und Datentechnik wird dringend benötigt. Ein Ansatz in diese Richtung wird in *Document Transfer, Access and Manipulation (DTAM)* [CCITT-DTAM] verfolgt. Der Benutzer hat die Forderung, Dokumente in einer Netzumgebung in der gleichen Weise bearbeiten zu können wie mit einem lokalen System.

Zur Verwirklichung dieses Ziels wird im Rahmen des BERKOM-Projekts "Multi-Media-Dokumente im ISDN-B" ein *Multi-Media-Dokumentenmodell* bestehend aus einem *Multi-Media-Datenmodell* und einem *Kommunikationsmodell* erarbeitet. Dieses Architekturmodell soll den Austausch und die Bearbeitung von Multi-Media-Dokumenten (MMDs) ohne Einschränkung bezüglich der verwendeten Systeme ermöglichen. Es beinhaltet eine Reihe von Kommunikationsdiensten und -protokollen und muß mit dem entsprechenden Datenmodell abgestimmt sein. Da die Dokumente im BERKOM-Rahmen neben den heute bereits gängigen Informationen wie Text, Graphik und Festbild auch Bewegtbild und Audio- bzw. Sprachinformationen enthalten werden, reicht die heute in öffentlichen Netzen verfügbare Bandbreite für die Übertragung nicht aus. Durch die Einführung von ISDN-B kann dieser Engpaß jedoch überwunden werden.

Alle Dokumenteninhalte müssen lokal oder entfernt zugreifbar sein und von mehreren Nutzern gleichzeitig und interaktiv bearbeitet werden können. *Integration* der erwähnten Informationstypen zu einem Dokument bedeutet nicht nur Integration in einem Netzwerk, sondern auch im multifunktionalen Endgerät oder Endsystem. Das bedeutet insbesondere, daß Text, Graphik, Fest- und Bewegtbild gleichzeitig auf einem Bildschirm repräsentiert werden können.

Ein System zur Verarbeitung von Multi-Media-Dokumenten in offenen Rechnernetzen kann sich nur allgemein durchsetzen, wenn die zugrundeliegenden Konzepte in die internationale Standardisierung eingebracht werden. Es muß darauf geachtet werden, daß nicht - wie bisher leider häufig geschehen - zwischen den einzelnen Gruppen wenig oder nicht koordiniert entwickelt wird.

Dazu müssen die Anforderungen an Multi-Media-Dokumente hinsichtlich ihrer Verarbeitung in einer Breitbandumgebung analysiert werden. Sie wurden anhand des Szenarios *verteilte Bearbeitung von Multi-Media-Dokumenten* gewonnen und werden nachfolgend dargestellt. Als Umfeld dieser Anwendung wird vor allem der Büro- und Wissenschaftsbereich gesehen. Dieses Anwendungsbeispiel verdeutlicht die Probleme, die entstehen, wenn ein MMD von mehreren Personen, die sich an verschiedenen Orten befinden können, bearbeitet wird (Abschnitt 4).

Im Rahmen dieses Papiers wird dabei im wesentlichen auf die informationstypübergeordneten Anforderungen und die Informationstypen *Text* und *Graphik* eingegangen (Abschnitt 3).

Anhand des erwähnten Anwendungsbeispiels werden die Anforderungen an die Handhabung der MMDs in einer Netzumgebung dargestellt (Abschnitt 5).

3 Multi-Media-Dokumente

Bevor im nächsten Abschnitt auf die Anforderungen eingegangen wird, die sich aufgrund der Handhabung von MMDs in Breitbandnetzen ergeben, werden zunächst einige netzunabhängige Aspekte der Anforderungen dargestellt.

Da bezüglich des Begriffs *Dokument* beziehungsweise *Multi-Media-Dokument* kein einheitliches Verständnis herrscht[3] wird zunächst folgende Arbeitsdefinition festgelegt:

> Ein **Multi-Media-Dokument** ist eine verteilt oder zentral vorliegende Einheit, die Informationen unterschiedlichster Typen enthalten kann, die der optischen und akustischen Wahrnehmung bzw. der maschinellen Weiterverarbeitung dienen. Die Präsentation dieser Informationen kann, muß jedoch nicht, auf unterschiedlichen Ausgabemedien erfolgen.

Ein wesentliches Charakteristikum eines MMD-Modells sind die unterstützten Informationstypen. Aus der historischen Entwicklung heraus gibt es einige Informationstypen, deren Notwendigkeit unumstritten ist. Dazu gehören in erster Linie Text[4], geometrische Graphik und Rasterbilder (Fotografien). Diese Informationstypen werden heute neben dem Bürobereich in nahezu allen Bereichen der Dokumentenverarbeitung benötigt. In weitergehenden Anwendungen wird darüberhinaus die Integration von mathematischen und chemischen Formeln, Tabellen, Spread-Sheets, Noten und vielem mehr aus dem Bereich der auf Papier abbildbaren Informationen, sowie die Integration von Audio, Bewegtbild, Animationssequenzen und produktdefinierenden Daten gefordert.

Da das zu entwickelnde MMD-Modell einen möglichst breiten Kreis von Anwendungen aus den unterschiedlichsten Bereichen (Büro, technisch-wissenschaftlicher Bereich, Medizin, Werbung, Informationsbanken, Verlage und Druckereien) abdecken soll, müssen aus der Sicht der Obermenge aller potentiellen Benutzer beliebige Informationstypen unterstützt werden. Alle diese möglichen Informationstypen können und sollen aber nicht explizit festgelegt werden - zumal es in einigen Bereichen weder Quasi-Standards noch Standardisierungsbemühungen wie zum Beispiel im Graphik- oder Textbereich gibt. Es werden jedoch einige *Basis*-Informationstypen aufgrund der Häufigkeit ihres Auftretens in MMDs und ihres Status innerhalb der internationalen Standardisierung unterstützt, und zwar (vgl. Abbildung 1)

- Text
- Geometrische Graphik
- Festbild (Rastergraphik)

[3] Vergleiche hierzu [MMD-ANF], Kapitel 3.

[4] Im Rahmen dieser Arbeit wird der Begriff Text unabhängig von anderen Tendenzen in der Standardisierung in seiner im deutschen Sprachgebrauch üblichen Form verwendet: Buchstaben, Ziffern und Sonderzeichen.

- Bewegtbild
- Audio/Sprache

Aufbauend auf diesen speziell unterstützten Informationstypen muß das MMD-Modell die Erzeugung und Handhabung *anwendungsspezifischer* Informationstypen – als die beispielsweise produktdefinierende Daten, Formeln oder Animation angesehen werden können – ermöglichen. Ebenso darf eine Erweiterung der Zahl der Basis-Informationstypen nicht von vornherein ausgeschlossen werden. Der Funktionsumfang der Basis-Informationstypen sollte ausreichend sein, um die anwendungsspezifischen Informationstypen zu *Präsentationszwecken* möglichst weitgehend auf die Basisdatentypen abbilden zu können.

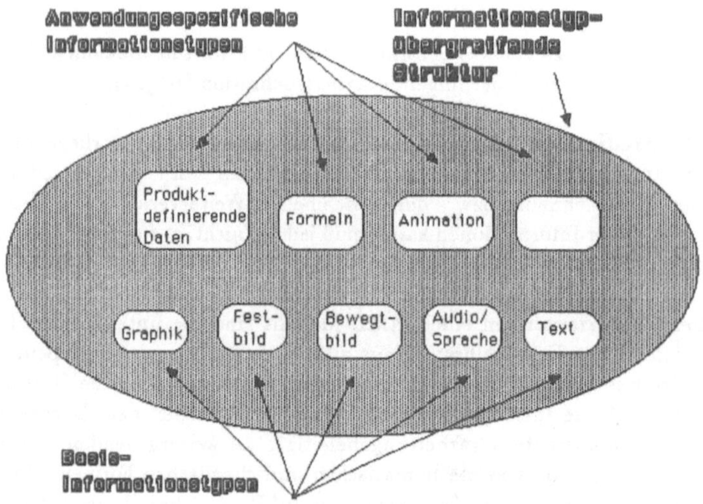

Abbildung 1 : *Basis*-Informationstypen und *anwendungsspezifische* Informationstypen

Im folgenden soll der weiter unten verwendete Begriff der *Bearbeitungsstadien* kurz erläutert werden. Unter Bearbeitungsstadien werden hier nicht bestimmte Zustände eines Dokuments in seinem Entstehungsprozeß (Historie von Manipulationen) verstanden, sondern unterschiedliche Stadien im Hinblick auf eine mögliche *Weiterverarbeitbarkeit.* Der Begriff *weiterverarbeitbar* ist sehr dehnbar und bedarf der Präzisierung[5]. Er bezieht sich hier auf Verarbeitungsmöglichkeiten von Dokumenten auf möglicherweise unterschiedlich hohen semantischen Ebenen. Die Bearbeitungsstadien unterscheiden sich in erster Linie durch den Komfort und die Möglichkeiten, die sie dem Benutzer bei der Weiterverarbeitung bieten können und sind zunächst einmal informationstypspezifisch[6]. Ein MMD wird sich also im allgemeinen aus Informationstypen in unterschiedlichen Bearbeitungsstadien zusammensetzen. In ODA sind dagegen unterschiedliche Bearbeitungsstadien bisher nur für das gesamte Dokument vorgesehen; und zwar die *weiterverarbeitbare* und die *formatierte* Form.

[5] Theoretisch sind auch in Papierform vorliegende Dokumente, die mit einem Scanner eingelesen werden und deren Informationen in Textdateien zurückgewandelt werden, weiterverarbeitbar.

[6] Man denke zum Beispiel an einen Geschäftsbrief, der unabhängig vom Textinhalt ein feststehendes Logo in Form eines Festbildes enthalten soll: Während der Text für Bearbeitungszwecke in weiterverarbeitbarer Form vorliegen dürfte, sollte das für das Festbild (Logo) nicht der Fall sein.

Der Begriff *formatiert* läßt sich bei den hier betrachteten Informationstypen allerdings nur auf Text anwenden. Solche nur auf ein gesamtes Dokument bezogene Bearbeitungsstadien sind zwar denkbar, stellen aber eine zu große Einschränkung dar.

Die Anforderungen an ein Datenmodell lassen sich in zwei Klassen gliedern:

- Informationstypübergeordnete Anforderungen
  - Allgemeingültige Anforderungen, die für alle Informationstypen gelten
  - Anforderungen, die sich auf mehrere Informationstypen beziehen, jedoch nicht allgemeingültig sind
- Informationstypspezifische Anforderungen

Zunächst werden die allgemeinen und mehreren Informationstypen gemeinsamen Anforderungen erläutert. Anschließend wird nur auf die für die Informationstypen *Text* und *Graphik* spezifischen Anforderungen eingegangen. Eine ausführliche Darstellung aller spezifischer Anforderungen würde den Rahmen dieses Papiers sprengen; es sei dazu auf [MMD-ANF] verwiesen.

3.1 Informationstypübergeordnete Anforderungen

Für die Integration unterschiedlicher Informationstypen müssen in einem MMD-Modell übergeordnete Strukturen zur Verfügung stehen. Die Anforderungen an diese übergeordneten Strukturen ergeben sich einerseits aus den Anforderungen an die Handhabung von MMDs (siehe Abschnitt 5) und andererseits aus dem Wunsch der gemeinsamen Darstellung unterschiedlicher Informationstypen.

- Unterstützung *nicht-linearer* und *linearer* Strukturen (Hyper-Media). Es ist nicht notwendig, innerhalb eines Dokument einen eindeutigen Anfang und ein eindeutiges Ende festzulegen. Der Begriff *Browsing* beschreibt die Möglichkeiten der Konsumenten, durch ein Dokument zu "navigieren". Einerseits soll der Konsument an beliebigen Stellen im Dokument zu anderen Informationen verzweigen und die Kombination der gemeinsam präsentierten Informationstypen beeinflussen können. Andererseits müssen aber weiterhin die traditionellen linearen Strukturen - zum Beispiel für Briefe oder Werbezwecke - unterstützt werden und es muß die Möglichkeit bestehen, dem Konsumenten mehrere alternative, jedoch nicht beliebige Pfade - zum Beispiel für Unterrichtszwecke - zur Verfügung zu stellen.
- Möglichkeiten, zum einen mehrere *Varianten* eines Dokuments mit teilweise gemeinsamen und teilweise unabhängigen Inhalten - wie zum Beispiel eine ausführliche Benutzeranleitung und einen Pocket Guide - zu definieren, und zum anderen aufeinander aufbauende *Versionen* eines Dokuments zur Verfolgung der Historie verfügbar zu machen.
- Unterstützung von Erzeugung, Handhabung und Retrieval durch eine auf logischer Ebene liegende Semantik (z.B. Sätze, Kapitel, Hervorhebungen oder Tabellen[7]).
- Unterstützung von sogenannten *Dokumentenklassen*, die die Regeln für den Aufbau immer wiederkehrender Dokumentenstrukturen festlegen aus dem Angebot der semantisch definierten Strukturen (zum Beispiel Geschäftsbrief oder Ergebnisbericht).

[7]Tabellen werden hier nicht, wie im reinen Bürobereich oft üblich, dem reinen Textbereich zugeordnet, sondern werden als übergeordnete Strukturen betrachtet, die sich aus Informationen beliebiger Informationstypen zusammensetzen können.

- Keine Wiederholung der innerhalb eines Informationstyps angebotenen Strukturen in anderen Informationstypen (z.B. Text innerhalb von Graphiken) – die gewünschte Darstellung muß durch Kombination mehrerer Informationstypen erzeugt werden.

- Unterstützung von örtlichen und zeitlichen Überlagerungen sowie Möglichkeiten, die Zusammengehörigkeit von Objekten unterschiedlicher oder gemeinsamer Informationstypen auch für andere Darstellungs- bzw. Bearbeitungszwecke zu kennzeichnen (z.B. Abbildung und Untertitel).

- Automatische Generierung von Objekten wie Inhaltsverzeichnis, Verzeichnis der Abbildungen oder Tabellen, Querverweise, Stichwortverzeichnis.

- Unabhängigkeit des MMD-Modells von den Fähigkeiten spezieller Aus- und Eingabegeräte.

- Vereinigung beliebiger Kombinationen von Informationstypen in ihren jeweiligen Bearbeitungsstadien.

- Möglichkeit der durch das MMD gesteuerten Zuordnung einzelner Dokumententeile auf unterschiedliche Ausgabegeräte.

Neben diesen allgemeingültigen, informationstypunabhängigen Anforderungen an ein MMD-Modell gibt es Anforderungen, die zwar mehreren Informationstypen zuzuordnen, jedoch nicht allgemeingültig sind:

- Definition eines *Farbmodells*, das von potentiellen Ausgabegeräten unabhängig ist. Weisen spezielle Ausgabegeräte bezüglich der Farbdarstellung nicht die im MMD gewünschte Funktionalität auf, müssen die Informationen auf eine geringere Anzahl von Farben, Graustufen oder monochromatische Darstellungen abbildbar sein.

- Darstellungsmöglichkeiten in *beliebigen, nicht-rechteckigen Bereichen* des Ausgabemediums. Diese Bereiche müssen in beliebigen Winkeln zu den Kanten des Ausgabemediums angeordnet werden können.

3.2 Informationstypspezifische Anforderungen

Eine Zusammenstellung aller informationstypspezifischen Anforderungen würde den Rahmen dieser Arbeit sprengen[8]. Im Hinblick auf das Thema dieser Tagung werden im folgenden die Anforderungen an die Basis-Informationstypen *Text* und *Graphik* skizziert. Dabei handelt es sich im wesentlichen um Anforderungen an Manipulations- und Darstellungsmöglichkeiten und die Strukturierung der Informationen. Für jeden Informationstyp wird das sogenannte *Grundelement*, die kleinste identifizierbare Einheit angegeben und die mögliche Zusammenfassung von Grundelementen zu komplexeren informationstypspezifischen Strukturen diskutiert. Darüberhinaus wird auf die informationstypspezifischen Bearbeitungsstadien eingegangen.

Anschließend wird kurz auf die Anforderungen an die *anwendungsspezifischen* Informationstypen eingegangen.

---

[8]Vgl. dazu [MMD-ANF].

Text

Die in der Einleitung erwähnte Einbeziehung der geometrischen Graphik in ODA in Form des CGM bedeutet, daß in der Standardisierung gegenwärtig Zeichenfolgen innerhalb der Graphik getrennt von der Textverarbeitung behandelt werden. Die Nachteile sind offensichtlich: Einheitliche Darstellung von Begriffen im Fließtext und in einer entsprechenden Graphik sind im allgemeinen nicht möglich, Formatierung von Text innerhalb einer Graphik ist sehr eingeschränkt, Suchvorgänge im Editor nach bestimmten Zeichenfolgen sind im allgemeinen auf Fließtext beschränkt, usw. Daher wurde in Abschnitt 3.1 allgemein die Forderung erhoben, daß sich die innerhalb eines Informationstyps angebotenen Strukturen in anderen Informationstypen (nach Möglichkeit) nicht wiederholen sollten. Der Informationstyp Text muß also auch die aus dem Bereich Graphik kommenden Anforderungen hinsichtlich der Erzeugung, Bearbeitung und Darstellung von Zeichenfolgen erfüllen.

Speziell aus der Sicht der Graphik ergeben sich daraus Anforderungen sowohl an das Grundelement *Zeichen* des Informationstyps Text

- *Zeichensatz*: Es sollen beliebige Kombinationen standardisierter und registrierter Zeichensätze verwendet werden können.
- *Fonts*: Die zur Darstellung verwendeten Fonts müssen in einer Form vorliegen, die Transformationen wie zum Beispiel Skalierung, Rotation oder affine Abbildungen ermöglicht. Die gewünschten Fonts müssen eindeutig identifizierbar sein. Die in einem MMD verwendbare Anzahl von verschiedenen Fonts darf nicht begrenzt sein.
- *Zeichengröße*: Die einzelnen Zeichen sollen sich um beliebige Faktoren skalieren lassen. Eine Beschränkung auf wenige, feste Schriftgrößen ist speziell im Verlagsbereich nicht zumutbar.
- *Zeichenorientierung*: Alle Zeichen sollen in beliebigen Winkeln zu einer festgelegten Grundlinie darstellbar sein.
- *Verformbarkeit der Zeichen*: Da die hier zusammengestellten Anforderungen nicht nur den reinen Schriftbereich sondern auch das Auftreten von Texten innerhalb von Graphiken abdecken sollen, dürfen einzelne Zeichen nicht nur in den allgemein üblichen rechteckigen Zeichenboxen darstellbar sein, sondern müssen sich in ihrer Form auch beliebigen Formen der Darstellungsfläche anpassen können.

als auch an die Möglichkeit der Aneinanderreihung und Positionierung der Zeichen:

- Alternative Möglichkeiten der freien Positionierung, der zeilenbezogenen Positionierung oder der Positionierung anhand einer Funktion.
- Variable Schriftrichtung innerhalb der Zeile oder des Funktionsverlaufes (zum Beispiel von links nach rechts oder von oben nach unten).
- Die Richtung, in der einzelne Zeilen aneinandergereiht werden muß beliebig sein und von Zeile zu Zeile modifiziert werden können.
- Die Ausrichtung bezüglich der Umgebung muß anhand beliebiger Objekte möglich sein.
- Beliebige Flächen zur Aufnahme des formatierten Textes.

Darüberhinaus gibt es eine Vielfalt von weitergehenden Anforderungen aus dem Büro- und wissenschaftlich-technischen Bereich bis hin zum Verlags- und Druckgewerbe, auf deren Erläuterung hier verzichtet werden muß (vgl. [MMD-ANF]).

Aufbauend auf dem Grundelement sind beliebig komplexe, textspezifische Strukturen notwendig (z.B. Worte, Sätze, Textabschnitte, Fußnoten, Listen usw.).

Die folgende Klassifizierung der denkbaren *Bearbeitungsstadien* orientiert sich an den bei der Erzeugung eines Dokuments beteiligten Personen und ihren jeweiligen Aufgaben (siehe Abschnitt 4). So muß beispielsweise ein Autor in der Lage sein, nur die logische Struktur eines Dokuments an den Verlag zu übermitteln oder ein Sachbearbeiter muß die formatierte Form eines Formulars abrufen können.

- *Logische Struktur:* Das Dokument enthält keinerlei Informationen für die Darstellung; sie muß vom Benutzer aufgrund der Semantik selbst vorgenommen werden. Sowohl Dokumenteninhalt als auch -strukturen können modifiziert werden.
- *Logische Struktur mit einer Beschreibung des gewünschten Formates:* Das Dokument kann nach den Wünschen des Erzeugers dargestellt werden. Sowohl Dokumenteninhalt als auch -struktur und Formatieranweisungen können modifiziert werden.
- *Geräteunabhängig formatierte Form mit Semantik:* Das Dokument kann nach den Wünschen des Erzeugers dargestellt werden. Inhaltliche oder strukturelle Änderungen sind in diesem Bearbeitungsstadium nicht mehr möglich. Die semantische Struktur mit Begriffen wie zum Beispiel Textabschnitt oder Abbildungsuntertitel steht für Retrieval-Zwecke zur Verfügung.
- *Geräteabhängig formatierte Form mit Semantik:* Diese Form unterscheidet sich von der vorhergehenden dadurch, daß sie nur auf bestimmten Geräten darstellbar ist. Man erreicht dadurch eine schnellere Darstellung, da die Abbildung der geräteunabhängigen Form auf die geräteinterne Form entfallen kann. Der Anwendungsbereich dieser Form ist jedoch sehr eingeschränkt.
- *Formatierte Form ohne Semantik:* Diese Form kann nur zur reinen Darstellung nach den Wünschen des Erzeugers verwendet werden. Retrieval aufgrund der Semantik ist nicht möglich. Auch diese Form kann geräteunabhängig oder geräteabhängig vorliegen.

Graphik

Unter dem Begriff "Graphik" wird hier die *generative Computer Graphik* verstanden, in der Bilderstellung, Bildmanipulation und Bildausgabe im Vordergrund der Anwendungen stehen. Die Anforderungen müssen sich sowohl an *passiven Systemen* (z.B. off-line Plotter) als auch an *interaktiven graphischen Systemen* (Workstations mit graphischer Ein- und Ausgabe) orientieren.

Die geforderte Funktionalität des Informationstyps Graphik muß neben den Standards der Computer Graphik (*GKS* [ISO-7942], *GKS-3D* [ISO-8805], *PHIGS* [ISO-9592], *CGI* [ISO-9636] und *CGM* [ISO-8632]) Anforderungen aus Bereichen wie *technisch-wissenschaftliche Veröffentlichungen*, *Geometrie der produktdefinierenden Daten*, *Technisches Zeichnen* und *Kartographie* berücksichtigen.

Allen derzeitigen Normungsaktivitäten ist gemeinsam, daß graphische Darstellungen aus Grundelementen, den *graphischen Primitiven*, aufgebaut werden. Man war und ist bestrebt, sich auf eine möglichst geringe Anzahl dieser Grundelemente zu einigen, und den Aufbau komplexerer geometrischer Gebilde der Anwendung zu überlassen[9].

Im Informationstyp Graphik sollen (komplex) strukturierte *graphische Objekte* aus den graphischen Primitiven aufgebaut werden können (mindestens *flache* und *netzwerkartige* Strukturen). Unter Berücksichtigung der oben angegebenen Bereiche wurden in [MMD-ANF] Anforderungen zusammengestellt, die sowohl die *Geometrie* und das *Erscheinungsbild* der Grundelemente als auch die *Manipulation* und *Präsentation* graphischer Objekte betreffen. Beispielsweise erstrecken sich die Anforderungen bezüglich Geometrie und Erscheinungsbild von einfachen *Linienzügen*, *Markierungen*, und *ebenen Flächen* bis hin zu *Freiform-Kurven* und *-Flächen*. Bei den *Linienelementen* müssen Art, Breite, Endpunkte, Verbindungen und Farbe variabel gestaltbar sein. Bei den *Flächenelementen* müssen neben Schraffuren und Mustern auch Schattierungen möglich sein.

Unter dem Gesichtspunkt des Austausches graphischer Information sind folgende Abstufungen der Struktur der Bildinformation denkbar:

- *Räumliche Dimension:* 3-dimensionale Information bleibt entweder erhalten oder wird in 2-dimensionale Information umgewandelt.
- *Vollständigkeit:* Alle Operationen, die über einen bestimmten Zeitraum zur Erstellung eines Bildes ausgeführt und protokolliert wurden, werden ausgetauscht oder redundante Operationen werden nicht ausgetauscht.
- *Struktur:* Die gesamten Strukturen eines Bildes bleiben (zwecks weiterer Bearbeitung) erhalten oder die Struktur wird ganz oder teilweise aufgelöst, d.h. es werden auch graphische Primitive ohne Identifizierbarkeit - also keine graphischen Objekte - ausgetauscht. Schließlich werden die graphischen Primitive ebenfalls "aufgelöst", d.h. die Bildinformation besteht nur noch aus Rasterinformation.

Anwendungsspezifische Informationstypen

Alle Informationen, die nicht durch die anfangs erwähnten Informationstypen abgedeckt werden sind anwendungsspezifisch und lassen sich in drei Gruppen klassifizieren:

- Informationen, die zwar in ihrer Darstellung auf die Basis-Informationstypen zurückführbar sind, auf logischer Ebene jedoch völlig andere semantische Anforderungen aufweisen. So kann man zum Beipiel produktdefinierende Daten, mathematische und chemische Formeln, Tabellenkalkulationen, Business-Graphik, Notenmusik, oder Spektren mit den oben beschriebenen Merkmalen graphisch darstellen. Erwartet man jedoch eine automatische Erzeugung dieser Graphiken/Tabellen aus den Ursprungsdaten und somit eine Weiterverarbeitbarkeit auf semantisch hoher Ebene, werden für alle angegebenen Beispiele völlig unterschiedliche Beschreibungsformen benötigt.
- Darüber hinaus gibt es Informationen, deren Darstellung mit den oben beschriebenen Darstellungsmerkmalen nicht möglich ist. Als Beispiel seien hier Hologramme erwähnt, die in der Forschung bereits in den Multi-Media-Bereich einbezogen werden. Mit der Weiterentwicklung der Ausgabemedien sind hier weitere heute noch nicht abzusehenede Informationstypen denkbar.
- Allgemeine Daten wie zum Beispiel NC-Steuerungsdaten oder Software-Wartungsprogramme.

[9] Lediglich in PHIGS sind Möglichkeiten der Modellierung komplexer Strukturen enthalten.

Es ist nicht möglich, alle potentiellen Kandidaten für die Integration in MMDs mit der vollen benötigten Funktionalität im Rahmen eines MMD-Modells von vornherein festzulegen. Diese Integration darf jedoch nicht ausgeschlossen werden. Bei der Definition des Modells müssen sowohl abbildbare als auch noch unbekannte Informationstypen berücksichtigt werden. Die Behandlung unbekannter Informationstypen muß dabei speziellen Anwendungen vorbehalten bleiben. Für alle anderen Anwendungen müssen Objekte unbekannten Typs eindeutig identifizierbar und bei der Darstellung überspringbar sein. Die Darstellung der Umgebung dieses Objektes darf nicht von der Interpretation des Objektes selbst abhängen.

Beim Austausch von Dokumenten, die nicht-standardisierte jedoch abbildbare Informationstypen enthalten, muß der Erzeuger die Möglichkeit haben, im MMD-Kontext Operationen zu definieren, die zum Zwecke der Präsentation eine Abbildung in einen der standardisierten Informationstypen unterstützen.

Im BERKOM-Projekt werden die anwendungsspezifischen Informationstypen *produktdefinierende Daten* und *mathematische Formeln* exemplarisch miteinbezogen.

4 Verteilte Bearbeitung von Multi-Media-Dokumenten

Im Büro- und technisch-wissenschaftlichen Bereich erfolgt häufig Erstellung bzw. Bearbeitung von Dokumenten gemeinsam durch mehrere Personen, die unterschiedliche Aufgaben haben können. Zum einen sollen beispielsweise Berichte mehrerer Autoren in ein Dokument integriert werden (z.B. Jahresbericht einer Institution), zum andern verlangt die Integration unterschiedlicher Informationstypen die Mitarbeit verschiedener Experten bei der Erstellung eines solchen Dokuments. Da diese Personen ihren Arbeitsplatz an unterschiedlichen Orten haben können, und außerdem Informationsquellen an möglicherweise wieder anderen Orten in ihre Arbeit miteinbeziehen wollen oder müssen, ist die Koordination dieser gemeinsamen Aktivität von außerordentlicher Bedeutung. Dies ist umso mehr der Fall, je enger der Termin bezüglich der Fertigstellung eines Dokuments gesetzt ist. Möglicherweise soll die gemeinsame Erstellung/Bearbeitung *gleichzeitig* (innerhalb einer Konferenz[10]) erfolgen. Im folgenden wird daher zwischen *asynchroner* und *synchroner* (gemeinsamer) Bearbeitung unterschieden.

- Bei der *asynchronen*, zeitlich voneinander weitgehend unabhängigen Bearbeitung steht die Autonomie des Arbeitsbereiches einer jeden Person im Vordergrund, d.h. jeder arbeitet vorwiegend in seiner *lokalen* (persönlichen, individuellen) Umgebung.
- Bei der *synchronen* Bearbeitung ist darüberhinaus ein *gemeinsamer* Arbeitsbereich (auf logischer, nicht notwendigerweise physikalischer Ebene) erforderlich, auf den alle an der Bearbeitung beteiligten Personen (Instanzen) Zugriff haben.

Beiden Bearbeitungsformen gemeinsam ist ein gewünschter Zugriff auf einen *öffentlichen* Arbeitsbereich, wie er zum Beispiel in Form von Informationsdatenbanken realisiert sein kann. Die im folgenden skizzierten Szenarien und die daraus abgeleiteten Anforderungen decken das Spektrum der erforderlichen Funktionalitäten und Strukturen für MMDs weitgehend ab[11].

---

[10] Es werden jedoch vorrangig die Aspekte untersucht, die in einem Zusammenhang mit der Entstehung und Weiterverarbeitung des Dokuments stehen. Die Nachbildung des "Sehens" und "Hörens" durch geeignete Aufnahme-, Übermittlungs- und Wiedergabetechniken ist nicht Gegenstand dieser Arbeit.

[11] Eine weitere Anwendung "MMD-Informationsbanken" (z.B. Makler, Fernunterricht, Ersatzteilkatalog) wird in [MMD-ANF] in erster Linie unter dem Aspekt betrachtet, bestimmte Informationen in einem MMD aufzufinden. Der Veränderungsaspekt steht hierbei nicht im Vordergrund. Es wird u. a. untersucht, welche Retrieval-Funktionen bei Nicht-Text-Informationstypen nötig sind (Bildfolgen, Melodie).

Bei der Bearbeitung des MMD werden neben Lesefunktionen Editierfunktionen (Erstellen, Verändern, Löschen) für alle in MMD vorkommenden Informationstypen (z.B. Text, Graphik, Audio, Bewegtbild) gleichberechtigt berücksichtigt. Als neue Dimension ergibt sich hierbei die Integration zeitlicher Abläufe in ein Dokument.

Für die Ermittlung der Anforderungen der Verteilten Bearbeitung von MMDs ist es sinnvoll, diese aus verschiedenen Sichtweisen der an der gemeinsamen Bearbeitung beteiligten *Rollen* zu betrachten. *Funktionenen*, die von diesen Rollen auf MMDs ausgeführt werden dürfen bzw. müssen, werden durch entsprechende *Regeln* festgelegt [AAM]. Die im folgenden beschriebenen Rollen haben exemplarischen Charakter; jede Anwendung kann ihre eigenen Rollen definieren.

4.1 Asynchrone Bearbeitung

Stellvertretend für denkbare Szenarien der gemeinsamen asynchronen Bearbeitung eines MMD wird das Szenario *Erstellung eines Handbuchbandes* aus dem Verlagsumfeld gewählt[12].

Eine detaillierte Aufstellung der Anforderungen aus der Sicht der beteiligten Rollen *Herausgeber*, *Autor*, *Editor*, *Gutachter*, *Gestalter*, *Konsument* und *Sachbearbeiter* ist in [MMD-ANF] gegeben. Beispielsweise muß dem Autor vom Herausgeber die Möglichkeit versagt werden können, Änderungen am Layout vorzunehmen. Der Sachbearbeiter darf vorgefertigte Formulare nur an bestimmten Stellen ausfüllen, d.h. ändern. Für den Editor sind die Rechte an der Erstellung/Bearbeitung des Handbuchbandes sehr weitgehend: Querbezüge und Literaturangaben kontrollieren, auf Verwendung einheitlicher Begriffe achten, gegebenenfalls sich inhaltlich wiederholende Teile (z.B. Einleitung) in den einzelnen Beiträgen aus diesen herausziehen und zu einem eigenständigen Teil des Handbuches zusammenfassen, Überleitungen zwischen einzelnen Beiträgen abfassen, Stichwortverzeichnis erstellen, Sprachliche Überarbeitung, Inhaltsverzeichnis erstellen. Kommentare des Gutachters müssen als solche klar erkennbar und gegebenenfalls in das Dokument integrierbar sein. Bei der asynchronen Bearbeitung ist besonders der *Dokumentenkontext* sowie die Festlegung von *Kommunikationswegen* von Bedeutung (vgl. Abschnitt 5).

4.2 Synchrone Bearbeitung

Bei der asynchronen Bearbeitung ist eine räumlich verteilte Gruppe von Personen an einem komplexen Arbeitsvorgang beteiligt, der sich über einen längeren Zeitraum (z.B. Wochen, Monate, Jahre) erstreckt. Im Rahmen eines solchen Arbeitsvorganges sind Arbeitstreffen (Workshops) unerläßlich, in denen vorhandene Dokumente diskutiert und ggf. verändert werden (synchrone Bearbeitung).

Besonders in frühen Stadien komplexer Arbeitsvorgänge sind Änderungen recht häufig. Vorwiegend werden hierbei neue Ideen diskutiert und weiterentwickelt. Die Diskussionsergebnisse führen oft zu erherblichen Änderungen existierender Dokumente oder zur Erzeugung neuer Dokumente. Die Dokumentenstruktur ebenso wie die zur Handhabung erforderlichen Funktionen müssen dieser *Dynamik* Rechnung tragen.

Bei einem solchen Arbeitstreffen befinden sich *Koordinator* und *Teilnehmer* im gleichen Raum und/oder sind räumlich verteilt. Alle sind durch ein Kommunikationssystem miteinander verbunden und an der Bearbeitung von MMDs beteiligt.

Es ist zwingend notwendig, daß für das gemeinsame Agieren auf MMDs Mechanismen zur Verfügung stehen, die ein vernünftig abgestimmtes Arbeiten ermöglichen. Die für einen rei-

[12] Der Begriff "Band/Buch" schließt alle in Abschnitt 3 erwähnten Informationstypen mit ein (man denke zum Beispiel an elektronisch, magnetisch oder optisch gespeicherte Lexika).

bungsfreien Ablauf erforderlichen Koordinationsaufgaben werden durch das Zusammenwirken von Koordinator und ihn unterstützende, diensterbringende Systemteile übernommen.

Typische Beispiele eines solchen Arbeitstreffens sind *Autorenworkshops* oder *Redaktionskonferenzen*. Im ersten Szenario sind eher die Inhalte, im zweiten Szenario auch das Erscheinungsbild von MMDs von Bedeutung.

Für Teilnehmer und Koordinator werden im folgenden einige Anforderungen beispielhaft skizziert.

- Es müssen gleichzeitige interaktiv Operationen auf MMDs durchgeführt werden können.
- Die Auswirkungen von Veränderungen, die sich auf den Inhalt, das Erscheinungsbild oder beides beziehen, müssen unmittelbar erkennbar sein (dies führt zur Forderung nach schnellen "Formatier"prozessen und hohen Übertragungsraten beim Dokumententransfer).
- Die Zeitspanne zwischen der Veränderung von MMDs in einem gemeinsamen Arbeitsbereich und der konsistenten Sicht für alle Beteiligten muß im Rahmen der Anwendung akzeptabel sein.
- Für die *Nutzung von Infobanken* als Informationsquelle ist eine schnelle Antwort auf Infobankabfragen erforderlich, um ein kontinuierliches Arbeiten während des Treffens zu gewährleisten.
- Neben der Dokumentenverteilung muß auch die Verteilung von Aktionen/Ereignissen (z.B. Cursorbewegungen, Objekt- oder Bereichsmarkierung) möglich sein. Die Übertragung der Dokumente und Aktionen/Ereignisse von den Quellen zu der oder den Senke(n) muß dabei mit einer vernachlässigbaren zeitlichen Verzögerung erfolgen. (Die Übertragung eines 2 Mbyte Festbildes beispielsweise benötigt bei einer Netto-Übertragungsrate von 2 Mbit/s immerhin noch mindestens 8 Sekunden).
- Für den geordneten Gesamtablauf ist eine Verwaltung der Zugriffsberechtigungen (Token-Management) bezüglich der einzelnen Rollen erforderlich.
- Im Sinne einer möglichst naturgetreuen Nachbildung eines realen Treffens ist es notwendig, daß der *Wirkungsbereich von Aktionen/Ereignissen* einstellbar ist. Dieser Wirkungsbereich kann lokal sein, also nur für den Agierenden bestimmt (Informationsquelle = Informationssenke). Oder aber Aktionen/Ereignissen werden von zwei oder mehr Kommunikationspartnern (quasi) gleichzeitig wahrgenommen, betreffen aber nicht alle Gruppenmitglieder. Der größte Wirkungsbereich wird durch *Broadcasting* von Aktionen/Ereignissen an alle Anwesenden/Gruppenmitglieder erzielt.
- Die insbesondere den *Inhalt* betreffenden Änderungen am Dokument müssen nach dem "WYSIWIM-Prinzip"[13] sichtbar gemacht werden. "WYSIWIS-Funktionalität"[14] dagegen beruht zu stark auf der Verwendung ähnlich intelligenter Endgeräte.
- "WYSIWIS-Funktionalität" muß dagegen im Rahmen einer räumlich verteilten Redaktionskonferenz gewährleistet sein, um Auswirkungen von Änderungen am *Erscheinungsbild* eines MMD gemeinsam beurteilen zu können (diese Forderung schränkt jedoch die verwendbaren Endgeräte ein).

[13]What You See Is What I Mean

[14]What You See Is What I See

5 Anforderungen bezüglich der Handhabung von MMDs

Ausgehend von dem skizzierten Anwendungsbeispiel werden nachfolgend die Anforderungen bezüglich der Handhabung von Multi-Media-Dokumenten zusammengefaßt. Sie umfassen die *rollenspezifischen* und *rollenübergreifenden* Anforderungen.

Die Strukturierung von MMDs ist vorrangig für die Unterstützung bestimmter Aktivitäten auf MMDs erforderlich, wobei folgende Aspekte und Aktivitäten untersucht werden:

- Identifikation
- Erstellung und Bearbeitung
- Präsentation
- Archivierung (Speicherung, Retrieval)
- Austausch und Verteilung
- Koordination
- Sicherheit

MMDs stellen Objekte dar, die immer im Zusammenhang mit ihrer Umgebung zu betrachten sind. Zu dieser *Dokumentenumgebung* gehören in erster Linie beteiligte *Rollen* (Personen), die bestimmte *Funktionen* (z.B. Erzeugen, Verändern, Übertragen) auf MMDs ausführen dürfen, wobei die für eine Rolle zugelassenen Funktionen durch *Regeln* definiert werden (vgl. Abschnitt 4).

Ein MMD hat einen *Dokumentenkontext*, d.h. es steht immer im Zusammenhang mit der Dokumentenumgebung. Dazu gehören die Beziehungen zu beteiligten Rollen (organisatorischer Kontext), sowie die Bedeutung der enthaltenen Informationen und semantischen Relationen zu anderen Dokumenten (inhaltlicher Kontext). Der Dokumentenkontext ist ein entscheidender Aspekt für die Semantik eines MMD und enthält Informationen wie von wem ist das MMD, für wen ist das MMD, welchen Zweck hat das MMD, welche Informationen enthält das MMD, welchen Status hat das MMD, steht der Inhalt im Zusammenhang mit anderen MMDs.

Der inhaltliche Kontext besteht zum Teil aus semantischen Relationen zu anderen MMD-Objekten, die den Zusammenhang eines Dokumenteninhalts mit anderen Dokumenteninhalten darstellen. Das heißt ein MMD muß sich auf Dokumentengruppen, einzelne Dokumente und auch auf bestimmte Dokumententeile anderer MMDs beziehen können. Beispiele für solche Relationen sind Referenz auf (allgemeine Bezugsbildung), Inhaltsverzeichnis (enthaltene Dokumententeile) und Auszug aus .

Einen besonderen Dokumentenkontext stellt die *Historie* eines MMD dar. Die Historie entspricht der Entwicklungsgeschichte eines MMD und umfaßt vorher ausgetauschte Informationen (Dokumente) bzw. vorherige Versionen eines MMD. Beispiele für solche Relationen sind: Neufassung von, Fortsetzung von, Ergänzung zu (beispielsweise vom Autor) und Kommentar zu (beispielsweise von anderen Konsumenten).

5.1 Identifikation

Multi-Media-Dokumente stellen Objekte dar, die immer eindeutig identifizierbar sein müssen. Außerdem müssen auch einzelne *Dokumententeile* eines MMD sowie ganze *Dokumentengruppen* global identifizierbar sein. Ein MMD-Objekt muß aus diesem Grund eine globale Identifikation

(MMD-Id) besitzen. Diese Identifikation muß bei der Erzeugung eines MMD-Objektes durch geeignete Mechanismen, die die Eindeutigkeit der MMD-Id gewährleisten, automatisch generiert werden.

Ein MMD-Objekt soll zusätzlich einen oder mehrere eindeutige *Namen* besitzen können, über den/die es referenziert werden kann. Dabei sind globale und lokale Namen zu unterscheiden. Ein globaler Name, der nach einer absoluten Namenkonvention gebildet wird, ist immer eindeutig und kann von allen Benutzern zur Referenzbildung benutzt werden. Ein lokaler Name ist nur in einer bestimmten Umgebung eindeutig und muß zur Referenzbildung unter Umständen auf einen globalen Namen abgebildet werden. Beispiele für lokale Namen sind Alternativnamen und Abkürzungen für häufig benutzte MMD-Objekte.

Bei der Bezugsbildung zwischen Dokumenten müssen verschiedene Arten der Referenzbildung möglich sein, die sich in den folgenden *Referenzenklassen* wiederspiegeln:

- Bei *garantierten Referenzen* wird die Existenz des referenzierten Dokuments (für einen bestimmten Zeitraum) garantiert. Während eine garantierte Referenz auf ein Dokument bzw. eine bestimmte Version eines Dokuments existiert, kann diese(s) weder verändert noch gelöscht werden.
- Bei *nichtgarantierten Referenzen* wird die Existenz des referenzierten Dokuments nicht garantiert. Dabei kann ein Konsument bei der Benutzung der Referenz (z.B. bei der Präsentation) über Veränderungen informiert werden oder nicht.

Ein wichtiger Gesichtspunkt ist dabei die Möglichkeit der Bezugnahme auf *andere* "elektronische" und "nichtelektronische" Dokumente (z.B. Mitteilungen aus Message Handling Systemen bzw. Papierdokumente), wobei die Referenzbildung durch geeignete Konzepte zur eindeutigen Identifikation dieser *externen* Dokumente unterstützt werden muß.

Im Hinblick auf die *Integrität* eines MMD muß jede inhaltliche Änderung an einem MMD die Generierung einer neuen Version dieses Dokuments bewirken, wobei die verschiedenen Versionen eines MMD eindeutig identifizierbar bzw. unterscheidbar sein müssen. Insbesondere müssen für *in Arbeit befindliche* Dokumente (z.B. bei der verteilten Bearbeitung) Mechanismen bereitgestellt werden, die ein MMD während seiner Bearbeitung vor unberechtigten, globalen Zugriffen schützen, und erst nach Abschluß der Bearbeitung (z.B. durch die Erzeugung einer neuen Versionsnummer) global freigeben. Verteilte Kopien eines MMD müssen als solche erkennbar sein, das heißt sie müssen die gleiche MMD-Id besitzen, können aber unterschiedliche Namen haben.

5.2 Erstellung und Bearbeitung

Generell umfaßt die Erstellung und Bearbeitung von MMDs alle Aktivitäten, die das Erzeugen, Verändern und Löschen der Dokumenteninhalte und -strukturen eines MMD zur Aufgabe haben.

Ausgehend von den Bearbeitungsmöglichkeiten der unterschiedlichen Grundelemente der verschiedenen Informationstypen und informationstypspezifischen Strukturen durch entsprechende Werkzeuge (Graphischer Editor, Videokamera, etc.) müssen an dieser Stelle auch die informationstypübergreifenden Strukturen eines MMD festgelegt werden:

- Bei Bedarf Änderung von Dokumenteninhalt und -strukturen.
- Festlegung der *zeitlichen* und *örtlichen* Relationen zwischen einzelnen informationsspezifischen Teilen eines MMDs.

- Zeitliche und örtliche Überlagerung verschiedener Informationstypen (z.B. Bewegtbild und Audio, bzw. Festbild und Graphik).
- Extraktion von Teilen und Integration in neue MMDs.
- Unterstützung der späteren Präsentation durch eine geeignete Strukturierung des MMDs.
- Vergabe von rollenspezifischen Bearbeitungsrechten und Sichtbarmachung von Veränderungen bei der verteilten synchronen Bearbeitung.

5.3 Präsentation

Im Gegensatz zu den herkömmlichen Dokumenteninhalten, wie Text und Graphik, führt die Integration von neuen Informationstypen, wie Bewegtbild und produktdefinierende Daten, zu komplexeren Dokumenten. Es ergeben sich folgende Anforderungen:

- Unterstützung der Präsentation der Basis-Informationstypen Text, Graphik, Festbild, Bewegtbild, Audio/Sprache und anwendungsspezifische Informationstypen wie produktdefinierende Daten und Animation.
- Darstellung von mehreren Informationstypen gleichzeitig bzw. an beliebigen Stellen in einem MMD. (**Ort**- und **Zeit**synchronisation).
- Unterstützung eines *statischen* und *dynamischen* Präsentationsablaufs. Im Gegensatz zur statischen Präsentation eines MMD, bei der alle Teile eines MMD vollständig und in der vorgegebenen Reihenfolge präsentiert werden, erlaubt die dynamische Präsentation einen individuellen Ablauf, da alle oder bestimmte Teile eines MMD optional oder alternativ an bestimmten oder beliebigen Stellen (örtlich und/oder zeitlich) präsentiert werden können.
- Steuerungsmöglichkeit des Präsentationsablaufs durch *Interaktionspunkte*.
- Unterscheidung von *festen* und *optionalen* Präsentationsabschnitten. Feste Abschnitte müssen an einer bestimmten Stelle in einem MMD präsentiert werden, während optionale Abschnitte an bestimmten bzw. beliebigen Stellen bei Bedarf zusätzlich präsentiert werden können (z.B. eine sprachliche Erläuterung zu einer Graphik oder verdeckte Kommentare).
- Auswahl von alternativen Informationsinhalten (*Varianten*). Beispielsweise eine kurze oder eine lange Benutzeranleitung oder die Auswahl einer beliebigen Sprache zu einem Bewegtbild aus einer Tabelle.
- Unterscheidung von *konformen* und *veränderten* Präsentationsformen. Ursachen für eine veränderte Präsentation können beispielsweise Einschränkungen des Ausgabemediums oder Interaktionen des Konsumenten sein.
- Präsentation von in einem MMD referenzierten Dokumenten.
- Konvertierung von Informationsinhalten (z.B. Text $\longleftrightarrow$ Sprache)

5.4 Archivierung

Die Archivierung umfaßt die Speicherung und das Retrieval von MMD-Objekten. Unter Speicherung ist hierbei die Ablage von MMD-Objekten (in beliebigen Archiven) im Hinblick auf die permanente Verfügbarkeit von MMD-Objekten zu verstehen. Das Retrieval ermöglicht das (Wieder)finden von bestimmten, in Archiven gespeicherten MMD-Objekten unter verschiedenen Gesichtspunkten.

Bei der Archivierung sind für die Definition von Anforderungen im Hinblick auf die Dienstgüte die *Verfügbarkeit*, die *Zuverlässigkeit* und *Geschwindigkeit* zu berücksichtigen.

Ausgehend von den verschiedenen im Einsatz befindlichen Archivkonzepten unterschiedlicher Funktionalität sind im Hinblick auf die effiziente Unterstützung der verschiedenen Formen von Kommunikation zwei Ablageformen zu unterscheiden:

- *Private* Speicherung, bei der jeder Benutzer die für ihn relevanten MMD-Objekte autonom und nach individuellen Bedürfnissen ablegen kann.
- *Gemeinsame* Speicherung von MMD-Objekten für beliebig viele Benutzer (offene und geschlossene Benutzergruppen und öffentliche Archive)

Für die Speicherung und Retrieval ergeben sich die Anforderungen:

- Zentrale oder verteilte Ablage von MMDs.
- Vergabe von Zugriffsrechten.
- Unterstützung des Suchens und Wiederauffindens (Retrieval) von Dokumenten (Suche über Namen, Struktur oder Eigenschaft).

5.5 Austausch und Verteilung

Bezüglich Austausch und Verteilung von MMDs besteht die Anforderung, einem oder mehreren Benutzern (Benutzergruppen) ein oder mehrere MMD-Objekte zukommen zulassen. Das heißt es muß sowohl *Punkt-zu-Punkt-Kommunikation* als auch *Gruppenkommunikation* unterstützt werden, wobei sich das Spektrum von Gruppenkommunikation von geschlossenen "Konferenzen", bei denen nur bestimmte Teilnehmer zugangsberechtigt sind, bis hin zu öffentlichen "Schwarzen Brettern" (*Bulletinboards*) erstreckt.

Ferner soll neben dem expliziten Verschicken von MMD-Objekten (Sender-initiiert) auch die Möglichkeit bestehen, daß ein Benutzer MMD-Objekte bei Bedarf aus bestimmten Gruppen- und Privatarchiven anderer Benutzer anfordern kann, sofern er dazu privilegiert ist (Empfänger-initiiert).

Aufgrund einer möglichen Inhomogenität der beteiligten Systeme ist dabei unter Umständen eine Anpassung der Strukturen und Kodierung eines MMD-Objektes (in eine *abstrakte Transfersyntax*) für die Übertragung erforderlich.

5.6 Koordination

Koordination stellt einen wichtigen Faktor bei der verteilten Bearbeitung und dem Austausch von Multi-Media-Dokumenten dar. Koordination ist in mehrfacher Hinsicht nötig.

Im Hinblick auf den Austausch von MMDs müssen Mechanismen bereitgestellt werden, die es erlauben, den "Kommunikationsweg" eines MMD vor einem Kommunikationsvorgang festzulegen. Das heißt es müssen sich die einzelnen "Zwischenstationen" eines Kommunikationsvorganges bzw. Bearbeitungsstationen eines MMD genau definieren lassen (beispielsweise den Dienstweg eines Reiseantrags in einer Organisation). Insbesondere muß es dabei möglich sein, den aktuellen Aufenthaltsort und den Bearbeitungsstand eines abgesendeten MMD in Erfahrung zu bringen.

Im Zusammenhang mit der asynchronen gemeinsamen Bearbeitung von MMDs kann dies beispielsweise auch das Versenden von Mahnungen beinhalten, falls zu festgelegten Zeitpunkten ein Arbeitsschritt nicht beendet oder eine Aktion wie Weiterleitung eines Dokuments nicht erfolgt ist.

Eine Koordination anderer Art ist bei der synchronen, gleichzeitigen Bearbeitung von MMDs nötig. Hier muß der Zugriff auf das MMD, wie die Zuteilung der Berechtigung ein MMD-Objekt zu ändern, gesteuert werden ("Token-Vergabe", Zugriffskontrolle).

5.7 Sicherheit

Sicherheitsanforderungen stellen generell einen wesentlichen Gesichtspunkt bei der Konzeption von verteilten Systemen und deren Anwendungen dar, da die Offenheit dieser Systeme und die große Anzahl von Kommunikationskanälen potentielle Gefahrenstellen darstellen. Diese Anforderungen umfassen in erster Linie den Schutz von Daten bei der Archivierung und Übertragung vor passiven und aktiven *Angriffen* und *Unfällen.* Darunter fallen beilspielsweise das Abhören von Kommunikationskanälen und der unberechtigte Zugriff von Daten bzw. Datenveränderung oder -verlust durch Hard- oder Softwarefehler.

Im MMD-Kontext sind die zu schützenden Objekte sowohl ganze MMDs, als auch einzelne Dokumententeile. Die wesentlichen Gesichtspunkte der Sicherheit sind hierbei die *Zugriffskontrolle* und der *Schutz der Daten:*

- Die *Zugriffskontrolle* umfaßt die *Authentifizierung* von Instanzen und die *Autorisierung* des Zugriffs. D.h. bei jedem Zugriff auf ein MMD muß sowohl die Identität der zugreifenden Instanz (Benutzer oder Dienst) als auch deren Berechtigung für den gewünschten Zugriff überprüft werden.
- Zum *Schutz der Daten* gehören die *Integrität* und die *Vertraulichkeit* von MMDs bei der Speicherung und Übertragung. Die Integrität umfaßt den Schutz vor (unberechtigten) Veränderungen der Daten eines MMD und sichert somit die *Authentizität von Dokumenten* im Hinblick auf die Rechtmäßigkeit von "elektronischen" Dokumenten. Die Vertraulichkeit erfordert die Geheimhaltung der in einem MMD enthaltenen Informationen, d.h. nur autorisierte Instanzen dürfen Informationen über die Existenz und ggf. den Inhalt eines MMD bekommen.
- Zusätzlich muß die Möglichkeit bestehen, bestimmte Dokumente bei Bedarf *anonym* zu senden bzw. zu empfangen (präsentieren), das heißt die Identität des Senders bzw. Empfängers soll bei bestimmten Kommunikationvorgängen verborgen bleiben können.

6 Schlußbemerkung

In vorliegendem Papier wurden die Anforderungen an Multi-Media-Dokumente hinsichtlich ihrer Verarbeitung in offenen Rechnernetzen anhand des Szenarios *Verteilte Bearbeitung von MMDs im ISDN-B* analysiert. Es wurde dabei im wesentlichen auf die *informationstypübergreifenden* Anforderungen und auf die Informationstypen *Text* und *Graphik* eingegangen, außerdem auf Anforderungen bezüglich der Handhabung in einer Breitbandumgebung.

Auf Basis der skizzierten Anforderungen wird gegenwärtig ein MMD-Architekturmodell entworfen, das es ermöglicht, den Austausch und die Bearbeitung von MMDs in einer heterogenen Breitbandumgebung zu realisieren. Dieses Modell besteht aus einem *Datenmodell* und einem darauf abgestimmten *Kommunikationsmodell*.

Die Arbeit entstand im Rahmen des BERKOM-Projekts "Multi-Media-Dokumente im ISDN-B" der GMD-Berlin FOKUS. Eine ausführliche Anforderungsanalyse enthält der Projektbericht [MMD-ANF]. Die Ergebnisse des Projekts dienen zur Weiterentwicklung des sogenannten Berkom-Referenzmodells [BERK-REF].

Literaturverzeichnis

AAM — T. Danielson, U.Pankoke-Babatz, The AMIGO Activity Model, European Teleinformatics Conference EUTECO 88, Vienna, April 20-22, 1988

BERK-REF — BERKOM Referenzmodell, Version 1, 4.6.87 Berkom-Dokument 0075/06/87

CCITT-DTAM — CCITT Draft Recommendation T.4nn Series: Document Transfer, Access and Manipulation (DTAM)

ISO-7942 — ISO/IS 7942: Information Processing Systems - Computer Graphics - Graphical Kernel System (GKS): Functional Description

ISO-8613 — ISO/DIS 8613: Information Processing - Text and Office Systems - Office Document Architecture (ODA) and Interchange Format - Parts 1-8

ISO-8632 — ISO/IS 8632: Information Processing Systems - Computer Graphics - Metafile for the Storage and Transfer of Picture Description Information (CGM) - Parts 1-4

ISO-8805 — ISO/IS 8805: Information Processing Systems - Computer Graphics - Graphical Kernel System for Three Dimensions (GKS-3D): Functional Description

ISO-9592 — ISO/DIS 9592: Information Processing Systems - Computer Graphics - Programmer's Hierarchical Interactive Graphics System (PHIGS) - Parts 1-3

ISO-9636 — ISO/DP 9636: Information Processing Systems - Computer Graphics - Interface Techniques for Dialogues with Graphical Devices (CGI) - Parts 1-6

MMD-ANF — Multi-Media-Dokumente im ISDN-B, Anforderungsanalyse, Vers. 1.0, April 88, GMD-FOKUS/BERKOM

Fantasy : Methoden und Werkzeuge für die Erstellung graphischer Benutzerschnittstellen

Helmut Lorek
Universität Oldenburg
Fachbereich Informatik
Abteilung Informationssysteme
Postfach 2503
D-2900 Oldenburg

Zusammenfassung

Fantasy ist ein anwendungsneutrales System zur Gestaltung und Realisierung maschinenunabhängiger graphischer Benutzerschnittstellen für moderne Arbeitsplatzrechner. Fantasy, als externes "User Interface Management System" konzipiert, bietet eine abstrakte Sicht der zugrundeliegenden Maschine und ermöglicht damit eine einfache Implementierung hochgradig interaktiver Anwendungen.
Der Begriff des "Ereignisses" spielt hierbei eine zentrale Rolle. Mittels geeignet definierter Objektklassen und Operationen ist es möglich, benutzerspezifische Ereignisse angemessen zu modellieren und für den Fall ihres Eintretens entsprechende Aktionen zu spezifizieren. Mögliche Ereignisse werden so angeboten, daß noch keine Aussage über die zugrundeliegende Maschine gemacht wird. Die Anpassung der maschinenunabhängig definierten Anwendung an die reale Zielmaschine leistet Fantasy. Sehr viele Ereignisse werden dabei bereits vom System erkannt und applikationsübergreifend einheitlich behandelt.
Dadurch bieten alle mit Fantasy entwickelten Anwendungen auf einer Maschine eine typische, für die Maschine charakteristische Benutzerschnittstelle. Andererseits kann die Benutzerschnittstelle bei einer Portierung auf einen anderen Rechner ohne Reimplementierung übernommen werden.
Integriert in diesen Ansatz bietet Fantasy eine objektorientierte Graphikschnittstelle, die komplexe graphische Objekte auf einer rein logischen Ebene unabhängig von z.B. Position und Größe des Objekts verwaltet.
Fantasy bietet eine Reihe von Vorteilen, die, neben einer detaillierten Beschreibung der zugrundeliegenden Konzepte, in diesem Papier diskutiert werden sollen.
Fantasy ist in Modula-2 auf Macintosh-Rechnern sowie auf Sun-3 Workstations implementiert und wurde u.a. auf der Cebit '88 in Verbindung mit einem interaktiven Bildplattenprojekt demonstriert.

Schlüsselwörter: Graphische Benutzerschnittstelle, Eventhandling, User Interface Management System, Rapid Prototyping

1. Einleitung

Die Realisierung hochgradig interaktiver, graphischer Benutzerschnittstellen von Anwendungssoftware und die Verfügbarkeit funktional gleichwertiger Programme auf verschiedenen Rechnern spielen eine zunehmende Rolle in der Software-Entwicklung. Die Akzeptanz von Programmen wird insbesondere von ihrer Handhabbarkeit für den gelegentlichen Benutzer und der Unterstützung des jeweiligen Machinenstandards bezüglich der Mensch-Maschine-Interaktion abhängen. Mit komplexeren Benutzerschnittstellen, die stark auf die zugrundeliegende Maschine zugeschnitten sein müssen, steigt jedoch der Aufwand erheblich, diese Programme auch auf anderen Maschinen verfügbar zu machen.

Im gleichen Maß wie der Wunsch nach besseren Benutzerschnittstellen nimmt auch das Interesse an Werkzeugen zur Gestaltung und Realisierung stark interaktiver Systeme zu. Daher bietet heute jeder moderne Arbeitsplatzrechner Zugang zu graphischen Schnittstellen, mit deren Hilfe Window-, Menu- und Graphikprogrammierung möglich sind [7, 21, 22]. Daneben gibt es seit einiger Zeit starke Bemühungen, graphische Systeme zu standardisieren (GKS [5]) [6] oder allgemeinere Window-Systeme anzubieten (X-Windows [8]) [11].
Die angebotenen Schnittstellen bieten jedoch meist keine abstrakte Sicht auf die Objekte der Mensch-Maschine-Kommunikation - wie z.B. Events, Fenster oder Menus -, sondern enthalten eine Reihe von sehr schnellen, aber im Abstraktionsniveau "tief" liegenden Funktionen, die starke Kenntnisse der Programmierung von modernen Arbeitsplatzrechnern im allgemeinen und Detailkenntnisse der zugrundeliegenden Maschine im speziellen erfordern.

Forschungsaktivitäten zielen daher in die Richtung, Teile von Benutzerschnittstellen zu abstrahieren [9] und als Werzeugkästen angebotene User Interface Management Systems (*UIMS*) [14, 17] zu implementieren. Solche UIMS bieten eine abstraktere Sicht der Maschine und reduzieren den Programmieraufwand für Anwendungen i.a. deutlich, da die angebotenen Funktionen mehr Aufgaben übernehmen und von Detaillfragen befreien.
Adaptive Systeme versuchen ergänzend, wissensbasierte Methoden zur Gestaltung von Benutzungsoberflächen einzusetzen [18, 23, 24].

Eher selten wird der Ansatz verfolgt, ein UIMS auf verschiedenen Maschinen für stark interaktive, aber maschinenunabhängige Anwendungen zu konzipieren, die sich dennoch dem Standard der jeweiligen Maschine entsprechend verhalten. D.h. die Anwendung selbst muß genau einmal implementiert werden und läuft im folgenden auf jeder Maschine, für die dieses UIMS existiert. Das UIMS paßt das Verhalten der Anwendung der jeweiligen Maschine an. Dazu braucht die Anwendung nicht reimplementiert zu werden. In dieser Richtung wurde vor allen Dingen bei der Entwicklung der Benutzungsoberfläche der UNIBASE-Softwareentwicklungsumgebung *THESEUS* gearbeitet [12].

Die hier vorgestellten Fantasy-Konzepte basieren auf Vorarbeiten an der ETH Zürich, an denen der Autor in den vergangenen Jahren beteiligt war. Dort wurden insbesondere im Rahmen des Projekts KOFIS [2] alle Programme maschinenunabhängig in Modula-2 geschrieben und implementiert. Zu diesem Zweck wurde HOST [13], eine abstrakte Modula-2 Maschine konzipiert und auf verschiedenen Rechnern implementiert. HOST isoliert mittels abstrakter Sicht von Files-, Memory- und I/O-Management Anwendungen von der darunterliegenden Maschine und bettet alle Programme in eine Shell ein, die für

jeden Rechner Unix-ähnliche Eigenschaften realisiert. Damit ist Portabilität aller HOST-basierten Modula-2-Programme gewährleistet.
Aus dem Bedürfnis, die neben KOFIS in anderen Projekten eingesetzten Werkzeuge mittels komfortabler Benutzerschnittstellen zu evaluieren und im Kontext ETH-weiter Bestrebungen zur Standardisierung "window-basierter" Software [16], entstanden die ersten Ideen und Konzepte zu Fantasy, die nun an der Universität Oldenburg weiterentwickelt und realisiert werden.

Die zentralen Ideen in Fantasy sind die Abstraktion des Begriffs "Ereignis" und die Trennung von logischen und physischen Attributen bei graphischen Objekten durch einen objektorientierten Ansatz. Diese und weitere Konzepte von Fantasy sollen in Kapitel 2 erläutert werden. Im Kapitel 3 werden dann die wesentliche Vorteile dieses Ansatzes herausgestellt. Kapitel 4 schließt mit einem kurzen Ausblick auf Erweiterungsmöglichkeiten von Fantasy.

2. Konzepte und Aufbau von Fantasy

2.1 Architektur

Abb. 1 zeigt die vier Komponenten von Fantasy. Neben Window- und MenuManager wird eine "objektorientierte" Graphikschnittstelle (*GraphicManager*) angeboten. Das "Herz" des Systems bildet der EventManager, der als Grundlage für die anderen Komponenten zunächst ausführlicher besprochen werden soll.

Im weiteren wird nicht detailliert auf die interne Modularisierung und resultierende Schnittstellen innerhalb von Fantasy und auf die Beziehung zwischen Fantasy und der zugrundeliegenden Maschinenschnittstelle eingegangen. Die Erfahrung bei der Fantasy-Portierung von Macintosh auf andere Maschinen hat gezeigt, daß die Modul-Struktur so gewählt wurde, daß die Portierung grundsätzlich relativ problemlos ist.

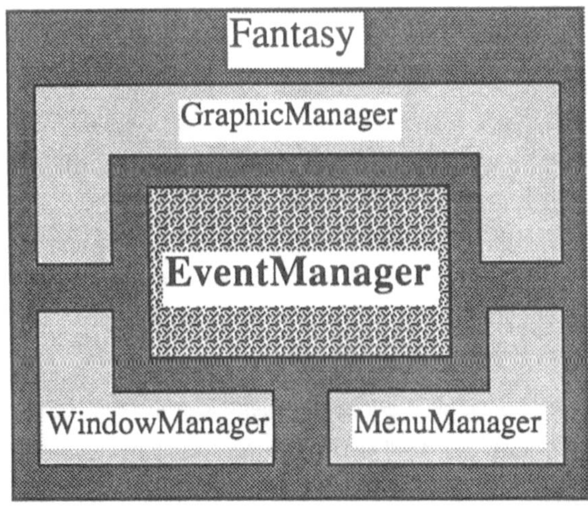

Abb. 1 Fantasy-Architekturskizze

2.2 Der EventManager

Fantasy wurde als externes UIMS konzipiert, d.h. die Kontrolle jeder Anwendung obliegt Fantasy. Dabei bildet der EventManager den eigentlichen "Verwalter" des UIMS: seine Aufgabe ist die Verwaltung und Aktivierung anwendungsspezifischer Aktionen. Er basiert zum einen auf dem Konzept des "*Inverted Programming*" [19] und zum anderen auf dem weiter unten vorgestellten Konzept des "*abstrakten Ereignisses*".

Inverted Programming bedeutet, daß das Anwendungsprogramm nach einer Definitionsphase, in der Fenster geöffnet, Menus kreiert und Ereignisse mit zugehörigen Aktionen modelliert und dem EventManager übergeben werden, die Kontrolle vollständig an den EventManager übergibt. Im Gegensatz zur Technik des *Polling* [20], bei der in einer im Anwendungsprogramm realisierten Abfrageschleife (*polling loop*) alle Input Devices wiederholt abgefragt werden, um das nächste eingetretene Ereignis von der Anwendung abarbeiten zu lassen und dann in die Schleife zurückzukehren, übt das Anwendungsprogramm beim Inverted Programming nach Aufruf des EventManagers selbst keinerlei Kontrolle mehr aus.
Dazu ist es notwendig, mögliche Events prophylaktisch spezifizieren zu können und dem System Aktionen (im weiteren auch *EventHandler* genannt), die bei Eintreten eines definierten Ereignisses zur Ausführung kommen, mitzuteilen.

Der Begriff "Abstraktes Ereignis"

Um ein Werkzeug zu realisieren, das die Gestaltung von Benutzungsoberflächen für maschinenunabhängige Anwendungen erlaubt, sich aber dennoch nicht auf allen Maschinen gleichförmig, sondern dem Standard der jeweiligen Maschine angepaßt verhält, muß der Begiff des Ereignisses sehr viel stärker abstrahiert werden, als dies allgemein getan wird.
In den meisten Graphik- und Window-Systemen geschieht das nicht, weil nicht das Ereignis an sich im Vordergrund steht, sondern die Aktion, die zu diesem Ereignis geführt hat. So wird z.B. von Ereignissen "MouseDownEvent" oder "KeyboardEvent" gesprochen. Dies impliziert eine Abhängigkeit von den angeschlossenen Input-Devices; so kann z.B. ohne Keyboard kein KeyboardEvent auftreten. Zum anderen werden die aufgetretenen Ereignisse so allgemein weitergegeben, daß es dem Anwendungsprogramm obliegt, diese in immer wiederkehrenden, gleichartigen Programmstücken abhängig von weiteren Informationen aufzuschlüsseln.
Das am häufigsten gemeldete Ereignis ist der MouseDownEvent, unabhängig davon, wo und in welchem Kontext er aufgetreten ist. Damit ist es nicht möglich, das Anwendungsprogramm maschinenunabhängig zu gestalten, da der zu interpretierende Kontext, in dem das Ereignis stattfand, auf verschiedenen Maschinen zu verschiedenen Ergebnissen führen muß.

Bsp. Würde einem Anwendungsprogramm das Ereignis "MouseDown" gemeldet und dies im weiteren Kontext so analysiert, daß das Klicken der Maustaste in einem nicht aktiven Fenster geschah, so müßte das Anwendungsprogramm auf dem Macintosh dieses Fenster - nach Macintosh User Guidlines [3] - nach vorne holen, d.h. aktivieren. Portiert man dieses Programm auf eine Sun, so wäre der Endbenutzer über ein solches Verhalten sehr überrascht , da auf der Sun immer das Fenster aktiv ist, in welchem sich der Mauszeiger - d.h. die Visualisierung der Mausbewegungen - befindet.

Eine abstraktere Ereignismeldung könnte lauten "Aktives Fenster gewechselt". Dann ist es Aufgabe des UIMS, dieses Ereignis der jeweiligen Maschine angepaßt zu erkennen und die dazu spezifizierte Aktion (EventHandler) zur Ausführung zu bringen. Das oben angesprochene Ereignis "KeyboardEvent" könnte allgemeiner als "Buchstabe angekommen" weitergegeben werden, denn das Anwendungsprogramm wäre in diesem Fall unabhängig davon, ob dieser Buchstabe über eine Tastatur, ein Zeigetablett oder gar ein Mikrophon gesprochen eingegeben wird.

Bei der Modellierung möglicher Ereignisse muß also die Frage

"**Was** ist eingetreten ?" (und nicht "**Wie** ist es eingetreten ?")

im Vordergrund stehen. Das "Wie" zu erkennen, ist Aufgabe der Implementation von Fantasy auf der jeweiligen Zielmaschine.

Der EventManager gibt die möglichen abstrakten Ereignisse und damit das, "Was" auftreten kann, vor. Diese müssen von dem Anwendungsprogramm zur Beschreibung der möglichen Ereignisse verwendet werden. Dazu wird eine Datenstruktur, *EventMask* genannt, von dem EventManager exportiert. In dieser Datenstruktur können das Ereignis, die dazugehörende Aktion und der Kontext, d.h. für welches Objekt (z.B. für welches Fenster) gilt die Spezifikation, definiert werden. In der Definitionsphase werden zu abstrakten Ereignissen EventMasken mit Aktionen (in diesem Fall Modula-2 Prozeduren) definiert und dem UIMS übergeben. Ein typisches Beispiel dazu findet sich in Abb. 3.

Die Arbeitsweise des EventManagers verdeutlicht Abb. 2, die sich in drei Bereiche gliedert. Die angeschlossenen Devices Dev_1 .. Dev_N erzeugen Ereignisse, die im folgenden von Fantasy erkannt und verarbeitet werden. Fanatsy selbst besteht aus den in 2.1 skizzierten Komponenten. Hinzugekommen ist die Menge aller EventHandler, die vom EventManager benötigt und verwaltet wird.

Die Menge aller EventHandler beinhaltet zwei deutlich unterscheidbare Arten von EventHandlern. Zum einen besteht sie aus anwendungsspezifischen Aktionen (ADEH: Application Defined EventHandler), die von der Anwendung definiert und dem EventManager übergeben werden. Zum anderen installieren die Einzel-Komponenten (Window-, Menu- und Graphikmanager) von Fantasy eigene systemspezifische EventHandler (SDEH: System Defined EventHandler), um die Programme von der Behandlung anwendungsunabhängiger Ereignisse zu entlasten und sich auf die wesentlichen anwendungsabhängigen Benutzeraktionen zu konzentrieren. Ein Anwendungsprogramm braucht sich damit nicht mehr um das Verschieben, Verkleinern bzw. Vergrössern, Aktivieren bzw. Deaktivieren, Update oder Scrollen von Fenstern oder die Auswahl von Menueinträgen zu kümmern. Die installierten SDEHs sind maschinenabhängig und erlauben es, diese Ereignisse je nach Maschinenstandard zu erzeugen.

Alle durch die Devices "Dev_1" bis "Dev_N" erzeugten Ereignisse erkennt der EventManager, wandelt diese in abstraktere Ereignisse und aktiviert, wenn es sich um anwendungsspezifische Ereignisse handelt, die entsprechenden ADEH's, ansonsten die passenden SDEH's. Fantasy isoliert somit die Anwendung von den Devices und ist nach Installation aller EventHandler das eigentliche Programm.

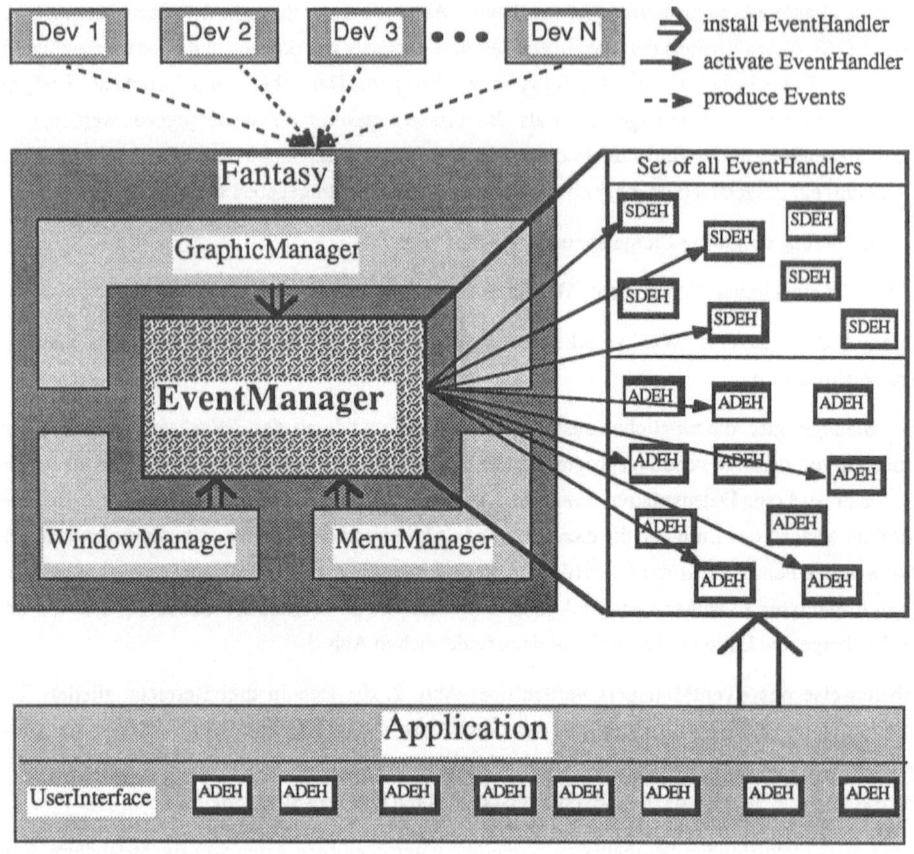

Abb. 2 Arbeitsweise des EventManagers

Durch die Angabe von Prioritäten und die Möglichkeit, zum Ende eines ADEH's anzugeben, ob das auslösende Ereignis konsumiert wurde oder nicht, können zu einem Ereignis mehrere Aktionen installiert und die Reihenfolge der Abarbeitung von Aktionen zu gleichen Ereignissen beeinflußt werden.

Weiterhin ist es mit dem Konzept des "Inverted Programming", d.h. der vollständigen Abgabe der Kontrolle an das UIMS möglich, andere "Maschinencharakteristika" zu unterstützen. So stehen z.B. jeder mit Fantasy implementierten Applikation auf dem Macintosh automatisch alle Deskaccessories (und damit z.B. ein Editor) zur Verfügung.

Beispiel

Das nun folgende Beispiel eines Modula-2-Programms installiert ein Fenster, in dem alle eingehenden Buchstaben angezeigt werden. Zusätzlich wird ein Menu kreiert, das als einzigen Eintrag die Möglichkeit enthält, den EventManager zu verlassen und damit die Kontrolle wieder an das Anwendungsprogramm zu übergeben.

```
MODULE TextEdit;

FROM WindowManager  IMPORT Window, OpenWindow;
FROM MenuManager    IMPORT Menu, CreateMenu;
FROM EventManager   IMPORT EventMask, InstallEventManager,
                           StartEventManager, StopEventManager;

VAR EditWindow : Window;
    QuitMenu   : Menu;
    eventMask  : EventMask;

PROCEDURE TreatCharacterInput(eventRec : EventRecord);
BEGIN
  Write(eventRec.char, EditWindow);  (* schreibe eingegangenen Buchstaben *)
  StoreCharacter(eventRec.char)
END TreatCharacterInput;

PROCEDURE Quit;
BEGIN
  StoreWindowContent();
  StopEventManager()
END Quit;

BEGIN (* MAIN *)
                                    ──► Definition Part
  CreateMenu(QuitMenu);
  AddItem(QuitMenu, 'Beenden', Quit);  (* installiere Menueintrag mit Aktion *)
  OpenWindow(EditWindow, 'TextEdit', 0, 0, 500, 300);

  WITH eventMask DO
    eventType := CharacterArrived;  (* spezifiziere Ereignis *)
    action := TreatCharacterInput;  (* auszuführende Aktion *)
    where := EditWindow;            (* Fenster, für das dieses Ereignis modelliert wird *)
  END; (* WITH *)

  InstallEventHandler(eventMask);
                                    ──► Execution Part
  StartEventManager()

END TextEdit.
```

Abb. 3 Beispiel einer typischen Programmstruktur beim Arbeiten mit Fantasy

Neben dem Ereignis und der dazugehörigen Aktion wurde in der Eventmaske auch noch das Fenster (als Kontext) angegeben, für das dieses Ereignis vom EventManager erkannt werden soll. Für die Implementierung auf einer Sun hieße dies z.B., daß das Ereignis *CharacterArrived* nur dann gemeldet würde, wenn sich der Mauszeiger über dem *TextWindow* befindet, anderenfalls würden Texteingaben ignoriert.

Nach dem Definitionsteil wird die Kontrolle mit Aufruf der Prozedur *StartEventManager* an den EventManager übergeben, der im folgenden bei Eintreten des Ereignisses "CharacterArrived" die Prozedur *TreatCharacterInput* aufruft und bei Aktivierung des Menueintrags "Beenden" die Kontrolle zurückgibt (*StopEventManager*) .

2.3 Der WindowManager

Der WindowManager verwaltet sich beliebig überlagernde Fenster auf einem *virtuellen* Bildschirm. Ein Fenster bezeichnet einen rechteckigen Bereich, bestehend aus einem inneren Teil (*Content-Region*) und einem äußeren Bereich (*Control-Region*). Die Control-Region kann aus verschiedenen Feldern bestehen, durch die verschiedene Ereignisse erzeugt werden können. Solche Ereignisse sind z.B. Scroll-Ereignis, Iconisierung, Veränderung der Größe des Fensters. Die Anzahl und Art der möglichen "*Ereignis-Felder*" bei einem Fenster hängt von der Maschine ab, auf der Fantasy implementiert ist. Der innere Bereich dient zur Darstellung von Informationen, wobei die Art der Information nicht durch das Fenster beschränkt wird. Der WindowManager unterscheidet nicht zwischen verschiedenen Typen von Fenstern (Text, Graphik), sondern läßt generell beliebige Darstellungen von Informationen, insbesondere auch beliebige graphische Objekte (siehe 2.5), zu.

Alle von einer Anwendung kreierten und geöffneten Fenster (*ChildWindows*) werden in einem, pro Applikation vom System kreierten *ParentWindow* abgelegt. Damit gelingt es, in Multitasking-Umgebungen auch mehrere mit Fantasy geschriebene Anwendungen gleichzeitig laufen zu lassen. Das ParentWindow ist ein virtueller Bildschirm, der von Fantasy verwaltet wird.
Auf Singletask-Maschinen kann das ParentWindow dem physischen Bildschirm entsprechen. Das ParentWindow kann - abhängig von der Implementation von Fantasy - auch in seiner Größe verändert, verschoben und gescrollt werden, d.h. die logische Bildschirmgröße ist unabhängig von der Größe des physischen Bildschirms.

Beim Öffnen eines Fensters kann neben den relativ zum ParentWindow angebenen Koordinaten und der Größe noch spezifiziert werden, ob ein Fenster verschiebbar und in seiner Größe veränderbar sein darf, und ob es einen horizontalen bzw. auch vertikalen Scroll-Balken gibt. Diese Angaben haben Einfluß auf die Möglichkeit, entsprechende Ereignisse zu erzeugen, d. h. z.B. für ein nicht verschiebbar geöffnetes Fenster installiert der EventManager kein SDEH zu dem Ereignis "Fenster verschoben".
Zu jedem Fenster werden normalerweise von Fantasy SDEH's für das Update und Scrollen (je nach Windowattributen) installiert. Dies ist nur in Verbindung mit den in 2.5 vorgestellten Konzepten des *GraphicManager* realisierbar und erfordert relativ viel Speicherplatz. Deshalb ist es prinzipiell möglich, zu jedem Fenster eigene Update-und Scroll-Prozeduren zu installieren, die im folgenden dann anstatt der SDEH vom EventManager aktiviert werden.

```
PROCEDURE ScrollMyWindow(scrollEvent : ScrollType);
BEGIN
  CASE scrollEvent OF
    SingleLineUp : ScrolOneLineUp();
  | SingleLineDown : ScrdlOneLineDown();
  | ...
  | Relative: ScrollRelaive()
 END (* CASE *)
END ScrollMyWindow;
```

Abb. 4 Beispiel für eine benutzerspezifische Scroll-Prozedur

Scrollen ist ein sehr maschinenabhängiges Ereignis. Durch die Definition einer Obermenge von Scroll-Ereignissen wie z.B. *SingleLineUp*, *SingleLineDown*, *PageUp*, *PageDown* oder *Relative*, die in jeder Scroll-Prozedur unabhängig davon, ob dieses Ereignis auf der Zielmaschine überhaupt auftreten kann, behandelt werden müssen (s. auch Abb. 4), können unterschiedliche Scroll-Ereignisse wiederum von Fantasy erkannt und behandelt werden. Jedoch gibt es auf verschiedenen Maschinen noch zusätzliche Angaben zu dem Inhalt von Fenstern.
So wird in einem Macintosh-Fenster z.B. immer die relative Position des aktuellen Inhalts zum Gesamtinhalt angezeigt, während auf einer Sun der zur Zeit sichtbare Anteil im Verhältnis zum Gesamtinhalt noch mit dargestellt wird. Dies kann nicht mehr automatisiert werden, sondern muß von jeder Anwendung spezifisch geregelt werden. Wählt man jedoch die SDEH's für diese Zwecke, so ist auch dies in Verbindung mit dem GraphicManager automatisierbar, da Fantasy dann den Inhalt eines Fensters kennt und die notwendigen Informationen selbständig berechnen kann.

2.4 Der MenuManager

Der MenuManager ist so konzipiert, daß er noch keine Aussage über die Art der Menus macht, die verwaltet werden. Es kann sich um *Pop-Up-* oder *Pull-Down-Menus*, aber auch um einen speziellen Bereich auf dem Bildschirm, wo verschiedene Felder aktiviert werden können, handeln.
Ein Menu wird zunächst kreiert, bevor nacheinander die verschiedenen Menueinträge eingefügt werden. Jeder Menueintrag hat verschiedene Attribute. Außer dem reinen Text, der den Menubefehl beschreibt, kann ein Zeichen angegeben werden, das diesen Befehl als aktiviert kennzeichnet, oder ein Menueintrag kann als nicht aktivierbar vereinbart werden. Die Einträge sind dynamisch, d.h. sie können während eines Programmlaufs geändert werden (z.B. nach Wahl eines Menueintrags wird dieser als aktiviert gekennzeichnet).
Zu jedem Menueintrag wird beim Einfügen in das Menu auch bereits die Aktion übergeben, die bei Aktivierung des Eintrages ausgeführt werden soll. Die Kontrolle über die Aktivierung von Einträgen und die Auswahl der entsprechenden Aktion übernimmt wieder der EventManager.

2.5 Der GraphicManager

Die Grundidee bei der Konzeption des GraphicManagers ist, durch einen stärker objekt-orientierten Ansatz

- viele Ereignisse abstrahieren zu können,
- die Definiton von objektbezogenen Ereignissen mit entsprechenden Aktionen zuzulassen,
- graphische Objekte unabhängig von ihren physischen Positionen zu betrachten,
- viele Aufgaben - wie Update und Scrollen - dem Anwendungsprogramm abzunehmen und vom UIMS durchführen zu lassen.

Die meisten graphischen Schnittstellen basieren auf reinen BitMap-Operationen, d.h. die Schnittstelle selbst hat keinerlei Informationen über die dargestellten Objekte und damit über den Inhalt eines Fensters. Schnittstellen bieten daher folgerichtig auch nur Zeichen-Operationen an und unterscheiden nicht zwischen dem Kreieren eines Objekts und dessen äußerer Repräsentation.
Die Unabhängigkeit eines Objektes von seiner physischen Position innerhalb eines Fensters ist somit nicht gewährleistet. Der bei Fantasy verfolgte Ansatz soll zunächst noch einmal kurz an Hand eines Beispiels motiviert werden, bevor in einem weiteren Schritt dann näher auf die Realisierung eingegangen wird.

Beispiel

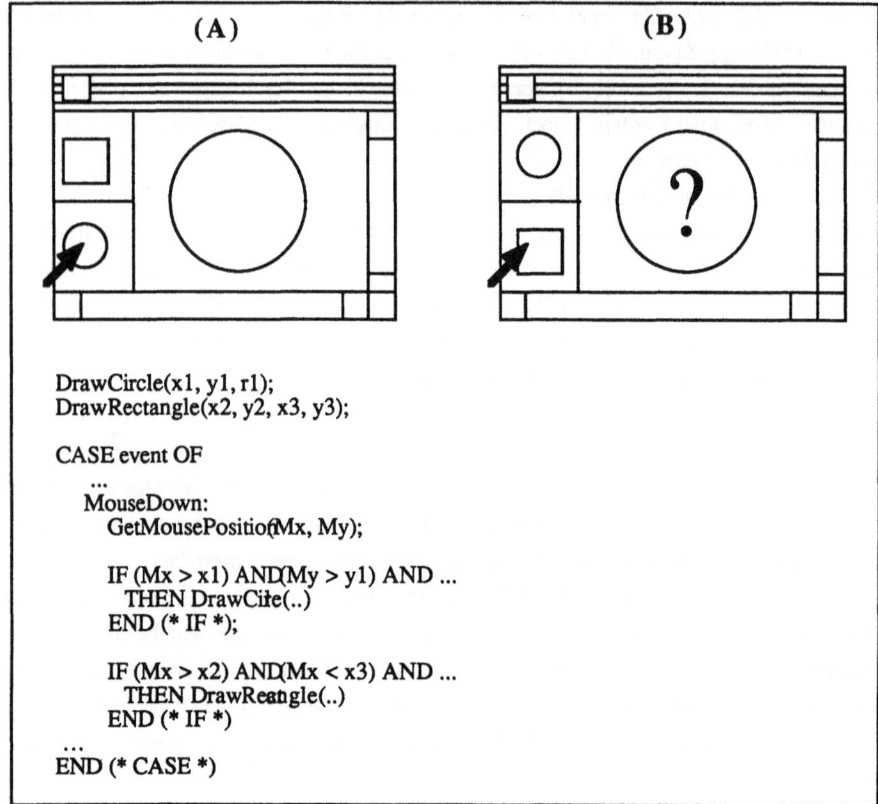

Abb. 5 BitMap-orientierter Ansatz

Abb. 5 zeigt den herkömmlichen BitMap-orientierten Ansatz anhand eines Beispiels. Nach Meldung eines "Mouse-Down"-Ereignisses wird mittels Aufruf der Prozedur *GetMousePosition* festgestellt, an welcher Stelle das Ereignis stattfand. Befindet sich der ermittelte Punkt über dem Kreis, so wird ein Kreis gezeichnet, anderenfalls soll ein Rechteck gezeichnet werden. Der Kreis und das Rechteck, als Symbole für die jeweils auszuführende Aktion, wurden mit dem Aufruf der Prozedur *DrawCircle* und *DrawRectangle* gezeichnet, sind von daher auch nur schwarze Bildpunkte und keine bekannten Objekte für die Anwendung.

Im Fenster B sind nun, vielleicht aus ergonomischen Gesichtspunkten, der Kreis und das Rechteck vertauscht. Die Zeichne-Operationen wurden also mit anderen Koordinaten aufgerufen. Die Anwendung liefert dann an dieser Stelle ein falsches Ergebnis, da das Programm den veränderten Koordinaten von Kreis und Rechteck angepaßt werden müßte. Für dieses Beispiel wäre das Programm zwar schnell korrigierbar, es ist jedoch nicht immer so offensichtlich, wo die Abfrage auf die Koordinaten im Anwendungsprogramm geschieht.

Abb. 6 soll illustrieren, wie das gleiche Problem, unabhängig von den Koordinaten, mit einem stärker objektorientierten Ansatz gelöst werden kann.

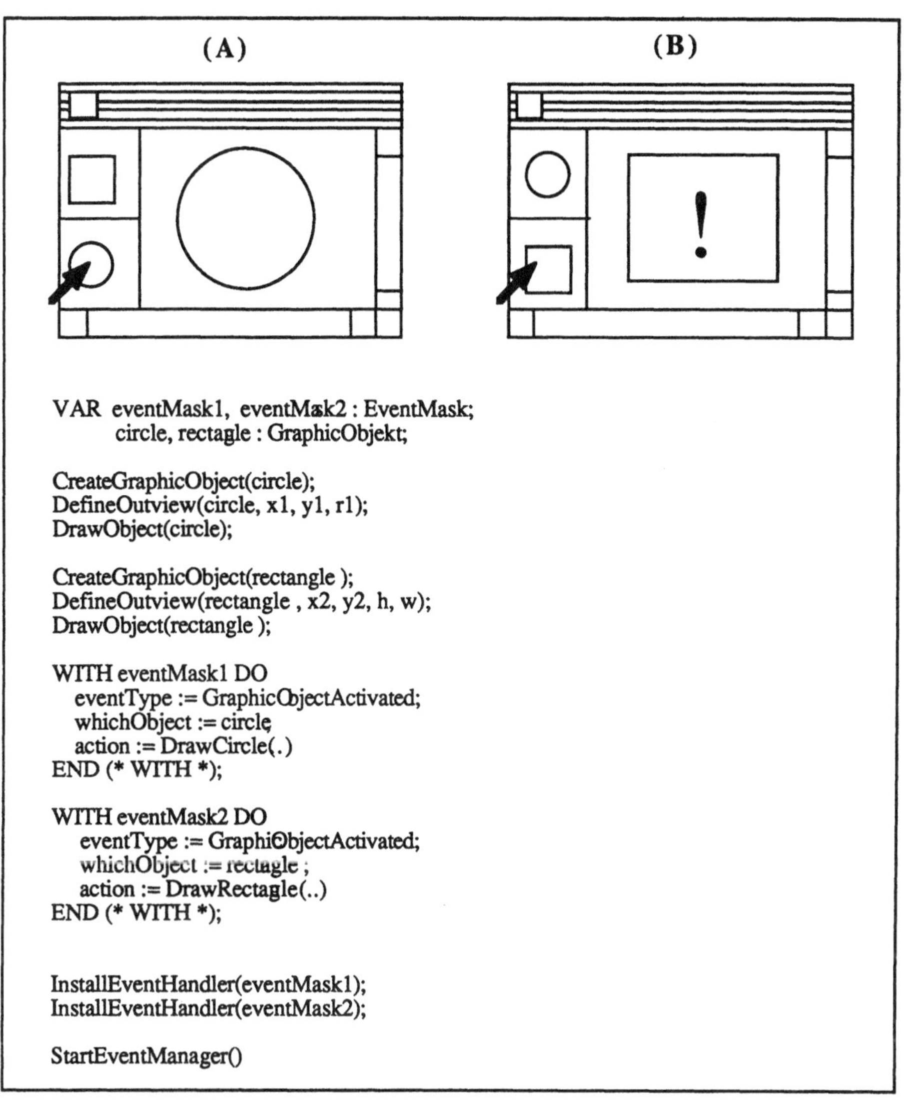

Abb. 6 Objekt-orientierter Ansatz

Bei diesem Ansatz ist das Programm unabhängig von der Position des Rechtecks und des Kreises innerhalb des Fensters. Zwar würde im Fall von Fenster B die Prozedur *DefineOutview* mit anderen Koordinaten aufgerufen, aber darüberhinaus muß die Anwendung an keiner Stelle geändert werden, da es Aufgabe des Systems ist, das Ereignis *GraphicObjectActivated* für das entsprechende Objekt zu erkennen. Dies ist möglich, da das System den Kreis und das Rechteck als bekannte Objekte kennt und verwalten kann.

Zum anderen wird hier wieder deutlich, daß keinerlei Aussage darüber gemacht wurde, wie dieses graphische Objekt aktiviert wird.

Realisierung des GraphicManagers

Der GraphicManager bietet einen abstrakten Datentyp *GraphicObject* mit geeigneten Operationen auf diesem Objekt an. Das Anwendungsprogramm spezifiziert beim Kreieren (nicht Zeichnen!) eines Objekts, welcher Unterklasse es angehören soll (einer Spezialisierung der Klasse GraphicObject). Die mögliche Unterklasse stammt aus einer Menge aller zur Zeit angebotenen graphischen Objekte (Linie, Kreis, Rechteck, Oval, Text, Komplex, ..). Mit diesem Konzept ist es möglich, die Mächtigkeit des GraphicManager durch Hinzufügen neuer Unterklassen zu erweitern. Neue Operationen müssen dazu nicht angeboten werden, da alle Operationen auf dem Datentyp GraphicObject arbeiten und nur die Implementation der Operationen so erweitert werden muß, daß sie im folgenden auch die neue Unterklasse behandeln kann.

Nach dem Kreieren eines Objekts wird mit einem Aufruf der Prozedur *DefineOutview* das äußere Erscheinungsbild des Objekts festgelegt (z.B. Größe und Lage). Bevor es dann gezeichnet werden kann, muß es noch mittels der Prozedur *AssignObjectToWindow* an ein bestimmtes Fenster gebunden werden. Weiterhin besteht die Möglichkeit, daß Objekte gleicher oder verschiedener Unterklassen zu einem komplexen Objekt (Unterklasse *Komplex*) zusammengefaßt werden. Da eine solche Komposition auch wiederum mit komplexen Objekten erzeugt werden kann, ergibt sich die Möglichkeit, baumartig strukturierte graphische Objekte zu generieren, die auf jeder Stufe dieses Baums auch wieder dekomponiert werden können.

Die Anbindung an die in 2.2 (EventManager) vorgestellten Konzepte geschieht dadurch, daß es auch möglich ist, dem EventManager Aktionen zu Ereignissen auf graphischen Objekten zu übergeben (s. auch Abb. 6).
Da nun jedes Objekt - und damit der gesamte Fensterinhalt - Fantasy bekannt ist, kann zum einen das Update von Fenstern automatisiert werden und zum anderen können nun auch alle Eigenheiten der Scroll-Behandlung, wie in 2.3 (WindowManager) beschrieben, auf der jeweiligen Maschine unterstützt werden. Mit diesem Ansatz kann auch ein genereller "Cut-" und "Paste-" Mechanismus angeboten werden. "Cut" bzw. "Paste" wird dem Anwendungsprogramm als Ereignis mitgeteilt und kann von diesem entsprechend behandelt werden.

3. Vorteile des Fantasy-Ansatzes

Neben dem bereits deutlich herausgestellten Vorteil der Maschinenunabhängigkeit im Bereich der Benutzerschnittstelle (und in Verbindung mit HOST für die gesamte Applikation), die durch Fantasy in die jeweilige Maschinenumgebung angemessen integriert werden kann, ergeben sich noch einige weitere Vorteile :

- die *einfache Benutzbarkeit* für den Anwendungsprogrammierer,
- Chancen zu einem besseren *Software-Engineering,*
- die Möglichkeit der *inkrementellen Programmentwicklung* ,
- Unterstützung beim *Rapid Prototyping,*
- die *Standardisierung* von Benutzerschnittstellen und
- die Unterstützung für ein *partizipatives Systemdesign.*

Im folgenden soll kurz auf die einzelnen Punkte eingegangen werden.

Einfache Benutzbarkeit

Der zu Anfang festgestellte Nachteil bei den meisten Graphik- bzw. Windowsystemen, daß genaue Kenntnisse der zugrundeliegenden Maschine erforderlich sind, tritt beim Arbeiten mit Fantasy nicht auf. Mittels Fantasy und der abstrakten Sicht auf Objekte und Ereignisse innerhalb der Mensch-Maschine-Kommunikation, ist es sehr einfach, Benutzerschnittstellen zu definieren und zu implementieren. Dazu sind keine speziellen Kenntnisse von modernen Arbeitsplatzrechnern notwendig. Der Aufwand zur Erlangung einer komfortablen Benutzerschnittstelle wird durch folgende Eigenschaften von Fantasy drastisch reduziert :

- sehr viele Programmteile brauchen nicht mehr geschrieben zu werden, da entsprechende SDEHs bereits existieren, die diese Aufgaben automatisch übernehmen;
- durch die Reduktion der Frage "Wie tritt ein Ereignis ein?" auf die Frage "Was für ein Ereignis kann auftreten?" entfallen viele Probleme anderer Systeme;
- Probleme des Kontrollflußes treten im allgemeinen nicht auf, da Ereignisse unabhängig voneinander modelliert werden können;
- graphische Darstellungen und Interaktionen auf graphischen Objekten können einfach in die Benutzerschnittstelle integriert werden, da graphische Operationen unabhängig von Größe und physischer Position der zu manipulierenden Objekte sind und die Verwaltung der Objekte Fantasy obliegt;
- alle angebotenen Prozeduren der einzelnen Manager (z.B. OpenWindow) arbeiten auf einem hohen Abstraktionsgrad und belasten den Anwendungsprogrammierer nicht mit Detailfragen (z.B. wie und wo muß der Scroll-Balken in einem Fenster installiert werden).

Vorteile für das Software Engineering

Vorteile für das Software Engineering ergeben sich natürlicherweise für die Erstellung der Benutzerschnittstelle, aber auch für die darunterliegende Software. Die Entwickler sind sehr viel stärker bei der Benutzung von Fantasy auf eine klare Strukturierung und die Trennung aller interaktiver Teile vom Rest des Programms angewiesen, um zu einem laufenden Programm zu kommen.
Für die Softwareanteile der Benutzerschnittstelle ergibt sich eine gute Gliederungsmöglichkeit der Module. Module können entweder funktional nach ihrer Tätigkeit - d.h. z.B. alle Menuaktionen oder alle Ereignisbehandlungsaktionen werden zusammengefaßt - gegliedert oder objektbezogen - d.h. z.B. alle auf ein Fenster bezogenen Operationen werden zusammengefaßt - strukturiert werden.
In jedem Fall sind die Operationen, die bestimmte Aufgaben erfüllen, sehr leicht erkenn- und modifizierbar, was sehr große Vorteile bei der Weiterentwicklung oder Wartung bestehender Software hat. Auftretende Probleme und Änderungswünsche können innerhalb des Source-Codes leicht identifiziert und geändert werden. Eine weitere Erfahrung aus Arbeiten mit Fantasy ist, daß Programme besser verständlich sind, da einzelne Aktionen isoliert, d.h. weitgehend kontext-frei von einem meist nicht mehr durchschaubaren Kontrollfluß behandelt werden können.

Inkrementelle Programmentwicklung

Die Benutzerschnittstelle einer Anwendung kann inkrementell durch Hinzufügen neuer Ereignis-Spezifikationen und dazugehörender Aktionen entwickelt werden. Nach der Definition des Layouts ("wo sollen welche Fenster und Menus plaziert werden ?") können alle benutzerspezifischen Ereignisse sukzessiv modelliert und implementiert werden. Zu jedem Zeitpunkt kann die Applikation gestartet, d.h. der EventManager mit den bisher modellierten Ereignissen aktiviert werden. Dadurch existiert sehr früh und dann kontinuierlich ein laufendes System.
Daraus ergeben sich für Entwicklungen mit Fantasy die allgemein anerkannten Vorteile des Rapid Prototyping.

Standardisierung von Benutzerschnittstellen

Mit Standardisierung von Benutzerschnittstellen ist nicht eine allgemeine Standardisierung im Sinne Uniformität gemeint. Nach unserer Überzeugung ist der Anteil von Endbenutzern, die dasselbe Programm auf verschiedenen Rechnern benutzen, weitaus kleiner als der Anteil derer, die verschiedene Programme auf einer Maschine nutzen. Daraus läßt sich der Schluß ziehen, daß es nicht sinnvoll ist, für ein Programm auf allen Maschinen eine einheitliche Benutzerschnittstelle zu definieren, sondern mit jeder Applikation den Standard der jeweiligen Maschine zu unterstützen. Jede mittels Fantasy auf der gleichen Maschine entwickelte Anwendung wird dort ein gleiches Verhalten an der Benutzungsoberfläche haben, d.h. die Einarbeitungszeit in eine neue Anwendung wird für einen mit einer Maschine vertrauten Endbenutzer weitaus kürzer. Sollten alle Maschinen irgendwann unter einer gleichen Benutzungsoberfläche arbeiten, gilt es ja, Fantasy nur auf allen Maschinen gleich zu implementieren. Damit bleiben die Vorteile dieses Ansatzes auch dann erhalten.

Partizipatives Systemdesign

Die Integration des Endbenutzers einer Anwendung in den Entwicklungsprozeß ist mit Fantasy viel früher und intensiver möglich. Bereits das reine Layout des Bildschirms (Fenster und Menus) kann mit dem Endbenutzer an der Maschine diskutiert werden. Ohne daß ein benutzerspezifisches Ereignis modelliert wurde, hat der Benutzer einige Interaktionsmöglichkeiten und kann ein "Gefühl" für die entstehende Anwendung bekommen. Dieser Vorgang kann zu jedem Zeitpunkt wiederholt werden, d.h. Fehleinschätzungen bezüglich der Akzeptanz beim Endbenutzer können von vornherein erkannt und diskutiert werden.
Noch nicht vollständig ausprogrammierte Programmteile unterhalb der Benutzerschnittstelle lassen sich durch die starke Trennung der einzelnen Programmkomponenten gut simulieren und ermöglichen so eine noch stärkere Einflußnahme des Endbenutzers auf die Gestaltung der Benutzerschnittstelle.

4. Bewertung und Ausblick

Mit Fantasy ist es gelungen, ein Konzept zur maschinenunabhängigen Realisierung stark interaktiver Anwendungen mit graphischen Benutzerschnittstellen auf unterschiedlichen Maschinen zu verwirklichen. Weiterhin wird mit dem GraficManager eine abstrakte objektorientierte Graphikschnittstelle angeboten, die eine leichte Integration graphischer Elemente in die Benutzerschnittstelle erlaubt. Fantasy ist auf Macintosh-Rechnern [15] sowie auf Sun-3 Workstations [10] in Modula-2 implementiert.

Die Frage, welche *abstrakten Ereignisse* von Fantasy angeboten werden sollen, spielt natürlich auch weiterhin eine zentrale Rolle. Implementierungen von Anwendungen, die mittels Fantasy realisiert werden (wie z.B. ODIN [1]), liefern naturgemäß neue Anregungen bezüglich möglicher oder notwendiger Ereignisse.
Bei den bisher realisierten Anwendungen konnten die in Kapitel 3 festgestellten Vorteile dieses Ansatzes verifiziert werden. Auffällig waren dabei die deutlich geringeren Entwicklungszeiten und die Bereitschaft, auch nachträglich Änderungen an der Benutzerschnittstelle durchzuführen. Dabei sind wir zu der Überzeugung gelangt, daß diese Vorteile mit zunehmender Mächtigkeit der zu entwickelnden Anwendungen an Bedeutung gewinnen werden.

Zur Zeit gibt es zwei wesentliche Erweiterungsvorschläge für Fantasy, die das Arbeiten weiter vereinfachen könnten. Zum einen sollte eine stärkere Trennung der statischen und dynamischen Informationen möglich sein, zum anderen muß die Einbeziehung abstrakter Dialoge diskutiert werden.

Externe Speicherung von Layout-Informationen

Die Gestaltung des Programmlayouts (d.h. Größe und Lage der Fenster, Texteinträge in den Menus usw.) sollte ähnlich dem Resource-Konzept auf dem Macintosh [4] stärker von dem eigentlichen Programm getrennt werden und unabhängig von den Operationen auf diesen Objekten sein. Dies ist zwar mit Fantasy bereits weitgehend erreicht, es wäre jedoch gut, wenn Layout-Informationen auch extern mit geeigneten Editoren erstellt und gespeichert werden könnten.
Mit Fantasy erstellte Anwendungen haben dann die Möglichkeit, diese Informationen während des Programmlaufs einzulesen. Eine Änderung des Layouts hätte also nicht zur Folge, daß ein Modul neu übersetzt werden muß. Dazu muß zum einen eine Speicherungsform für Layout-Informationen definiert, geeignete Einlese- bzw. Schreiboperationen definiert und realisiert sowie ein Editor zur interaktiven Gestaltung von Bildschirmlayouts implementiert werden. Der Editor selbst könnte allerdings bereits unter Zuhilfenahme von Fantasy implementiert werden.

Abstrakte Dialoge

Noch vorläufige Überlegungen gibt es zum Problem der Dialoge. Unter Dialog soll eine Interaktion zwischen Mensch und Maschine, die von der Maschine erzwungen wird, verstanden werden, d.h. der EventManager aktiviert erst dann wieder Aktionen zu Ereignissen, wenn der Dialog beendet ist. Eine solche Situatuion tritt z.B. häufig beim Schliessen oder Öffnen einer Datei in einem Editor auf. Dort wird der Benutzer nach dem Dateinamen gefragt und kehrt erst wieder in den "normalen" Programmablauf zurück, wenn er den Dateinamen spezifiziert oder den Dialog mittels "Cancel" abgebrochen hat.

Es gibt jedoch auch andere Formen von Dialogen. Sie reichen von einfachen Nachrichten an den Benutzer bis zur Möglichkeit mittels verschiedener logischer Knöpfe und Schalter Parametereinstellungen vorzunehmen. Hier muß überlegt werden, wie unterschiedliche Dialogformen auf unterschiedlichen Maschinen hinreichend abstrakt beschrieben werden können, um einerseits den vorgestellten Anforderungen an ein UIMS gerecht zu werden und andererseits mit den vorgestellten Konzepten verträglich zu sein.

Danksagung

Arbeiten im Bereich interaktiver Systeme und Benutzerschnittstellen bedürfen in besonderem Maße zahlreicher Diskussionen und befruchtender Impulse. In dieser Beziehung finde ich bei meinen Kollegen H. Jasper und J. Sauer immer ein "offenes Ohr" und die Bereitschaft zu konstruktiver Kritik. Besonders danken möchte ich Herrn Prof. H.-J. Appelrath für seine Hilfe und Unterstützung beim Entstehen diese Arbeit.

Literatur

[1] Appelrath H.-J., "ODIR und ODNA: Retrieval und Navigation von Laser-Bildplatten", Bericht Nr. 75 des Instituts für Informatik der ETH Zürich, März 1987

[2] Appelrath H.-J., Ester M., Jasper H., Ultsch A.: "KOFIS: ein Expertensystem zur integrierten Dokumenten- und Wissensverwaltung", in: Tagungsband "Expertensysteme '87" (acm-GI-Fachtagung, Nürnberg April 1987), Teubner Verlag Stuttgart, April 1987

[3] Apple Computer, "The Macintosh User Interface Guidelines", in: Inside Macintosh Vol 1, Addison-Wesley, 1985

[4] Chernicoff S., "Summoning your Resources", in Macintosh Revealed Vol I, Hayden Books, 1985

[5] Encarnacao J., "Graphische Datenverarbeitung mit GKS", Hanser-Verlag, 1987

[6] Encarnacao J., "R&D - Issues and Trends Consequent Upon GKS and Related Standards", in: Technics for ComputerGraphics, Springer-Verlag, 1987, pp 442-454

[7] Espinosa, C. and Rose, C., "QuickDraw: A Programmer's Guide", Apple Computer Inc.

[8] Gettys J., Newman R., Dera T. D., "XLib - C Language X Interface", 1986

[9] Goutaz J., "Abstractions for User Interface Design" , in: IEEE Computer Vol 5, Nr 9, Sept 85, pp 21- 34

[10] Gruntz D., "Implementation von Windows, Menus und Events auf Sun-3 Workstations", Semesterarbeit an der ETH Zürich, August 1987

[11] Hopgood F.R.A. et. al., "Methodology of Window Management", in: Proceedings of the Alvey Workshop, Springer-Verlag, 1985

[12] Hübner W., Lux-Mülders G., Muth M., "THEUSEUS Die Benutzungsoberfläche der UNIBASE-Softwareentwicklungsumgebung", Springer Verlag, 1987

[13] Kiener M., Ultsch A., "HOST: An Abstract Machine for Modula-2 Programs", Bericht Nr. 73 des Instituts für Informatik der ETH Zürich, Februar 1987

[14] Koivunen M-R., Mäntylä M., "HutWindows: An improved Architectur for a User Interface Management System", in: Computer Graphics, 1985

[15] Lorek H., "Some Remarks to the Implementation of Windows, Menus and Events on Macintosh", Technischer Bericht der Universität Oldenburg, 1987

[16] Paquet F., "IdaWindows: Aufbau eines Window-Systems in Modula-2 auf Sun-3 Workstations", Diplomarbeit an der ETH Zürich, März 1987

[17] Pfaff G., Hagen P. T., "User Interface Management Systems", in: Proceedings of the Seeheim Workshop on User Interface Management Systems, Springer-Verlag, 1983

[18] Steinacker I., Kass P., "The Knowledge-Based User Interface", in: Tagungsband "Wissensbasierte Systeme", Informatik Fachberichte 155, Spinger-Verlag, 1987

[19] Scott J. E., "Introduction to interactive ComputerGraphics", Wiley-Interscience Publication, 1982, pp 84-88

[20] Sproull R.F., Newmann W.M., "Grundzüge der interaktiven ComputerGraphik", McGraw Hill, 1986, pp 198-206

[21] SUN Microsystems Inc., "Programmers´s Reference Manual for the SUN Window System", SUN Microsystems Inc.

[22] SUN Microsystems Inc., "Programmers´s Reference Manual for the SUN View" , SUN Microsystems Inc.

[23] Thomas C.G., Finke E., Kellermann G., Hein H. W., "AiD: Ein wissensbasierter Ansatz für adaptive Mensch-Computer Schnittstellen", in: Tagungsband "17. Jahrestagung Computerintegirierter Arbeitsplatz im Büro", Informatik Fachberichte 156, Spinger-Verlag, 1987

[24] Tibbert L., Bergeron R.D., "Graphics Programming For Knowledge-Guided Interaction", in: Proceedings of the EUROGRAPHICS '85, North-Holland, 1985, pp 15- 25

Eine Familie von Editoren als Bestandteil einer objektorientierten Benutzungsoberfläche

S. Scheuermann, J. Grollmann
Siemens AG
Zentralbereich Forschung und Technik
ZT ZTI KOM
Otto-Hahn-Ring 6
8000 München 83

R. Mühlfeld
Siemens AG
Energie- und Automatisierungstechnik
E STE 35
Günther- Scharowsky-Str.
8520 Erlangen

Zusammenfassung

Wir stellen eine hierarchische Werkzeugfamilie zur Konstruktion von Software für Büroarbeitsplätze (Verwaltung, CAD, etc.) vor, insbesondere Editoren für Graphik und Text, die in zweifacher Hinsicht als objektorientiert bezeichnet werden kann: Einerseits können die Elemente der Familie selbst als Objekte aufgefaßt werden. Applikationen können sich ihrer bedienen, um ihre Benutzungsoberfläche zu gestalten. Dies ist die software-technische Bedeutung von Objektorientiertheit. Die Applikationen können darüberhinaus die Zulässigkeit von Operationen des Benutzers mit den von ihnen verwendeten Editoren einschränken und kontrollieren. Andererseits sind aber auch die Schnittstellen der Editoren zum Benutzer selbst objektorientiert. Dies ist die Bedeutung von Objektorientiertheit bezüglich Benutzungsoberflächen.

1. Einleitung

Warum ist es heutzutage noch immer so, daß in vielen Anwendungen, selbst in einem modern ausgestatteten Büro, die vorhandenen Rechner nicht optimal eingesetzt werden, trotz ihrer hochwertigen Software? Einer der wesentlichen Gründe ist sicherlich die mangelhafte Gestaltung der Benutzungsoberflächen. Es werden zwar alle für die Durchführung der täglichen Arbeiten erforderlichen Funktionen angeboten, aber die Art und Weise sie handzuhaben weicht doch im allgemeinen erheblich von dem ab, was man von konventioneller Arbeitsweise im Büro gewohnt ist. Man möchte z.B. Zeichenhilfsmittel auch am Rechner "in die Hand nehmen", statt sich langwierig und umständlich durch systemnahe Kommandos dem System verständlich machen zu müssen. Das Gleiche gilt für den Bereich der Textverarbeitung, und die Probleme wachsen noch, wenn man versucht, Text- und Graphikverarbeitung zu kombinieren. In einem modernen Büro ist eine Kombination entsprechender Editoren aber unausweichlich; man denke nur an die vielen Geschäftsgraphiken, typischerweise Torten- und Balkendiagramme. Nun ist die Lösung des geschilderten Problems eigentlich längst gefunden: objektorientiertes Arbeiten unter Nutzung des "Schreibtisch-Paradigmas". Dies wurde möglich durch Einführung moderner leistungsfähiger Arbeitsplatzrechner mit graphischen Fähigkeiten und graphischen Eingabegeräten.

Nichtsdestoweniger bieten die meisten heutigen Bürosysteme nur Editoren mit beschränkter Funktionalität an, die meistens mit völlig unterschiedlichen Oberflächen implementiert sind. Die Ursache hierfür ist, daß heute im allgemeinen in Richtung auf spezielle Applikationen hin programmiert wird, d.h., schon eine leichte Verschiebung der gewünschten Funktionalität erzwingt ein vollständiges Redesign des Programms.

Unser Ansatz besteht im Gegensatz zu gängigen Systemen in der Konstruktion einer hierarchischen Werkzeugfamilie, insbesondere von Editoren für Graphik und für typographischen Text. Diese Familie kann in zweifacher Hinsicht als objektorientiert bezeichnet werden: Einerseits können die Elemente der Familie selbst als Objekte aufgefaßt werden. Applikationen können sich ihrer bedienen, um ihre Benutzungsoberfläche zu gestalten. Dies ist die software-technische Bedeutung von Objektorientiertheit. Die Applikationen können darüberhinaus die Zulässigkeit von Operationen des Benutzers mit den von ihnen verwendeten Editoren einschränken und kontrollieren. Andererseits sind aber auch die Schnittstellen der Editoren zum Benutzer selbst objektorientiert. Dies ist die Bedeutung von Objektorientiertheit bezüglich Benutzungsoberflächen. Diese Werkzeugfamilie kann natürlich auch in anderen Bereichen, etwa bei der Konstruktion von Programmeditoren, eingesetzt werden. Wesentlich ist, daß durch unseren Ansatz in einem sehr breiten Bereich kompatible Oberflächen generiert werden können.

2. Software-Architektur für ein Bürodokumentationssystem

Abb. 2-1 zeigt die Software-Architektur einer möglichen Benutzungsoberfläche eines Bürodokumentationssystems.

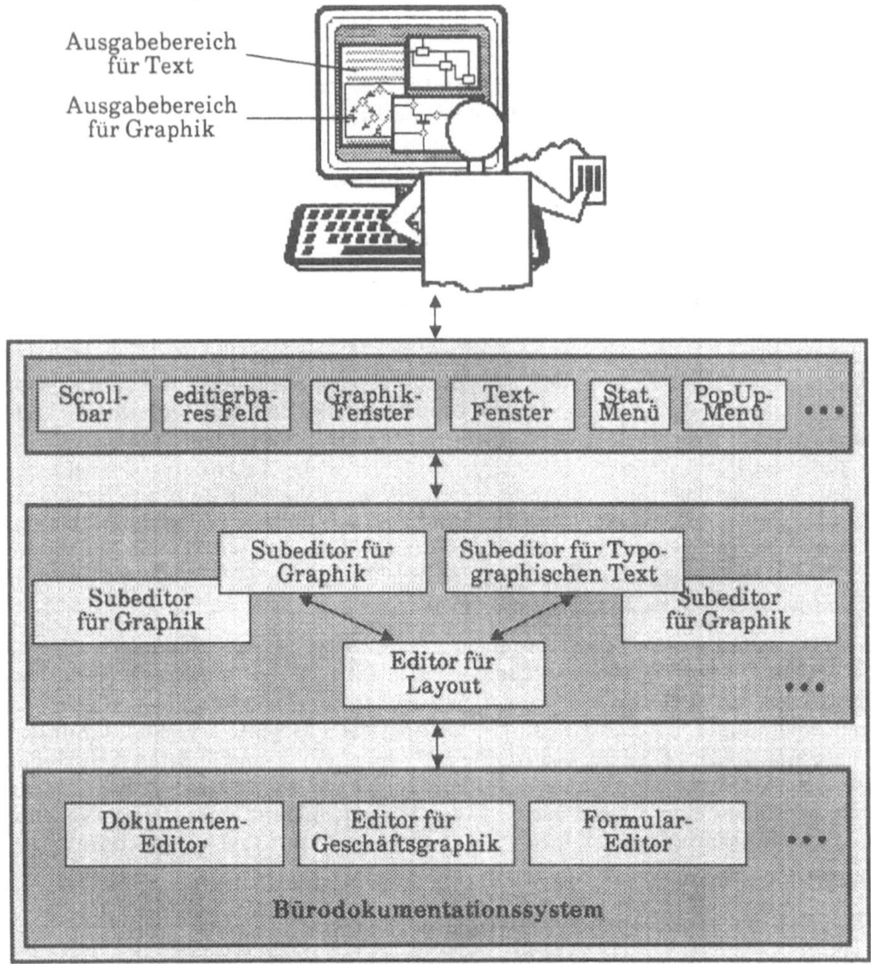

Abb 2-1: Benutzungsoberfläche für ein Bürodokumentationssystem

Diese Benutzungsoberfläche bietet auf der benutzernächsten Ebene eine Zahl primitiver Objekte an, wie Scrollbars, Menüs und editierbare Felder. Eine Familie von Editoren (von einer applikationsnäheren Betrachtungsebene aus kann man diese ebenfalls als Objekte auffassen) wird auf der Basis dieser Objekte gebildet. Sie weisen, da sie sich auf dieselben Objekte abstützen, kompatible Benutzungsoberflächen auf und können hierarchisch angeordnet werden.

In der nächsten Schicht befinden sich Subeditoren für Graphik und typographischen Text. Der Hauptzweck dieser Editoren ist, Applikationen von Details der Abarbeitung immer wiederkehrender Standard-Interaktionen zu entlasten; d.h. sie führen Standard-Dialog-Funktionen selbständig mit dem Benutzer durch ohne die Applikation damit zu belasten. Aus Sicht der Applikation sehen die Editoren wie virtuelle Terminals aus, die dem Benutzer die Daten in eigenen Ausgabebereichen sichtbar präsentieren. Für den Benutzer ist allerdings die Trennung in einzelne funktionsspezifische Ausgabebereiche transparent.

Sind mehrere Ausgabebereiche unterschiedlicher Funktionalität erforderlich zur Darstellung von Daten, so ist ein Layout-Editor notwendig, der diese Ausgabebereiche verwaltet. Dieser Layout-Editor befindet sich logisch über den Subeditoren für Graphik und typographischen Text. Auf der Basis dieser Editoren können spezielle (höherwertige) Editoren entwickelt werden.

Für den Bürobereich sind in der dann folgenden Schicht ein Dokumenteneditor, der Dokumentfunktionen übernimmt - wie Inhaltsverzeichnis, Seitennumerierung usw. - oder ein Formulareditor, mit dessen Hilfe beliebige Formulare erstellt werden können, denkbar.

Für andere Umgebungen, wie Software-Entwicklungsumgebungen, werden in der nächsten Schicht spezielle Editoren für Anforderungsdefinition und -analyse, für Spezifikation und Design der zu entwickelnden Software angesiedelt.

3. Objektorientierte Umgebung

Die Benutzungsoberfläche ist objektorientiert. Die Menge der Objekte kann als *User Interface Toolkit* angesehen werden, der auf einem Window Management System basiert und sich aus mehreren logischen Schichten zusammensetzt, in denen die verschiedenen Objekte angesiedelt sind (S/Windows-System, [4]). Auf unterster Ebene befinden sich Objekte wie ANSI-Text und Basis-Graphik. Darauf setzen Objekte wie Scrollbars, Menüs, editierbare Felder etc. auf. Darüber liegen die Editoren für typographischen Text und Symbolgraphik. Dieser objektorientierte Ansatz für einen User Interface Toolkit besitzt den Vorteil, daß das System *offen* ist und jederzeit neue Komponenten eingebracht werden können. Eine Applikation kann sich aus Objekten des User Interface Toolkits ihre Benutzungsoberfläche nach Belieben zusammenstellen (Baukastenprinzip).

Objekte beinhalten Daten, Beziehungen zu anderen Objekten und Methoden (Prozeduren), die das Verhalten der Objekte beschreiben. Alle Aktivitäten in einem objektorientierten System werden durch Kommunikation zwischen den Objekten ausgelöst. Objekte kommunizieren miteinander, indem sie Nachrichten an andere Objekte schicken, um Information über diese anzufordern oder um bestimmte Aktionen bei diesen Objekten anzustoßen. Eine Instanz eines Objekts kann gemäß vorgegebener Parameter erzeugt werden; sie repräsentiert eine spezielle Inkarnation dieses Objekts. Für jede Instanz eines Objekts sind dieselben Methoden definiert wie für das Objekt, jedoch besitzen erstere ihren eigenen Datensatz.

Darüberhinaus arbeiten die Editoren selbst in einer objektorientierten Weise. Der Graphik-Editor z.B. bietet Anwendern eine Anzahl graphischer Objekte wie Kreis, Linie und Rechteck an und graphische Operationen wie Spiegelung und Drehung. Bevor eine Operation angestoßen werden kann, muß mindestens ein graphisches Objekt vom Benutzer ausgewählt werden. Danach wird die gewünschte Operation auf die selektierten Objekte angewandt.

4. Familie von Editoren

Da die Portabilität von Software eine immer wichtigere Rolle spielt, wird die Implementierung der Editoren mit Rücksicht auf für diesen Bereich vorgegebene Standards und Draft Standards vorgenommen [1, 2, 3]. Zusätzlich weisen die verschiedenen Editoren eine einheitliche Bedienphilosophie auf:

1) Jeder Editor bietet die gleiche Menge "generischer" Operationen an, wie *COPY*, *MOVE*, *DELETE* und *SIZE*. Diese Operationen nennt man "generisch", da sie auf alle Objekte des Systems anwendbar sind. Abhängig von dem Objekt kann die Wirkung der Operationen verschieden sein, ohne auf den Benutzer inkompatibel zu wirken. Eine *DELETE*-Operation z.B., die auf ein graphisches Objekt LINIE angewandt wird, bewirkt, daß das graphische Objekt aus der internen Datenhaltung entfernt und auf dem Bildschirm gelöscht wird. Wenn man dagegen diese Operation auf ein Graphik-Fenster anwendet, so wird dieses Fenster vom Bildschirm gelöscht und zusätzlich die entsprechende Instanz des Graphik-Editors terminiert.
2) Jeder Editor arbeitet auf einem beliebig großen Ausgabebereich. Da die Größe des Fensters begrenzt ist durch die Größe des Bildschirms, ist u.U. nicht der gesamte Ausgabebereich im Fenster sichtbar. Durch Ausstattung des Fensters mit Scroll- und Jumpbars ist der Benutzer in der Lage, jeden beliebigen Ausschnitt des Ausgabebereichs im Fenster sichtbar zu machen.
3) Dem Benutzer wird eine einheitliche objektorientierte Strategie angeboten, um Operationen anzustoßen. Ein Operand gefolgt von der Operation wird spezifiziert. Für binäre Operationen wird danach ein zweiter Operand angegeben. Die Wirkung der Operation ist sofort auf dem Bildschirm sichtbar (WYSIWYG-Prizip: what you see is what you get).

In den folgenden Kapiteln werden die Datenverwaltung für die verschiedenen Editoren und die Editoren selbst beschrieben. Der Schwerpunkt des Artikels wird auf den Graphik-Editor gelegt, die anderen Editoren (Editor für typographischen Text, Layout-Editor und Dokumenten-Editor) werden nur kurz erwähnt.

4.1 Datenverwaltung

Jeder Editor ist mit einer internen Datenverwaltung versehen, um Objekte und Strukturen von Objekten (Hierarchien, Eigenschaften) zu speichern.

Die Datenverwaltung basiert auf dem ODA-Standard (Office Document Architecture, [3]). Die Struktur des Dokuments ist intern in zwei verschiedenen Bäumen dargestellt: einem logischen Baum und einem Layout-Baum (siehe Abb. 4.1-1).

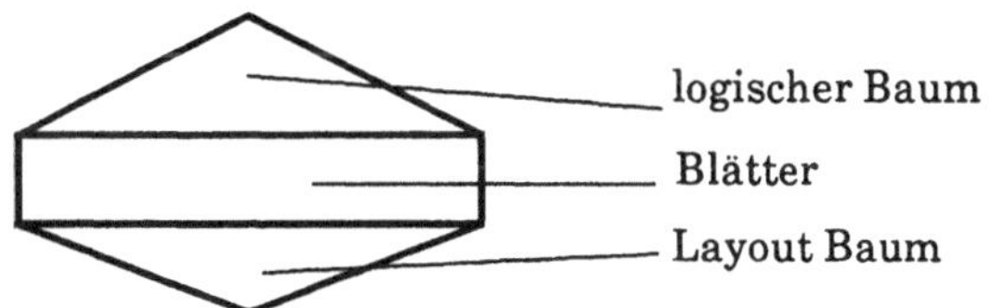

Abb.4.1-1: ODA-Doppelbaum

Diese zwei Bäume sind durch gemeinsame Blätter verbunden. Der Inhalt der Blätter ist CGM-Code (Computer Graphics Metafile, [2]) für Graphiken, und ANSI X3.64 für Text.

Zur Zeit arbeitet die International Standardization Organisation (ISO) an der Standardisierung des Austauschformats von Dokumenten (Office Document Interchange Format, ODIF, [3]). Ein Konverter, der das interne Format von Dokumenten in das Austauschformat umsetzt, ermöglicht den Austausch von erstellten Dokumenten zwischen verschiedenen Maschinen innerhalb eines Netzes.

4.2 Subeditor für Graphik

Der Graphik-Editor unterstützt die Erzeugung, Verwaltung, Manipulation und Ausgabe von graphischen Objekten. Der Graphik-Editor ist benutzer- oder programmgesteuert, d.h. nicht nur der Benutzer kann Graphiken erzeugen (interaktiv), sondern auch von der Applikation aus ist es möglich, Graphiken mit Hilfe dieses Graphik-Editors zu erstellen. Aus diesen Gründen bietet der Graphik-Editor eine interaktive und eine Programm-Schnittstelle (funktional) an.

Graphische Objekte

Die graphischen Objekte werden in zwei Klassen eingeteilt: elementare graphische Objekte (Linie, Kreis, Rechteck, ...) und graphische Symbole. Graphische Symbole werden aus elementaren graphischen Objekten und/oder graphischen Symbolen gebildet. Graphische Symbole werden wie ein einziges graphisches Objekt behandelt. Sie entstehen durch Anwendung der graphischen Operation *LINK*. Abb. 4.2-1 zeigt die Struktur des graphischen Symbols HAUS.

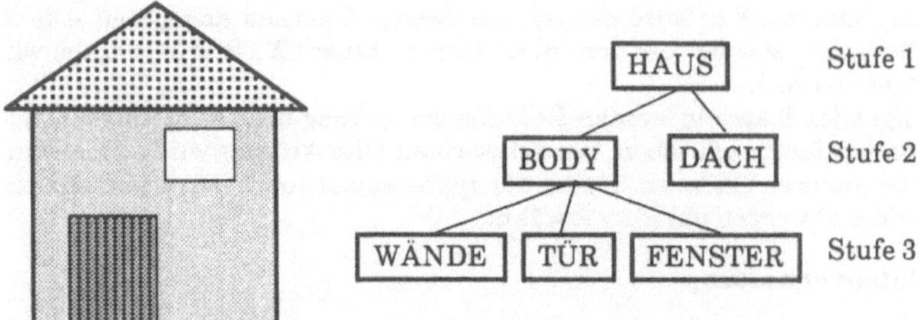

Abb.4.2-1: Struktur des graphischen Symbols HAUS

Die Objekte WÄNDE, TÜR und FENSTER sind elementare graphische Objekte, die zu dem graphischen Symbol BODY zusammengefaßt sind. Das graphische Symbol HAUS besteht aus dem zusammengesetzten Objekt BODY und dem elementaren Objekt DACH. Mit Hilfe der Operation *SEPARATE* kann ein graphisches Symbol wieder in seine Bestandteile zerlegt werden. Durch Anwendung der Operationen *LINK* und *SEPARATE* lassen sich beliebig hierarchisierte Graphiken erzeugen.

Der Subeditor für Symbolgraphik ermöglicht dem Benutzer, alle elementaren graphischen Objekte interaktiv zu erzeugen. Diese Objekte werden in einem Menü angeboten, aus dem der Benutzer das gewünschte Objekt auswählen kann. Nach Auswahl eines Objekts erscheint auf dem Bildschirm eine Promptmeldung, die der Benutzerführung dient. Bei der Eingabe der notwendigen Koordinaten über ein graphisches Eingabegerät (Maus) wird das genaue Plazieren des Objekts durch Ghost-Anzeige unterstützt.

Graphische Operationen

Der Subeditor für Graphik bietet dem Anwender verschiedene Operationen an, mit denen er Graphiken erzeugen und verändern kann. Zusätzlich zu den generischen Operationen, die über ein System-Pop-up-Menü dem Benutzer zur Verfügung stehen, existieren graphische

Operationen, die in einem Menü angeboten werden. Sie umfassen Operationen, die speziell auf Graphikobjekte des Subeditors Graphik anwendbar sind.

Auf zuvor erzeugte elementare graphische Objekte und ebenso auf graphische Symbole können diese graphischen Operationen angewandt werden, z.B. *STRETCH*, *COMPRESS*, *ROTATE*, *MIRROR*, sowie *LINK* graphischer Objekte zu einem graphischen Symbol und *SEPARATE* von Symbolen. Bevor eine Operation ausführbar ist, muß der Benutzer Objekte auswählen, auf die die Operation angewandt werden soll (objektorientierte Bedienphilosophie). Analog zum interaktiven Erzeugen von Objekten erscheint bei Auswahl einer Operation eine Promptmeldung auf dem Bildschirm, die der Benutzerführung dient.

Graphische Attribute

Zur Repräsentation eines graphischen Objekts benötigt der Graphik-Editor Information über dessen externe Darstellung. Dazu gehören Koordinaten zur Positionierung des Objekts sowie objektspezifische Attribute. Das graphische Objekt RECHTECK z.B. wird durch Angabe der linken unteren und der rechten oberen Ecke und der rechteckspezifischen Attribu-

Rechteck-Attribute							
Farbe	weiß	rot	grün	blau	cyan	gelb	schwarz
Randbreite							
Linienart							
Schraffur							
Schattierung							
Ecken	rund	eckig					

Abb. 4.2-2: Rechteck-spezifische Attribute

te beschrieben. Diese objektspezifischen Attribute beinhalten die Umrandungseigenschaften (Farbe, Struktur, Breite), die Flächeneigenschaften (Schattierung, Schraffur) und die Eckenart (gerundet oder nicht gerundet). In Abb. 4.2-2 sind die möglichen Rechteckattribute dargestellt.

Interne Datenverwaltung

Der Graphik-Editor speichert alle Informationen über die graphischen Objekte in seiner internen Datenverwaltung. Die interne Datenverwaltung basiert auf ODA [3] und CGM [2]. Eine einfache Graphik wird in Abb. 4.2-3 gezeigt.

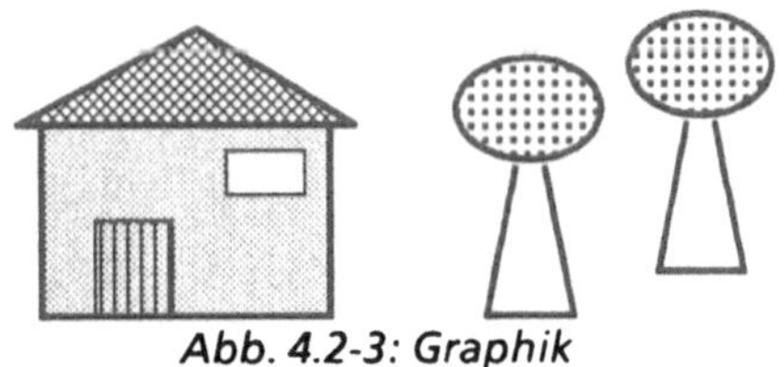

Abb. 4.2-3: Graphik

Die entsprechende interne Ablage ist in Abb. 4.2-4 dargestellt.

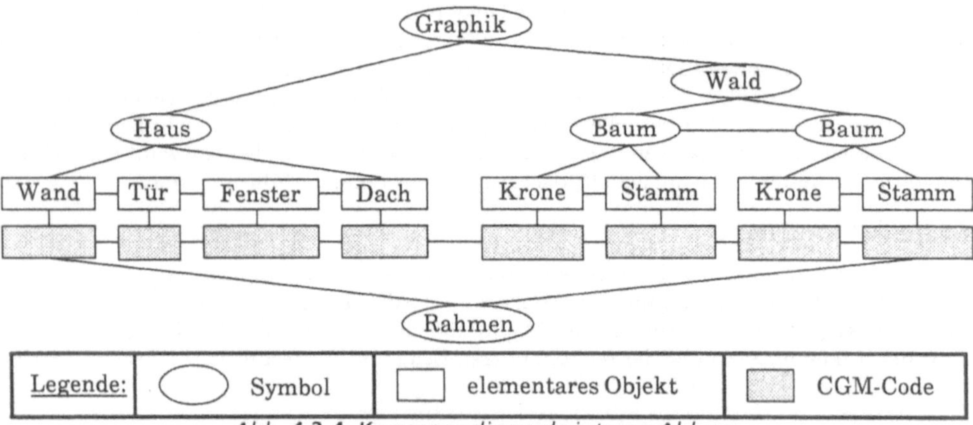

Abb. 4.2-4: Korrespondierende interne Ablage

Der Inhalt der Blätter ist CGM-Code. Sie enthalten die relevante Information zum Darstellen der graphischen Objekte (Koordinaten und Attribute).

Interaktive und Programm-Schnittstelle

Die interaktive Schnittstelle ermöglicht dem Benutzer direkt mit dem Graphik-Editor zu kommunizieren. In Form von Menüs werden dem Anwender die elementaren graphischen Objekte und die graphischen Operationen angeboten, die er mit Hilfe eines graphischen Eingabegeräts (Maus) auswählen kann.

Die Programm-Schnittstelle erlaubt das Erstellen von Graphiken durch Funktionsaufrufe innerhalb eines Programms. Das Programm kontrolliert den Graphik-Editor. Abb 4.2-5 zeigt die Schnittstellen.

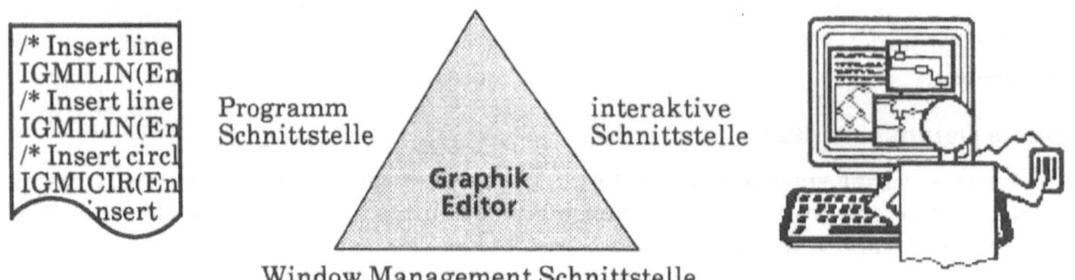

Abb.4.2-5: Schnittstellen des Graphik-Editors

Die beiden genannten Schnittstellen ermöglichen einen vielfältigen Einsatz des Graphik-Editors in unterschiedlichen Anwendungen, wie z.B. neben dem Büro-Einsatz auch bei CAD-Anwendungen.

Beispiel für die Verwendung des Graphik-Editors

Der Graphik-Editor ist einsetzbar als general purpose Editor, also ohne Kontrolle durch eine Applikation und insbesondere mit uneingeschränkter Funktionalität. Der Benutzer kontrolliert direkt die Aktionen des Editors. Er erzeugt graphische Objekte und wendet graphische Operationen auf diese an mit Hilfe von Menüs (statische oder Pop-Up-Menüs). Abb. 4.2-6 zeigt einen Ausschnitt aus einer Benutzungsoberfläche für graphische Anwendungen, die den Graphik-Editor als general purpose Editor verwenden.

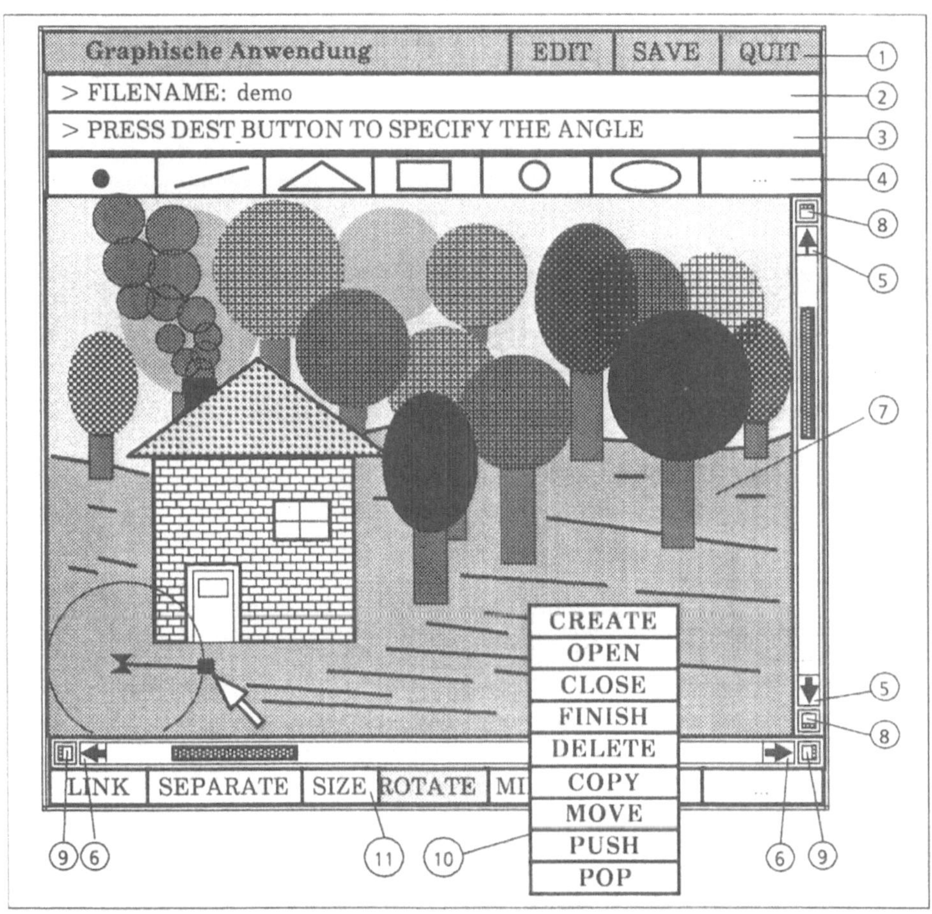

Abb. 4.2-6: Verwendung des Graphik-Editors als general purpose Editor

1: Fenster-header
2: Editierbares Feld
3: Text-Fenster für Benutzer-Prompts
4: Stat. Menü (elementare Objekte)
5: Scrollbar (vertikal)
6: Scrollbar (horizontal)
7: Sichtbare Teil des Ausgabebereichs
8: Jumpbar (vertikal)
9: Jumpbar (horizontal)
10: System-Pop-Up-Menü mit generischenOperationen
11: Stat. Menü für graph. Operationen

Der Benutzer wählt die graphische Operation *ROTATE* aus. Die Operation wird auf alle selektierten Objekte angewendet, d.h. im obigen Bild auf die selektierte Linie unten links. Der Drehpunkt (Fixpunkt) der Operation und ein Hilfskreis, auf dessen Peripherie das Objekt bewegt wird, werden angezeigt. Das Text-Fenster für Benutzer-Prompts enthält eine

Promptmeldung zur Benutzerführung. Der Benutzer kann entweder einen neuen Drehpunkt definieren oder den Winkel angeben, um den das graphische Objekt gedreht werden soll. Durch Angabe des Winkels wird die Operation ausgelöst: die Linie wird um den angegebenen Winkel entlang des Hilfskreises gedreht.

Der Graphik-Editor kann auch unter Kontrolle eines Programms ablaufen: Es ist möglich unter Kontrolle einer speziellen Applikation interaktiv eine Graphik zu erzeugen. Der Entwurf eines Balkendiagramms unter Kontrolle einer Applikation, die auch die Graphikfunktionalität einschränkt, wird in Abb. 4.2-7 gezeigt. Das kontrollierende Programm skaliert entsprechend der textuell eingegebenen Werte die Koordinatenachsen. Bei Eingabe einer negativen Zahl wird automatisch die entsprechende Achse in den negativen Bereich verlängert und skaliert. Zudem steuert das Programm eine Neuaufteilung des Diagramms bei Eingabe eines neuen Balkens: das exakte gleichförmige Plazieren der Balken wird von der Applikation übernommen. Daher sind für diese Applikation keine Scrollbars erforderlich. Weitere Kontrollen sind denkbar. Ferner könnte man sich vorstellen, daß die Applikation die Fähigkeit hat, Balkendiagramme automatisch in Tortendiagramme umzusetzen.

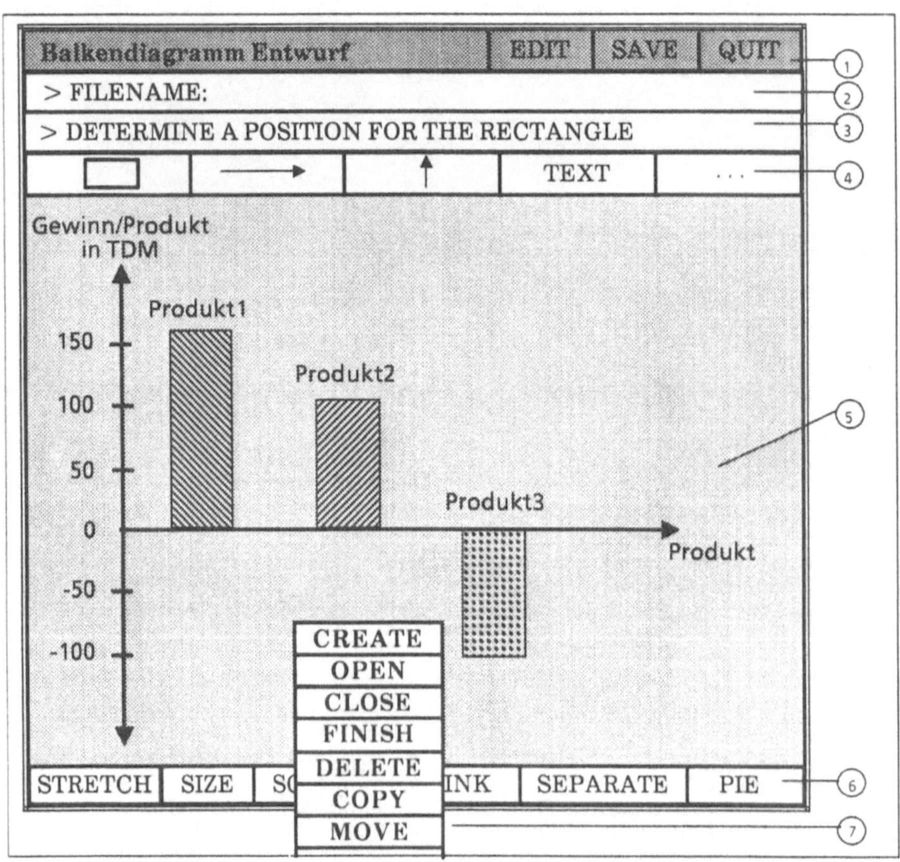

Abb. 4.2-7: Graphik-Editor zum Entwurf von Balkendiagrammen

1: Fenster-header
2: Editierbares Feld
3: Text-Fenster für Benutzer-Prompts
4: Stat. Menü (elementare Objekte)
5: Ausgabebereich
6: Stat. Menü für graph. Operationen
7: System-Pop-up-Menü mit generischen Operationen

4.3 Subeditor für Typographischen Text

Der Subeditor für typographischen Text erlaubt dem Benutzer das Erzeugen und Manipulieren von textuellen Objekten (Zeichen, Wörter, Sätze und Paragraphen). Attribute können vom Benutzer für jedes Objekt gesetzt werden. Sie spezifizieren z.B. die Textfarbe, den Font, die Zeilenhöhe, die Einrückung und die Ausrichtung.

Der Subeditor für typographischen Text ist verwendbar innerhalb eines <u>Dokumenteneditors</u>. Zusammen mit dem Graphik-Editor und einem Layout-Editor, der die verschiedenen Ausgabebereiche verwaltet, ist der Benutzer in der Lage, Dokumente zu erstellen.

Darüberhinaus kann der Texteditor innerhalb eines Programmeditors verwendet werden, um syntaktisch korrekte Programme in einer beliebigen Programmiersprache zu erstellen. Diese Verwendung des Texteditors innerhalb eines <u>Programmeditors</u> ist in Abb. 4.3-1 dargestellt. Der Programmeditor könnte z.B. auch als Basisobjekte, die der Benutzer interaktiv einfügen kann, die grundlegenden Konstrukte der Programmiersprache anbieten, wie Verzweigungen und Schleifen .

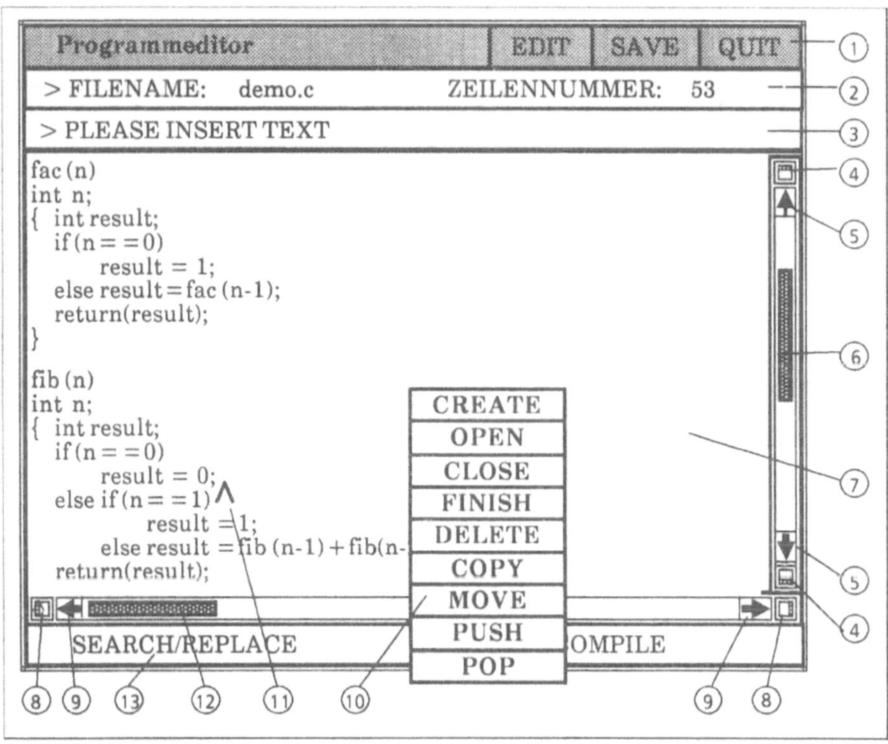

Abb. 4.3-1: Benutzungsoberfläche des Programmeditors

1: Fenster-header
2: aktueller Dateiname und Zeilennummer, die das Caret enthält
3: Textfenster für Benutzer-Prompts
4: Jumpbar (vertikal)
5: Scrollbar (vertikal)
6: Lift (vertikal)
7: Textfenster
8: Jumpbar (horizontal)
9: Scrollbar (horizontal)
10: System-Pop-Up-Menü für generische Operationen
11: Caret
12: Lift (horizontal)
13: stat. Menü für spezielle Operationen des Editors

4.4 Layout-Editor

Der Layout-Editor erlaubt dem Benutzer, Layout-Objekte zu erzeugen und zu manipulieren. Unter Layout-Objekten versteht man die verschiedenen Ausgabebereiche für Text und Graphik, wobei ihre Geometrie, d.h. Position und Ausdehnung, von Interesse ist. Nach dem Erzeugen solcher Layout-Objekte können verschiedene Operationen auf diese Objekte angewandt werden, wie z.B. *SIZE*, *MERGE* oder *FLOWTEXT* zwischen verschiedenen Text-Ausgabebereichen (Fließtext-Verkettung). Für jedes Layout-Objekt existieren Attribute, die vom Benutzer gesetzt werden können. Er spezifiziert mit Hilfe der Attribute z.B. das Aussehen des Ausgabebereichs (Umrandungsart, transparent oder undurchsichtig usw.), die Ausdehnung des Ausgabebereichs und ob dieser überlappend ist oder nicht.

4.5. Dokumenten-Editor

Der Dokumenten-Editor gestattet dem Benutzer mixed-mode Dokumente zu erstellen, in denen Text, Graphik und andere Inhaltstypen kombiniert auftreten können. Das Konzept des Dokumenten-Editors ist *offen* gestaltet, so daß jederzeit neue Inhaltstypen eingebracht werden können, sobald der zugehörige Subeditor existiert. Der Dokumenten-Editor übernimmt die Dokumentfunktionen, wie Anlegen eines Inhaltsverzeichnisses und Numerierung der Seiten, während der Layout-Editor die verschiedenen Ausgabebereiche und die Subeditoren ihre entsprechenden Inhalte verwalten. In diesem Abschnitt wird nur auf Dokumente eingegangen, die Text und Graphik enthalten, da diese am häufigsten auftreten. Die Benutzungsoberfläche eines solchen Dokumenten-Editors ist in Abb. 4.5-1 aufgezeigt.

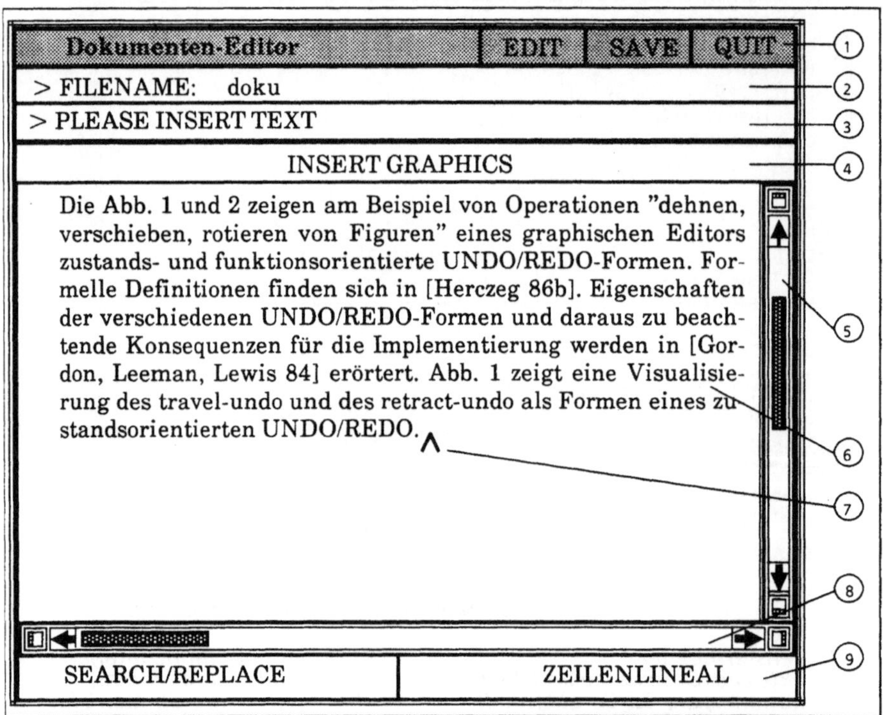

Abb. 4.5-1: Mögliche Benutzungsoberfläche eines Dokumenten-Editors

1: *Fenster-header*
2: *Editierbares Feld*
3: *Prompt-Meldung für Benutzer*
4: *Operation zum Erzeugen eines Graphikrahmens*
5: *Vertikales Scrollen/Jumpen*
6: *Text-Ausgabebereich*
7: *Caret*
8: *Horizontales Scrollen/Jumpen*
9: *Operationen für Texteditor*

Standardmäßig wird eine textuelle Eingabe erwartet. Der Benutzer kann seinen Text eingeben, generische Operationen über das System-Pop-up-Menü anstoßen und typographische Operationen auf den Textobjekten ausführen, wie "Zeichenkette suchen und durch eine andere ersetzen" oder "Tabulatoren mit Hilfe eines Zeilenlineals setzen". Möchte der Benutzer eine Graphik in den Text einbinden, so wählt er das Item *INSERT GRAPHICS* aus. Daraufhin kann er einen Graphikrahmen interaktiv spezifizieren. Sobald das Caret in diesen Graphik-Ausgabebereich gesetzt wird, ändert sich die Benutzungsoberfläche wie in Abb. 4.5-2 gezeigt. Anstelle des Items *INSERT GRAPHICS* erscheinen die elementaren graphischen Objekte und die Text-Operationen *SEARCH/REPLACE* und *ZEILENLINEAL* werden durch die graphischen Operationen ersetzt. Mit diesen Hilfsmitteln ist der Benutzer in der Lage, seine Graphik zu erstellen.

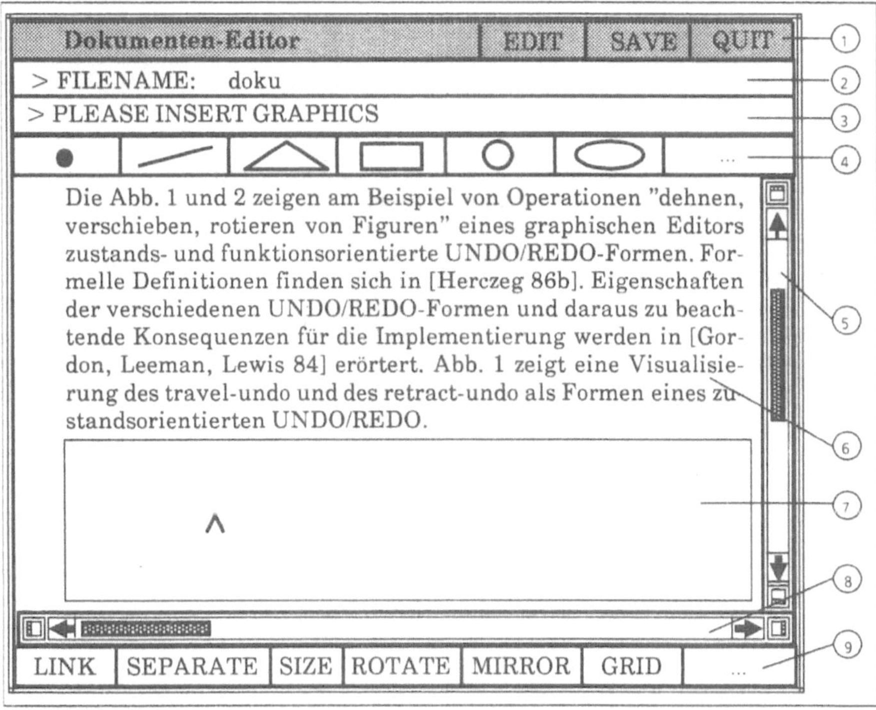

Abb. 4.5-2: Mögliche Benutzungsoberfläche eines Dokumenten-Editors

1: Fenster-header
2: Editierbares Feld
3: Prompt-Meldung für Benutzer
4: Operation zum Erzeugen element. Graphikobjekte
5: Vertikales Scrollen/Jumpen
6: Text-Ausgabebereich
7: Graphik-Ausgabebereich
8: Horizontales Scrollen/Jumpen
9: Operationen für Graphikeditor

Setzt der Benutzer das Caret wieder in einen Text-Ausgabebereich, so erscheint die in Abb. 4.5-1 gezeigte Oberfläche und er kann weiter Text editieren.

5. Abschließende Bemerkungen

Wir haben einen in zweifacher Hinsicht objektorientierten Werkzeugsatz vorgestellt. Hauptanwendung ist die Erstellung von Graphik- und Textprogrammen, wie sie im Bürobereich, aber z.B. auch im Bereich Software-Erstellung verwendet werden. Die erstellten Programme gleichen sich hinsichtlich ihrer Handhabung so, daß Anwender ohne Anpassungsschwierigkeiten mit all diesen Programmen kommunizieren können.

Realisiert wurden bereits die gesamten Grundobjekte, sowie auch Text- und Graphikeditor. Mit diesem Baukasten wurden äußerst positive Erfahrungen gemacht. Die einzelnen Objekte mußten bislang noch in der Applikation mit relativ konventionellen Mitteln verknüpft werden. Daher werden derzeit Arbeiten durchgeführt, deren Ziel eine vollständige komfortable Entwicklungsumgebung für Benutzungsoberflächen auf Basis der vorgestellten Objekte ist. Diese weiterführenden Arbeiten gehen also in Richtung "User Interface Management Systeme", wobei allerdings die Funktionalität der Basisobjekte deutlich über das aktuell erhältliche Spektrum hinausgehen wird.

Literatur

1. ISO TC97/SC 21/WG 2 N356: ISO/DP 9636/1-6
Information Processing Systems - Computer Graphics - Interfacing Techniques for Dialogues with graphical devices (CGI)

2. ISO TC97/SC 21/WG 2 N191: ISO/DIS 8613/1-3
Information Processing Systems - Computer Graphics Metafile for the Transfer and Storage of Picture Description Information (CGM), Aug. 1987

3. ISO/TC97/SC18/WG3: ISO/DIS 8613
Information Processing - Text and Office Systems -
Part 1: General Introduction, Part 2: Office Document Architecture, Part 3: Document Processing Reference Model, Part 4: Document Profile, Part 5: Office Document Interchange Format, Part 6: Character Content Architecture, Part 7: Raster Graphics Content Architecture, Part 8: Geometric Graphics Content Architecture, Sept. 1986

4. Programmers Manual for the S/Windows System,
Internal Siemens Paper, October 1987

Objektorientierte Graphische Benutzeroberfläche für BS2000

Thomas Kühme, Karsten Luck, Günther Stiege, Peter Witschital
Institut für Betriebssysteme und Rechnerverbund
Technische Universität Braunschweig
Bültenweg 74/75, D–3300 Braunschweig

Zusammenfassung: Die Entwicklung einer objektorientierten graphischen Benutzungsoberfläche für das Betriebssystem BS2000 ist Gegenstand eines Kooperationsprojektes, das an der TU Braunschweig in Zusammenarbeit mit der Siemens AG München durchgeführt wird. Die instrumentelle Basis für die Entwicklung und den Einsatz dieser Oberfläche bilden graphikfähige SINIX-Arbeitsplatzstationen am BS2000-Großrechner. In diesem Beitrag wird über die entworfene Systemarchitektur berichtet. Gestaltungsmöglichkeiten im Rahmen dieser Architektur und ein konkretes Benutzeroberflächenmodell werden vorgestellt.

Abstract: The development of an object-oriented graphical user interface for the operating system BS2000 is the subject of a cooperation project established at the Technische Universität Braunschweig under support of the Siemens AG München. SINIX graphic workstations connected to the BS2000 host are the instrumental base for constructing and supplying the user interface. This paper describes the details of the system architecture developed. The interface design options and a concrete user interface model are presented.

1 Einleitung

Großrechner bieten schon seit vielen Jahren volle Dialogfähigkeit. Allerdings ist die Benutzerschnittstelle im Dialog immer noch durch die Arbeitsweise mit Kommandos geprägt, deren Ursprünge im Stapelbetrieb der Rechner und dem Einsatz von Fernschreibern als ersten Dialoggeräten zu suchen sind.

Im Zuge der fortschreitenden Dezentralisierung maschineller Intelligenz und der zunehmenden Verfügbarkeit von Rechnerleistung direkt am Arbeitsplatz besteht heute die Möglichkeit eines viel höheren Grades an Interaktivität zwischen Rechner und Benutzer. Schon preiswerte Kleinrechner bieten überschaubare Arbeitsumgebungen und vielfach bedienerfreundliche graphische Benutzungsoberflächen nach dem Vorbild des Xerox Star und des Apple Macintosh.

Im Bürobereich hat sich mit diesen Systemen die sogenannte Desktop-Methapher, d.h. die graphische Nachbildung der Papier- und Schreibtischarbeitswelt auf dem Bildschirm mit Fenstern und Ikonen, etabliert. Der Benutzer kann alle Funktionen des Rechners über diese eine konsistente Schnittstelle abrufen. Die Grenzen zwischen Diensten des Betriebssystems, Kommunikationsfunktionen und speziellen Anwendungssystemen verwischen sich aus seiner Sicht.

Zur Zeit vollzieht sich in der EDV-Landschaft des Büros ein Wandel von isolierten Datenverarbeitungseinrichtungen zu eng vernetzten Systemen und von spezialisierten Geräten hin zu multifunktionalen Arbeitsplätzen, die allen Aspekten der Büroautomatisierung und -kommunikation gerecht werden. Basis dieser modernen Arbeitsplätze sind entsprechend ausgebaute PCs und Mehrplatzsysteme. So ist der Zugang zum Großrechner nur ein Aspekt von vielen und erfordert kein spezielles Großrechnerterminal mehr.

Während auf Hardwareebene mit dem Anschluß der Arbeitsplätze an den Großrechner über einfache Terminalleitungen oder schnelle lokale Netze die Integration bereits ein zufriedenstellendes Niveau erreicht hat, sind auf höheren Ebenen bislang nur Ansätze zu erkennen. Im Regelfall sieht sich der Benutzer einer simplen Terminalemulation für den Großrechner gegenüber, bestensfalls in einem Fenster der graphischen Benutzungsoberfläche des Arbeitsplatzes. So besteht zwar die Möglichkeit, auf zentrale Datenbestände im Großrechner oder auf spezielle zentral verfügbare Funktionen zuzugreifen, jedoch tritt hierbei der krasse Gegensatz zwischen einer eleganten graphisch–interaktiven Bedienung des Arbeitsplatzes und der umständlichen Handhabung einer vergleichsweise schwerfälligen Kommandosprache des Großrechners besonders zutage.

Der Wunsch liegt nahe, die Benutzung des Großrechners über die gleiche objektorientierte graphische Oberfläche abwickeln zu können wie sie für die Benutzung des graphischen Arbeitsplatzrechners zur Verfügung steht, der für den Großrechnerzugang herangezogen wird. Eine Integration auf höherer Ebene und die Schaffung einer einheitlichen konsistenten Benutzerschnittstelle für Betriebssystemdienste und Anwendungen beider Welten ist das Ziel.

Dementsprechend befaßt sich das Projekt, über das in diesem Beitrag berichtet wird, mit dem Entwurf und der prototyphaften Implementierung einer objektorientierten graphischen Benutzungsoberfläche für das Großrechnerbetriebssystem BS2000 auf der Grundlage von graphikfähigen SINIX–Arbeitsplatzrechnern und –Mehrplatzsystemen. Die 'Objektorientierte Graphische Benutzeroberfläche für BS2000' (OGB) wird an der Technischen Universität Braunschweig im Rahmen eines Kooperationsprojektes mit der Siemens AG, München entwickelt.

Der Beitrag ist in vier Abschnitte gegliedert. Abschnitt 1 ist die Einleitung. Abschnitt 2 beschreibt die einzelnen Teile der mehrschichtigen Client-Server-Architektur der Benutzerschnittstelle. In Abschnitt 3 wird kurz auf die Vorgänge bei der Entwicklung und Gestaltung von spezifischen Oberflächen im Rahmen der vorgestellten Systemarchitektur eingegangen. Im letzten Abschnitt, 4, wird der Entwurf einer graphischen Oberfläche für BS2000 am Beispiel des Datenverwaltungssystems dieses Systems ausführlich diskutiert.

2 Systemarchitektur

Beim Entwurf der Systemarchitektur der OGB wurde das Ziel verfolgt, zu einer weitgehend anwendungsunabhängigen Benutzerschnittstelle im Sinne des IFIP–Modells [3] zu gelangen. Die im Modell vollzogene Unterteilung in Ein-/Ausgabe–, Dialog– und Werkzeugschnittstelle spiegelt sich im Aufbau der OGB wieder.

Bild 1 zeigt die Struktur der OGB. Oberhalb der gestrichelten Linie sind die Komponenten dargestellt, die unter dem Betriebssystem SINIX im Arbeitsplatzrechner ablaufen. Die Komponenten unterhalb der gestrichelten Linie befinden sich im System BS2000. Collage ist das derzeitige Standard–Fenstersystem der SINIX–Rechner. Außer dem eigentlichen OGB–Betrieb sind auch die herkömmlichen Betriebsarten für SINIX– und BS2000–Anwendungen möglich.

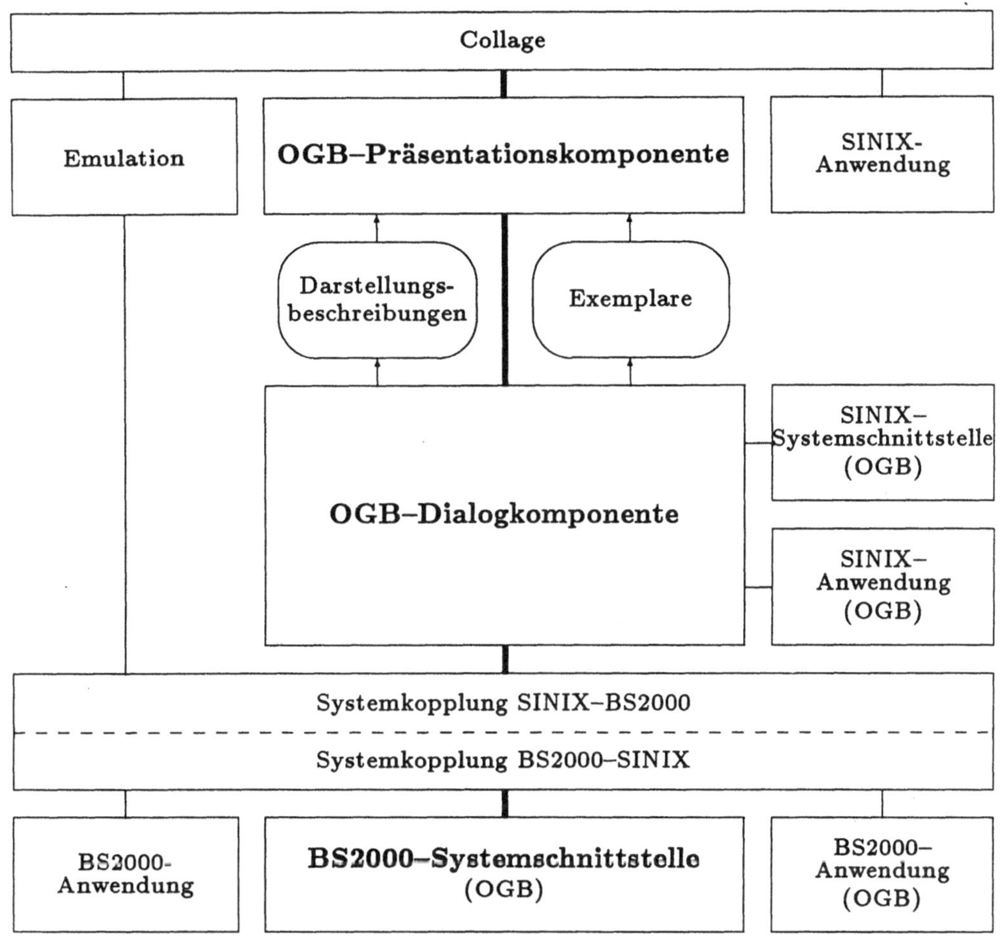

Bild 1: OGB–Systemarchitektur

2.1 Dialogkomponente

Die *Dialogkomponente* (DK) ist die zentrale Komponente der OGB (siehe Bild 1). Sie ist ein objektorientiertes System, das eine Modellierung von Objekten der graphischen Oberfläche und Objekten von BS2000 und SINIX in einer integrierten Objektwelt auf einem hohen Abstraktionsniveau gestattet. Die Definition der Objektwelt, d.h. die Entwicklung spezifischer Oberflächen für einzelne Dienste der Betriebssysteme oder für einzubeziehende Anwendungen, erfolgt in einer Smalltalk–ähnlichen Sprache.

Durch Nachrichtenaustausch miteinander kommunizierende Objekte bilden dabei die konzeptionelle Grundlage für Dialogablaufbeschreibungen. In diesem Zusammenhang sei auf den "Kommunikationsabwickler im BS2000" [1] verwiesen, bei dem die Benutzungsoberfläche durch ein Netz aus Instanzen und Kanälen modelliert wird. Wie dort sollen auch in der OGB komplizierte Dialogvorgänge zwischen dem Benutzer und den Diensten und Werkzeugen des BS2000 nachzubilden sein, die der Benutzer mit Hilfe möglichst einfacher und konsistenter Interaktionstechniken anstoßen kann.

Von der *BS2000–Systemschnittstelle* oder von anderen sogenannten Jobs bzw. Prozessen

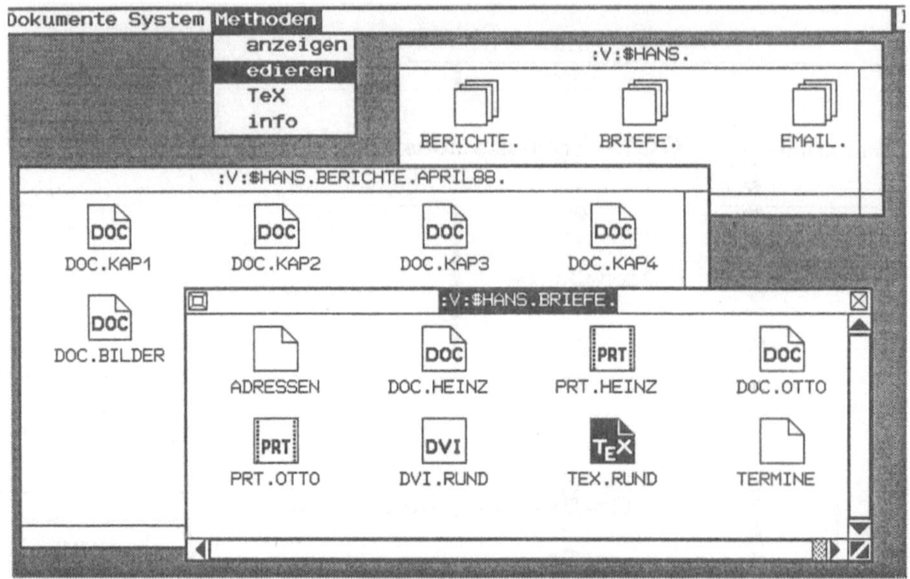

Bild 2: Beispiel: OGB–Verzeichnisfenster

des *Typs OGB* erhält die DK die Informationen, die für die Benutzungsoberfläche relevant sind. Die Eingaben (Kommandos) für diese Jobs/Prozesse werden von der DK generiert und deren Ausgaben interpretiert. Die erhaltenen Informationen werden intern objektorientiert repräsentiert, d.h., sie müssen als bestimmten Klassen von Objekten zugehörig identifiziert werden, und es müssen entsprechende Objekte angelegt werden. Von denjenigen Objekten, die an der Oberfläche graphisch dargestellt werden sollen, werden sogenannte externe Repräsentationen in temporären Dateien abgelegt, hier *Exemplare* genannt.

Die DK kann der *Präsentationskomponente* (PK, s.u.) Aufträge erteilen, die graphische Darstellung und Verwaltung auf dem Bildschirm für diese Exemplare zu übernehmen. Bestimmte Benutzeraktionen führen zu Rückmeldungen der PK an die DK, die als Nachrichten des Benutzers an bestimmte Objekte angesehen werden können und als solche die Ausführung entsprechender *Methoden* durch die DK veranlassen. Die Methoden enthalten im wesentlichen Anweisungen zur Anforderung und Auswertung der Informationen vom BS2000 und zur Auftragserteilung an die PK. Sie steuern somit den gesamten Ablauf der Benutzungsoberfläche.

2.2 Präsentationskomponente

Die *Präsentationskomponente* (PK) erledigt Aufträge zur Darstellung bestimmter Exemplare auf dem Bildschirm. In der aktuellen Implementierung bedient sie sich dazu der unter SINIX laufenden Fensteroberfläche COLLAGE und deren Funktionen (WAM–Schnittstelle). Aus Effizienzgründen wurde für die Realisierung der PK ein konventioneller Ansatz gewählt, dem ereignisorientierte Programmierung in C zugrunde liegt.

An der graphischen Oberfläche stehen Fenster (windows) für unterschiedliche Arbeitskontexte. Die in einem Fenster dargestellten Objekte beziehen sich auf den jeweiligen Kontext. Es soll zunächst Listenfenster mit Ikonen- oder Textdarstellung, Formularfenster (property sheets) und Fenster zur graphischen Darstellung von Baumstrukturen geben. Der Benutzer kann beliebige Objekte, auch Fenster, aktivieren und kann Nachrichten an sie senden. Im allgemeinen werden zu sendende Nachrichten aus Menüs ausgewählt, während in Formularfenstern weitere Eingabemöglichkeiten zur Verfügung stehen, zum Beispiel Texteingabe oder Druckknöpfe (buttons). Bild 2 zeigt beispielhaft, wie die OGB sich dem Benutzer auf dem Bildschirm darbietet, hier mit drei Listenfenstern, die für Dateiverzeichnisse stehen.

Graphische Objekte wie Fenster, Ikonen, Texte sind an der logischen Schnittstelle zwischen DK und PK abstrakte Gebilde, die nicht durch Größen des unterliegenden Fenstersystems und schon gar nicht durch Größen der unterliegenden Hardware charakterisiert werden. Insbesondere werden Positionen und Ausdehnungen von Objekten auf dem Bildschirm und ihre Lage zueinander nicht durch Bildpunktkoordinaten sondern in abstrakten Kategorien angegeben (z.B. 'Mitte', 'klein', 'nebeneinander', 'als Stapel'). Eine spätere Umstellung der OGB auf andere Fenstersysteme (X, MS-Windows) reduziert sich somit auf eine Anpassung lediglich der PK.

Wie die Exemplare dargestellt werden sollen, d.h. zum Beispiel als Bild oder als Text, und welche Interaktionsmöglichkeiten dem Benutzer jeweils zur Verfügung stehen sollen, d.h., welche Nachrichten er für welches Objekt auslösen kann, entnimmt die PK den *Darstellungsbeschreibungen* (siehe Bild 1). Sie sind in Dateien abgelegt, die zum Zeitpunkt der Erzeugung einer Version der Objektwelt erstellt werden und bei etwaigen Änderungen der Oberflächengestaltung während einer Sitzung von der DK aktualisiert werden können. Die Manipulationen der Objekte durch den Benutzer, soweit sie die Darstellung auf dem Bildschirm betreffen (z.B. Fenster vergrößern, Blättern in Verzeichnissen), werden vollständig von der PK behandelt.

2.3 Systemkopplung

Die zwei Teile der *Systemkopplung* (SK) der OGB verbinden SINIX und BS2000 über eine Terminalleitung in mehrfacher Hinsicht (Bild 1). Zum einen stellt die SK auf Anforderung der DK eine oder mehrere Verbindungen zwischen BS2000-Anwendungen mit Ein-/Ausgabe für ein bestimmtes Gerät und entsprechenden Emulationen auf SINIX-Seite her (z.B. BS2000-Editor mit SINIX-9750-Terminalemulation, BS2000-GKS-Anwendung mit SINIX-GKS-Emulation). Sie nimmt außerdem Aufträge der DK zur Dateiübertragung zwischen BS2000 und SINIX entgegen und erledigt sie selbst oder delegiert sie an entsprechende Programme. Nicht zuletzt stellt die SK der DK auf Anforderung logische Verbindungen zu einer oder mehreren BS2000-Systemschnittstellen und BS2000-Anwendungen vom Typ OGB zur Verfügung.

Andere SINIX–Anwendungen (lokales Edieren oder Drucken, SINIX–Systemschnittstelle) werden von der DK direkt gestartet. Sofern eine Kopplung von SINIX- und BS2000–System über ein lokales Netz besteht, kann ebenso ein direkter Zugang von der DK zu BS2000 erfolgen.

3 Entwicklung und Gestaltung

Die Entwicklung und Gestaltung der Benutzungsoberfläche erfolgt durch Definition und Modifikation der Objektwelt für die DK. Dabei spielt die zu erzielende *Benutzerunabhängigkeit* eine ebenso große Rolle wie die Anwendungsunabhängigkeit. Unter Benutzerunabhängigkeit der Oberfläche soll verstanden werden, daß verschiedene, voneinander unabhängige Sichten auf die (eine) Benutzungsoberfläche existieren können. Die Gestaltung einer bestimmten Sicht zur Anpasssung an den Kenntnisstand einer Benutzergruppe oder an die Wünsche und Vorlieben eines einzelnen Benutzers kann erfolgen, ohne die jeweils anderen Sichten zu beeinflussen.

Modifikationen (Änderung der Darstellung, Änderung von Voreinstellungen, Hinzufügen von Methoden, ...) können auch während einer laufenden Sitzung vorgenommen werden. Im einfachsten Fall erfolgt die Änderung direkt durch Senden einer Nachricht (z.B. Änderung der Darstellung: Bild/Text) oder über Formulare (z.B. Änderung von Voreinstellungen für Parametereingabe). Die OGB selbst wird also als Benutzerschnittstelle für die Änderung der Oberflächeneigenschaften zur Verfügung gestellt und übernimmt damit die Rolle einer *Metabenutzerschnittstelle* [4]. Für weitergehende Modifikationen können spezielle Editoren verwendet werden (z.B. Ikoneneditor, Formulareditor, syntaxorientierter Methodeneditor).

'Rapid Prototyping' bei der Entwicklung und eine benutzerfreundliche Anpassung der Oberflächengestaltung an spezifische Bedürfnisse sind also grundsätzlich möglich. Alle Änderungen während des laufenden Betriebs können wahlweise für weitere Sitzungen desselben Benutzers permanent gemacht werden. Eine tiefgreifende Umgestaltung der Benutzungsoberfläche ist allerdings nur durch Neudefinition der Objektwelt zu erreichen.

4 Oberflächenmodell für das BS2000–Datenverwaltungsystem (DVS)

Auf der Basis der beschriebenen Systemarchitektur wird es möglich sein, leistungsfähige Implementierungen für unterschiedliche Oberflächenmodelle mit vertretbarem Aufwand zu realisieren. In diesem Abschnitt wird exemplarisch ein Oberflächenmodell für das DVS des BS2000 [2] skizziert, das vor allem zwei Forderungen erfüllen soll:

- Es soll *systemgerecht* sein in dem Sinne, daß die Dienste des DVS in vollem Umfang auf das Modell abgebildet werden.
- Es soll *benutzergerecht* sein, d.h., es muß anschaulich, natürlich und anpaßbar sein, und es muß den Benutzer bei der Handhabung des Systems unterstützen.

Die Funktionalität der Dienste des DVS läßt sich sicher nur dann auf das Oberflächenmodell abbilden, wenn sich in dem Modell oder einem Teil davon die innere Struktur des DVS widerspiegelt.

Anschaulich ist das Modell, wenn der Benutzer sich intuitiv ein Bild von dem System macht, dessen Oberfläche er sieht, und wenn sein Verständnis des Systems dadurch gefördert wird. Die große Stärke graphischer Oberflächen liegt hierbei in der Möglichkeit der bildlichen, metaphorischen Darstellung von Arbeitsobjekten und der quasiparallelen Darstellung mehrerer Sichten.

Ein natürliches Oberflächenmodell liegt vor, wenn Konventionen, die sich im direkten Umgang mit dem System herausgebildet haben, auf das Modell abgebildet wurden oder die Abbildung zumindest unterstützt wird. Unnatürlich wäre das Modell hingegen, wenn es dem Benutzer Verhaltensweisen im Umgang mit dem System aufzwänge, die ihn gegenüber dem direkten Systemzugang bei seiner Arbeit behindern.

Selbstverständlich kann das Oberflächenmodell nur dann als wirklich benutzergerecht bezeichnet werden, wenn es an spezifische Bedürfnisse anpaßbar ist, denn nur so kann es verschiedenen Benutzern gerecht werden.

Im folgenden wird das Oberflächenmodell für das DVS aus der Sicht des Benutzers Schritt für Schritt entwickelt. Systemdateien und Dateikettungsnamen werden zunächst nicht berücksichtigt.

4.1 Zugriffspfade als Verzeichnishierarchie

Die Objekte, die durch die DVS–Dienste bearbeitet werden, sind im wesentlichen *Dateien*, die über zentrale Systemkataloge verwaltet werden [2]. Die Kataloge enthalten

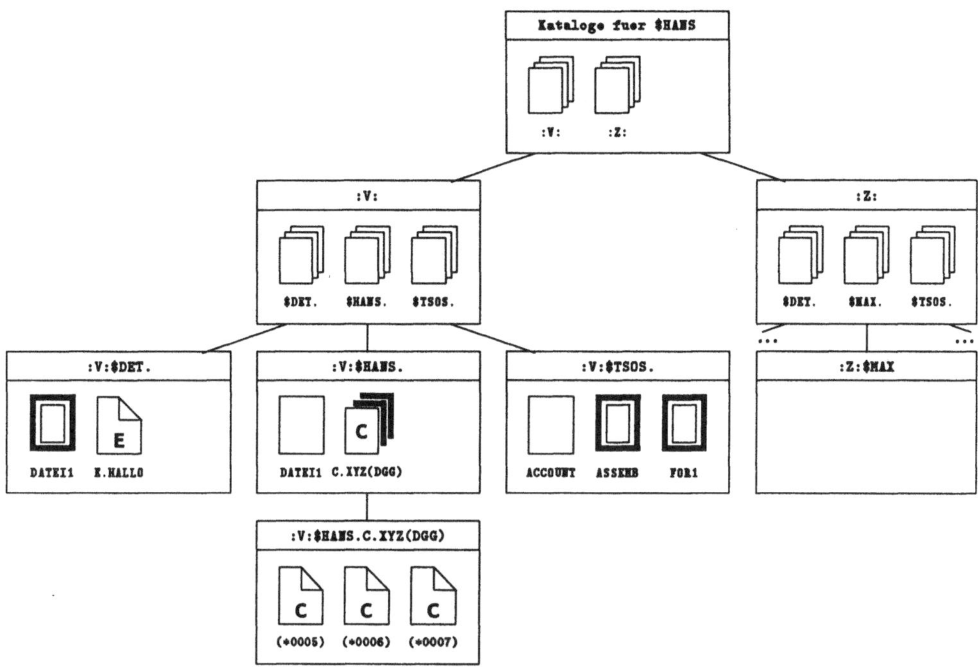

Bild 3: DVS–Verzeichnishierarchie

pro Datei einen Eintrag mit dateispezifischen Werten. Pro System gibt es mindestens einen Systemkatalog mit System– und Benutzerdateien, es können aber auch mehrere sein. Im allgemeinen ist jeder Benutzerkennung eine Menge von Katalogen zugeordnet, zu denen sie Zugriff hat. Außerdem ist für jeden der zugeordneten Kataloge festgelegt, ob die Benutzerkennung dort Platz für Dateien belegen darf oder nur auf mehrfachbenutzbare Dateien anderer Benutzer zugreifen darf.

Der eindeutige *Zugriffspfad* zu einer BS2000–Datei hat folgendes Format:

:catid:$userid.name

Dabei ist **catid** die Kennung des Katalogs, der den Eintrag für die Datei enthält, **userid** die Benutzerkennung des Dateieigentümers und **name** die eigentliche Dateibezeichnung.

Der beschriebene Sachverhalt aus der Sicht eines Benutzers läßt sich als Verzeichnishierarchie darstellen (siehe Bild 3). Das Wurzelverzeichnis der Hierarchie enthält die Kataloge, zu denen der Benutzer (**$HANS**) Zugriff hat (:V:, :Z:). Für jeden dieser Kataloge existiert ein Unterverzeichnis mit den Kennungen derjenigen Benutzer, für deren Dateien sich der aktuelle Benutzer (**$HANS**) interessiert, vorausgesetzt, diese Kennungen haben Zugriff zu dem jeweiligen Katalog. Die Liste der interessierenden Benutzerkennungen ist benutzerabhängig und könnte im Standardfall z.B. lediglich die eigene Kennung enthalten (im Bild: **$HANS**, **$DET**, **$MAX**, **$TSOS**, evtl. weitere ...). Tritt die eigene Benutzerkennung in einem solchen Verzeichnis nicht auf (**$HANS** nicht in :Z:), so bedeutet dies, daß der Benutzer in diesem Katalog keinen Platz belegen darf, wohl aber auf mehrfachbenutzbare Dateien anderer Benutzer zugreifen darf. Fehlt hingegen ein Eintrag für die Kennung eines anderen interessierenden Benutzers (im Bild: **$MAX** nicht in :V:), so darf dieser entweder nur keinen Platz in dem jeweiligen Katalog belegen oder er darf nicht einmal auf den Katalog zugreifen.

Für jeden Eintrag einer Benutzerkennung in einem Katalog gibt es wiederum ein Unterverzeichnis mit den jeweiligen Dateien dieser Benutzerkennung in dem betreffenden Katalog. Das Verzeichnis kann leer sein, wenn eine Benutzerkennung zwar berechtigt ist, in dem Katalog Platz für Dateien zu belegen, dies momentan aber nicht tut (im Bild: $MAX in :Z:).

Übertragen auf eine graphische Oberfläche entsprechen den genannten Verzeichnissen Fenster auf dem Bildschirm, die die Einträge in Bild– oder Textform enthalten (Ikonenfenster, Listenfenster). Üblicherweise wird zu Beginn einer Sitzung ein bestimmtes Verzeichnis dargestellt, von dem ausgehend eine Navigation zu jeweils höheren oder niedrigeren Hierarchiestufen erfolgen kann. Als Standard–Einstiegsfenster bietet sich das Verzeichnis der eigenen Dateien in dem für jeden Benutzer festgelegten Standardkatalog an (im Bild z.B. :V:$HANS). Ein anderes Standard–Einstiegsfensters muß vom Benutzer frei wählbar sein, wie er auch die Möglichkeit haben muß, jederzeit während einer Sitzung an einer beliebigen Stelle der Verzeichnishierarchie einzusteigen.

4.2 Dateigenerationsgruppen als Unterverzeichnisse

Die Dateiverwaltung des BS2000 unterscheidet bei Dateikatalogeinträgen zwischen *Dateien*, *Dateigenerationen* und *Dateigenerationsgruppen* (DGG). Eine DGG ist eine Zusammenfassung von katalogisierten Dateien, den Dateigenerationen, die einen einheitlichen Namen und einheitliche Merkmale besitzen. Über den Namen ist entweder die DGG als Ganzes ansprechbar oder durch zusätzliche Angabe einer Generationsnummer auch eine einzelne Dateigeneration.

Eine konzeptionelle Einbindung von Dateigenerationsgruppen in das entwickelte Modell der Verzeichnishierarchie erscheint sinnvoll und möglich, wie im folgenden beschrieben (siehe Bild 3). Ein Verzeichnis auf der untersten Stufe der Hierarchie enthält für jede DGG nur einen Eintrag (im Bild: C.XYZ(DGG) in :V:$HANS), der für die DGG als Ganzes steht (Designalternative: für die jüngste Generation). Über diesen Eintrag kann man in ein Unterverzeichnis gelangen, das Einträge für alle Dateigenerationen der betreffenden Gruppe enthält (im Bild: :V:$HANS.C.XYZ(DGG)).

4.3 Objekttypzuordnung nach Dateimerkmalen

Jeder Dateikatalogeintrag des BS2000 enthält eine Reihe von dateispezifischen Merkmalen:

- Art des Datenträgers
- Art und Größe der Speicherplatzzuweisung
- Schutzmerkmale / Zugriffsrechte
- Dateisicherungsmerkmale
- Zugriffsmethode

Diese Merkmale bestimmen im wesentlichen, welche Bearbeitungsmöglichkeiten dem Benutzer für ein Dateiobjekt zur Verfügung stehen. Nur diese sollen im Idealfall auf der Benutzungsoberfläche zur Auswahl angeboten werden. Schon aus der graphischen Darstellung der Objekte kann teilweise hervorgehen, welche Merkmale das Objekt aufweist und welche Bearbeitungsmöglichkeiten dementsprechend zu erwarten sind (Bild 3). Im Gegensatz dazu steht die herkömmliche Kommandoeingabe, bei der jedes Kommando für jedes Objekt abgegeben werden kann und erst nach einem Mißerfolg bei der Ausführung ggf. zurückgewiesen wird.

Zusätzlich wird dem Benutzer eine Sicht angeboten, bei der sinngemäß gleiche Operationen für verschiedene Objekte über den gleichen Namen angesprochen werden, auch wenn die Realisierungen dieser Operationen verschiedenartig sind. Für den Benutzer genügt es beispielsweise, den Operationsnamen 'Edieren' zu kennen. Er wird nicht damit belastet, daß der Editor für Textdateien 'XYZ' und derjenige für Binärdateien 'ZXY' heißt.

4.4 Objekttypzuordnung nach Dateinamen

Die vorstehenden Überlegungen beschränken sich auf eine direkte Abbildung fest im System verankerter Strukturen auf die Oberfläche. In diesem Bereich gibt es nur wenig Bedarf und Möglichkeit für benutzerspezifische Anpassungen. Einige wurden genannt, andere betreffen hauptsächlich die graphische Darstellung auf dem Bildschirm und nur wenige die eigentliche Funktionalität der Oberfläche.

Ein weites Feld zusätzlicher Möglichkeiten ergäbe sich, wenn man eine vielfältigere Zuordnung von Dateiobjekten zu Objekttypen verwirklichen könnte. Derartige Zuordnungen in erweiterten Katalogeinträgen oder zusätzlichen Katalogen im BS2000 abzulegen, würde zu Kompatibilitäts– und Konsistenzproblemen führen. Eine Interpretation des Dateiinhalts hingegen erscheint zu aufwendig. Es bleibt die Alternative, aus dem Namen, der das einzige vom Benutzer frei gestaltbare Merkmal einer Datei darstellt, eine Zuordnung abzuleiten.

Aufbauend auf bestehenden Konventionen bei der Bildung von BS2000–Dateinamen erscheint diese Vorgehensweise, die auch in der SINIX– Benutzungsoberfläche unter Collage praktiziert wird, durchaus sinnvoll. Beispiele für im BS2000 verwendete Namenskonventionen sind (hier ohne Katalog- und Benutzerkennung):

`E.HALLO`	(ENTER-Prozedur)
`DO.TESTLAUF`	(DO-Prozedur)
`C.MAIN`	(C–Quellprogramm)

Objekttypkennungen der Art '`E.`', '`DO.`' und '`C.`', dem eigentlichen Namen der Datei vorangestellt, sind leicht zu identifizieren. Eine darauf aufbauende Objekttyperkennung und –zuordnung kann zusätzlich zur Objekttypzuordnung nach Dateimerkmalen (s.o.) ohne allzu großen Mehraufwand erfolgen. Auf diese Weise sind viele Dateiobjekttypen mit wahlweise unterschiedlicher graphischer Darstellung und typabhängigem Funktionsumfang realisierbar. Dem Benutzer kann die Freiheit gewährt werden, eigene Klassen mit spezifischen Bearbeitungsmöglichkeiten zu definieren, deren Objekte über eine vom Benutzer wählbare Objekttypkennung identifiziert werden.

4.5 Qualifizierungsstufen als Verzeichnishierarchie

In den Dateinamen des BS2000 darf auch das Zeichen '.' (Punkt) vorkommen. Es wird per Konvention dazu verwendet, die Dateinamen besser lesbar zu gestalten und Listen von mehreren Dateinamen übersichtlicher erscheinen zu lassen. Zum Beispiel:

```
:V:$HANS.BRIEFE.TEX.DVI
:V:$HANS.BRIEFE.TEX.MAX
:V:$HANS.PROJ.BRIEFE.TEX.EXN1
:V:$HANS.PROJ.BRIEFE.TEX.EXN2
:V:$HANS.PROJ.REPORT.APR88.TEX.TEXT
:V:$HANS.PROJ.REPORT.APR88.TEX.BILD
:V:$HANS.PROJ.REPORT.AUG87.TEX.BILD1
:V:$HANS.PROJ.REPORT.AUG87.TEX.BILD2
:V:$HANS.PROJ.REPORT.AUG87.TEX.TEXT
:V:$HANS.XL.LISP
:V:$HANS.XL.PROGS.LSP.INIT
:V:$HANS.XL.PROGS.LSP.TEST
:V:$HANS.XL.SRC.C.TT (DGG)
:V:$HANS.XL.SRC.C.TT(*0001)
:V:$HANS.XL.SRC.C.TT(*0002)
:V:$HANS.XL.SRC.C.TT(*0003)
:V:$HANS.XL.SRC.C.MEM (DGG)
:V:$HANS.XL.SRC.C.MEM(*0017)
:V:$HANS.XL.SRC.C.MEM(*0018)
:V:$HANS.XL.SRC.C.MEM(*0019)
```

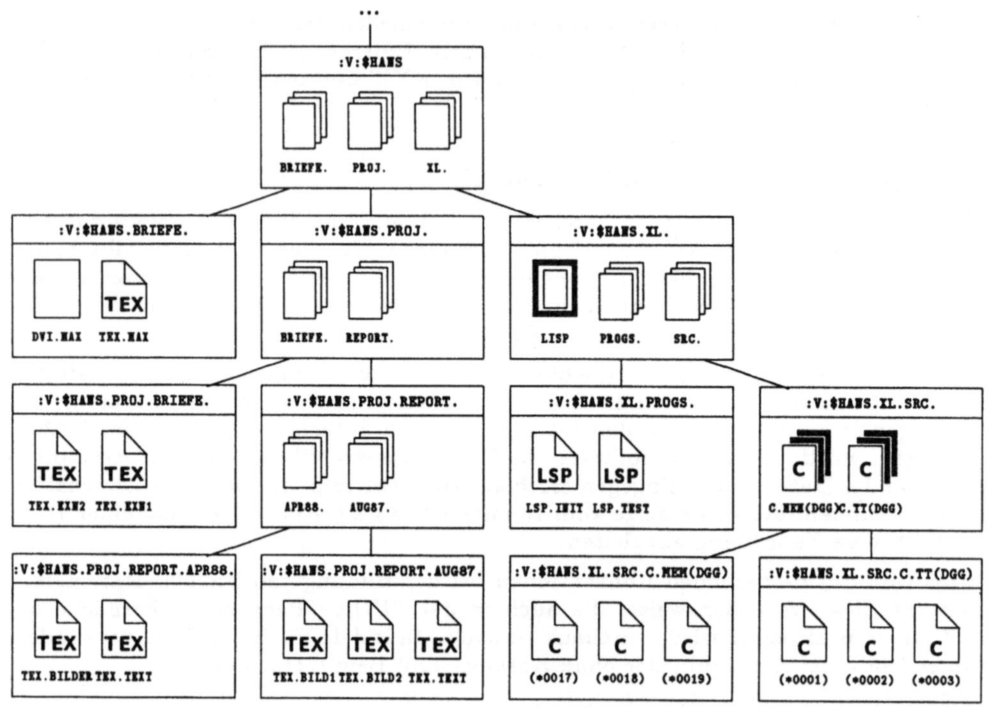

Bild 4: DVS–Verzeichnishierarchie

Einige BS2000–Kommandos akzeptieren nicht nur den vollen Dateinamen, sondern lassen es auch zu, daß ein sogenannter *teilqualifizierter* Name angegeben wird. Ein teilqualifizierter Dateiname reicht bis einschließlich zu einem Punkt im Namen (z.B.: `XL.PROGS.`) und bezeichnet alle Dateien, deren Namen so beginnen. Kommandos, die sich auf teilqualifizierte Namen beziehen, werden für alle angesprochenen Dateien ausgeführt. Jeder Teil eines Dateinamens zwischen zwei Punkten wird als *Qualifizierungsstufe* bezeichnet.

Es fällt auf, daß die jeweils letzte Qualifizierungsstufe in vielen Fällen als Objekttypkennung (s.o.) zu interpretieren ist, während alle anderen wie Stufen einer Verzeichnishierarchie verwendet werden. Dementsprechend kann eine Abbildung auf das Oberflächenmodell erfolgen.

Für Dateinamen `:catid:$userid.`α_1`.` ... `.`α_{n-1}`.`α_n mit n ($n = 2,3,\ldots$) Qualifizierungsstufen α gilt: Falls α_{n-1} in einer Liste der bekannten Objekttypkennungen enthalten ist, dann ist `:catid:$userid.`α_1`.` ... `.`α_{n-2} der Name eines Verzeichnisses und α_{n-1}`.`α_n der Name einer Datei in diesem Verzeichnis. Andernfalls sind `:catid:$userid.`α_1`.` ... `.`α_{n-1} als Verzeichnisname und α_n als Dateiname zu interpretieren.

Eine Verzeichnishierarchie mit den oben genannten Beispielnamen ist in Bild 4 gezeigt. Bei der graphischen Darstellung hat der Benutzer wie oben die Wahl zwischen Bild- oder Textform (s.o.). Zusätzlich kann er eine Darstellungsform wählen, die *Totale*, die im aktuellen Verzeichnis alle Dateien direkt anzeigt, die andernfalls im Unterbaum zu dem betreffenden Verzeichnis enthalten wären. Wegen der möglichen Länge der Dateinamen wird die Totale ebenfalls in Textform dargestellt.

4.6 Selektion

Einige DVS–Kommandos des BS2000 akzeptieren neben teilqualifizierten Dateinamen auch weitere Selektionskriterien zur Auswahl von mehr als einer Datei für die Bearbeitung durch das Kommando. So können oftmals für Katalogkennung und eigentlichen Dateinamen Muster angegeben werden (*Wildcard–Technik*), und zum Teil können Dateien mit bestimmten Merkmalen zur Bearbeitung ausgewählt werden (z.B. SDF–Option SELECT=BY-ATTRIBUTES).

Diese Möglichkeiten haben die Vorgehensweise der Benutzer bei der Nutzung der Dienste des DVS bislang geprägt. Das neue Oberflächenmodell muß diesem Sachverhalt Rechnung tragen. Die folgenden Überlegungen zeigen, daß dies in Fortführung der vorangegangenen Schritte möglich ist und darüber hinaus zusätzliche Vorteile für den Benutzer entstehen können.

Im Normalfall werden in einem Verzeichnis der beschriebenen Hierarchie alle existierenden zugehörigen Dateien angezeigt. Es sind Dateien mit einem gemeinsamen teilqualifizierten Dateinamen, auf höheren Hierarchiestufen lediglich mit gemeinsamer Katalog- und/oder Benutzerkennung. Dem Benutzer sollte es nun möglich sein, auf eine selektive Darstellung umzuschalten, bei der nur noch die Dateien eines Verzeichnisses angezeigt werden, die zusätzlich ein bestimmtes Selektionskriterium erfüllen.

Ein Selektionskriterium wird gebildet aus herkömmlichen Mustern für Dateiname und Dateimerkmale und einem Muster für den Objekttyp. Es kann vom Benutzer über eine Formularschnittstelle interaktiv zusammengestellt werden. Allerdings bietet es sich an, den Benutzer diesen Vorgang nicht bei jeder Selektion wiederholen zu lassen. Einmal zusammengestellte Kriterien werden unter einem Namen (z.B.: "älter als 3 Tage") abgelegt und bei der Umschaltung auf selektive Darstellung zur Auswahl angeboten.

4.7 Ergänzungen und Zusammenfassung

Temporäre Dateien und **Jobvariablen** können in die Darstellung einbezogen werden. Dateien auf **privatem Datenträger**, für die bereits ein Eintrag in einem Systemkatalog existiert, sind grundsätzlich wie Dateien auf gemeinschaftlichem Datenträger zu betrachten und wurden daher in den vorstehenden Überlegungen nicht besonders hervorgehoben. **Bibliotheken** und **Archive** können ebenfalls in die entworfene Verzeichnishierarchie eingefügt werden.

Die Darstellung in Verzeichnissen kann zusätzlich nach verschiedenen Kriterien sortiert erfolgen. Ähnlich den Selektionskriterien sind einmal formulierte und benannte Sortierkriterien abrufbar.

Insgesamt ergibt sich die folgende Liste der **Charakteristika** der Dateiverzeichnishierarchie, über die der Benutzer auf seine spezifische Sicht des DVS Einfluß nehmen kann:

- Interessierende Benutzer
- Objekttypkennungen
- Einstiegsfenster
- Darstellungsformen Bild/Text/Totale
- Selektionskriterien
- Sortierkriterien

Literatur

[1] Budde, R.; Sylla, K.-H.: KAW – Kommunikationsabwickler im BS2000. GMD-Spiegel 10, No. 2, 17-30 (1980).

[2] Koch, R.: Datenverwaltungssystem BS2000. Technische Beschreibung, Siemens AG, München (1987).

[3] Dzida, W.: Das IFIP–Modell für Benutzerschnittstellen. Office Management 1983, 6-8 (1983).

[4] Herczeg, M.: Eine objektorientierte Architektur für wissensbasierte Benutzerschnittstellen. Dissertation, Universität Stuttgart (1986).

Entwicklung einer Benutzungsoberfläche für die Erfassung von Bildelementen in Patentschriften

Matthias Blumenfeld
Sietec Siemens Systemtechnik
Nonnendammallee 101, 1000 Berlin 13

Zusammenfassung: Um Abbildungen beim Satz von Patentschriften elektronisch montieren zu können, müssen diese Bildelemente gescannt, ausgeschnitten, zugeordnet und archiviert werden. In diesem Beitrag werden beschrieben

- das Konzept einer objekt-orientierten Benutzungsoberfläche,
- Erkenntnisse, die aus der Realisierung eines Prototypen gewonnen wurden,
- Effizienzprobleme und
- Probleme bei der Programmierung mit C++.

1 Einleitung

Eine Benutzungsoberfläche kann nicht entwickelt werden, ohne folgende drei Faktoren zu berücksichtigen:

- die **Arbeitsabläufe**, die realisiert werden sollen,
- die verfügbare **Hardware,** wie Bildschirm und Maus, und
- der " **Horizont"** der Bediener.

In der Einleitung sollen diese Voraussetzungen beschrieben werden.

1.1 Zielsetzung des Projekts

Das Projekt läßt sich anhand der wichtigsten Meilensteine kurz darzustellen:

1985	Patentämter vereinbaren **Standard-Format** für den Datenaustausch
Anfang 1986	**Auswahl** des Bilderfassungs-Systems in der Bundesdruckerei
Ende 1986	**Konzeption** und Vereinbarung der Bedienungsoberfläche
Ende 1987	**Auslieferung** des Bilderfassungssystems und Produktionsbeginn

Bis zu diesem Zeitpunkt produzierte die Bundesdruckerei in Berlin - im Auftrag des Deutschen Patentamts - die deutschen Patentschriften auf "konventionellem" Wege: die Texte wurden erfaßt und mit Makros des verwendeten Satzsystems (DIACOS) ausgezeichnet. Nach dem Satz mußten die Abbildungen manuell einmontiert werden.

Aufgrund der Trilateralen Vereinbarung zwischen dem Europäischen, dem US- und dem Japanischen Patentamt über ein wechselseitigen elektronischen Austausch bestand die Notwendigkeit, diese Abbildungen (elektronisch) zu erfassen. Also lag es nahe, das Produktionsverfahren in der Bundesdruckerei so umzustrukturieren, daß die erfaßten Abbildungen auch für die (elektronische) Montage verwendet werden.

In Abbildung 1 ist dieses **Systemkonzept** beschrieben. Eine genauere Beschreibung findet sich in [1]. Die Texterfassung rechts beliefert eine Textdatenbank, die ein Bestandteil des Siemens Satzsystems DIACOS ist. Auf der linken Seite erfolgt die "Bild"-Erfassung. Dort werden Manuskriptseiten, die Abbildungen enthalten, eingescannt. Die Bildelemente werden auf optischen Platten archiviert, von wo sie dann zum Satz abrufbar sind.

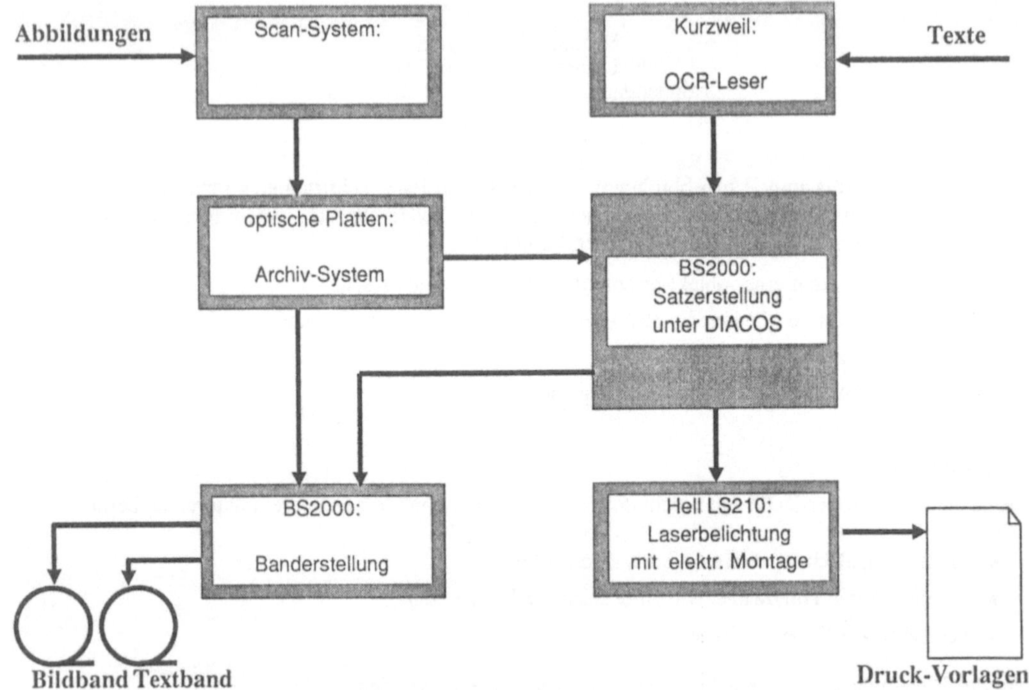

Abb. 1: Das neue Produktionsverfahren in der Bundesdruckerei

Neben den Druckvorlagen liefert der neue Produktionsprozeß Bänder mit Texten und Bildelementen zum Austausch mit anderen Patentämtern.

1.2 Hardwarebasis

Welche Anforderungen ergeben sich daraus für des Erfassungssystems? Sie lassen sich am besten am **Verfahrensablauf** erläutern:

(1) Die Manuskriptseiten müssen im Sinne des vereinbarten Standardformats - auch BACON-Format (Backfile Conversion) genannt, siehe [2] - gescannt werden, d.h.

- in einer Auflösung von 300 Punkten pro Inch und
- kodiert nach dem MMR (Modified Modified Read) Verfahren des CCITT Standards Fax Gr. IV.

(2) Die gescannten Seiten müssen sich auf einem hochauflösenden Bildschirm zur Kontrolle anzeigen lassen.

(3) Aus diesen Seiten sollen rechteckige Fenster mit den **Bildelementen** herausgeschnitten und mit Referenzen versehen werden, so daß sie sich wieder auffinden lassen.

(4) Die Bildelemente müssen auf einmalbeschreibbaren optischen Platten (**WORM**) archiviert werden.

(5) Die Bildelemente müssen vom Siemens BS2000 Großrechner auf Bedarf abrufbar sein.

Eine Marktuntersuchung zeigte, daß das SIOS (Sony Integrated Office System) diese Anforderungen am besten erfüllte.

Abbildung 2 zeigt die 6 **Subsysteme** des SIOS, die jeweils mit eigenen Prozessoren ausgestattet und über einen Hochleistungs-Bus miteinander verknüpft sind:

- Der Applikationsprozessor (68010) mit UNIX V als Betriebsystem.
- Das Display-Subsystem mit einem Ganzseiten-Bildschirm, der eine Din A4 Seite in einer Auflösung von 150 Punkten pro Inch darstellt (1424 horizontal und 1888 vertikal), das ist die Hälfte der Auflösung von Scanner und Drucker. Außerdem ist hier eine Maus mit 2 Tasten angeschlossen.
- Das MMR-Kodierungs-Subsystem.
- Das Image-Subsystem mit (schnellen) Videoanschlüssen für Scanner und Laserdrucker.
- Das Speicher-Subsystem für die magnetischen und optischen Platten.
- Das Ethernet-Subsystem.

Da die einzelnen Schritte einer Verarbeitungs-Pipeline - wie Scannen, Darstellen, Kodieren, Speichern und Übertragen - **parallel** und nicht sequentiell ablaufen können, reduziert sich die erforderliche Gesamtzeit pro Seite auf 6 Sekunden. Das ist die Zeit für die langsamste Komponente, das Scannen.

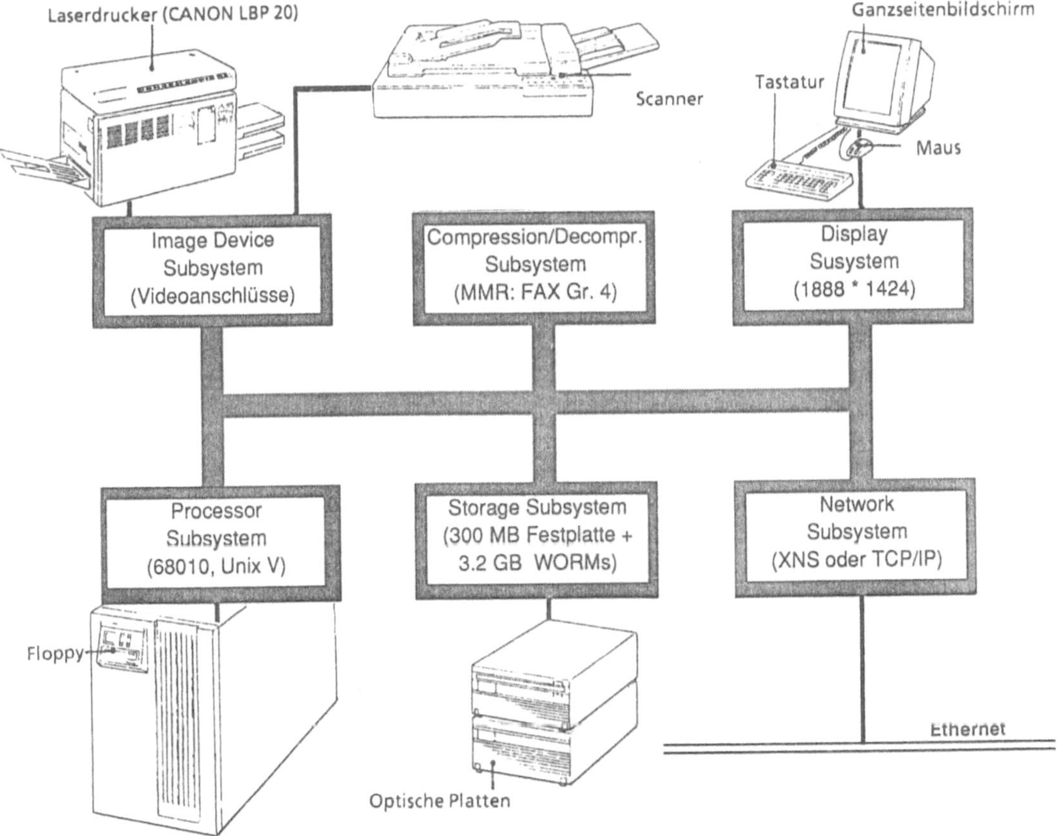

Abb. 2: Die Subsysteme des Sony Integrated Office Systems

1.3 Benutzer

Damit sind die beiden ersten Voraussetzungen für das Design einer Benutzungs-Schnittstelle bekannt, die Abläufe und die Hardware. Wie steht es mit den Benutzern? Nach den Vorstellungen der Bundesdruckerei sollte die Bilderfassung angelernten Kräften anvertraut werden, die erfahrungsgemäß häufig wechseln. Wir durften also **keinerlei EDV-Wissen** voraussetzen, insbesondere auch nicht die Arbeitsweise einer Maus. Daher lautete die Anforderung:

Die Bedienungs-Schnittstelle sollte

- kein EDV-Wissen voraussetzen,
- schnell erlernbar sein und
- rasches Erfassen möglich machen.

2 Konzeption eines Benutzungsmodells

Daher mußte das Benutzungsmodell so einfach als möglich sein. Eine **Desktop-Metapher**, wie sie etwa beim Xerox Star oder beim MacIntosh gewählt wurde, mußte verworfen werden, weil sie erstens den Kenntnisstand der Benutzer zu überfordern schien, und weil zweitens kaum genug Platz neben der angezeigten Din A4 Seite zur Verfügung stand, um die erforderlichen Ikonen und Menus darzustellen.

Statt dessen orientiert sich unser Benutzungsmodell an dem (wenigen) Vorwissen, das vorhanden ist: wenn eine Funktion ausgeführt werden soll, dann drücke man die Taste mit der entsprechenden Beschriftung. Das gewählte Modell folgt also einer **Funktionstasten-Metapher.**

Da die Beschriftung der 10 Funktionstasten nur F1 bis F10 lautet, wird also auf dem Bildschirm eine Leiste mit der entsprechenden Zuordnung eingeblendet, siehe die obere Leiste in Abbildung 3.

Auch in sehr einfachen Systemen ist es kaum möglich, die Anzahl der Funktionen auf 10 zu beschränken, und deshalb wird dann zu einem hierarchischen Menusystem Zuflucht genommen. Sind diese tief gegliedert, dann ist die Gefahr groß, daß Benutzer sich "verlaufen".

Objektorientierte Benutzungsoberflächen dagegen versuchen derartige "Modi" zu vermeiden und arbeiten lieber mit einer geringeren Anzahl von Funktionen. Das war auch unser Ziel. Für unserere Anwendung ergaben sich folgende **Grundfunktionen:**

[Scannen]: scanne die nächste Seite ein und zeige sie auf dem Bildschirm an.

[Drucken]: drucke die abgebildete Seite auf dem Laserdrucker.

[Rahmen legen]: erlaubt es, Bildelemente "auszuschneiden".

[Dokument wählen]: legt fest, welchem Dokument Bildelemente zugeordnet werden.

[Bildelement zuordnen]: ordnet dem aktuellen Bildelement eine Referenz zu.

[Speichern]: speichere die Bildelemente auf der optischen Platte.

Daneben gibt es eine Reihe von **Sonderfunktionen** wie:

[Rahmen ändern]: korrigiere den Rahmens eines Bildelements.

[Retusche]: Teile des angezeigten Bildelements können "ausradiert" werden.

[Bildelement verkleinern]: verkleinere, d.h. skaliere Bildelement.

[Bildelement drehen]: drehe um Vielfache von rechten Winkeln.

Außerdem wird noch eine Hilfetaste benötigt, eine Taste, um die Bilderfassung zu beenden, usw. Da 10 Tasten offensichlich zuwenig sind, verwenden wir das Konzept der **dynamischen Belegung**: die Taste F10 schaltet zwischen der Belegung mit Grundfunktionen und Sonderfunktionen um.

2.1 Austauschbarkeit von Tastatur und Maus

Das Benutzungsmodell ist - wie wir gesehen haben - ein Tastenmodell. Das Ausschneiden der Bildelemente aber läßt sich effizient nur mit der Maus bewältigen, so daß man sich Gedanken machen muß, wie die Maus in dieses Tastenmodell einzubeziehen ist.

Da die Funktionstasten auf dem Bildschirm dargestellt sind, gibt es eine einfache Lösung: Wird die Darstellung einer Funktionstaste mit der linken Maustaste selektiert, so entspricht das genau dem Drücken der entsprechenden Taste.

Eine Anforderung lautet, daß die gesamte Bedienung der Bilderfassung noch immer funktionieren soll, wenn entweder die Maus oder die Tastatur defekt ist, und daß es eine klare und **vollständige Entsprechung** zwischen Tasten- und Mauseingaben geben soll.

Ein derartiges Benutzungsmodell erleichtert das Erlernen der Maus und läßt auch eine gemischte Verwendung von Maus und Tastatur zu.

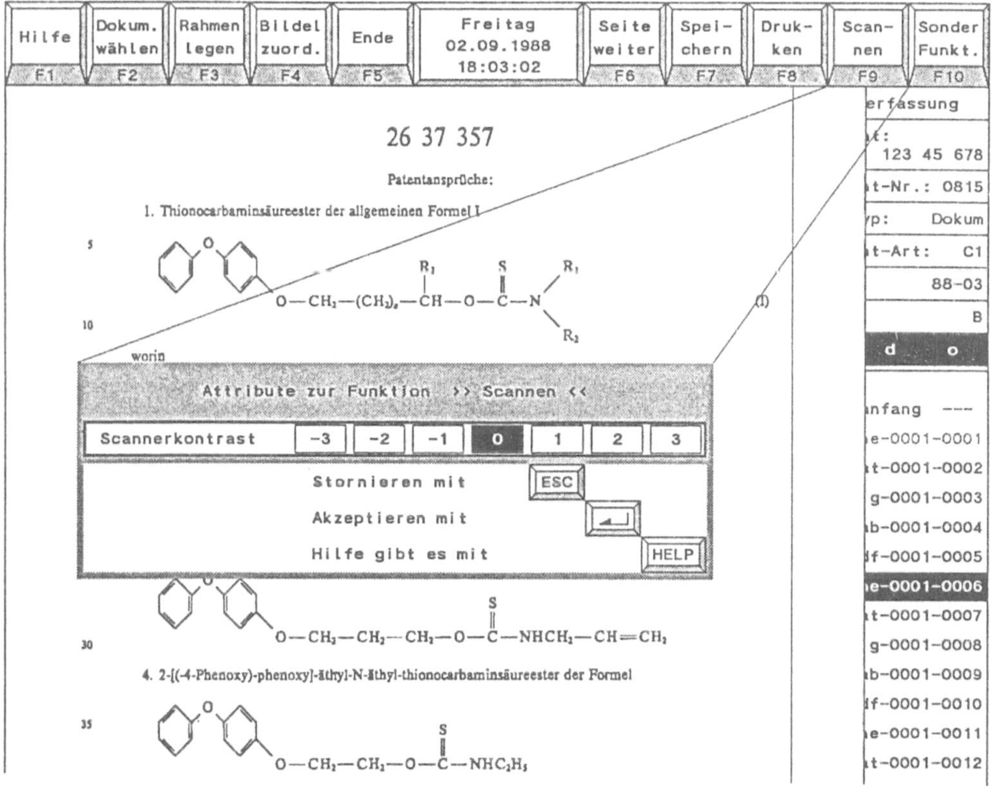

Abb. 3: Die Funktionstastenleiste und ein Attributfenster

2.2 Parametrisierung der Funktionen

Selbst so "harmlose" Funktionen wie [Scannen] haben Parameter, nämlich den Scannerkontrast. Erscheint eine Seite am Bildschirm als zu schwach, so läßt sich der Kontrast erhöhen, und die Seite wird neu gescannt.

Jede der Grund- und Sonderfunktionen hat derartige Parameter, die sich einstellen lassen müssen. Wie bei jeder objektorientierten Sichtweise üblich, fassen wir diese Parameter als **Attribute** auf, die das Wesen der Funktion festlegen.

Will ich also die Eigenschaft einer Funktion ändern, so öffne ich das entsprechende Attributfenster mit [Shift] [Funktionstaste] oder - und das ist die korrespondierende Maushandhabung - durch "Anklikken" der Funktionstasten-Ikone mit der rechten Maustaste.

Dort habe ich die Möglichkeit, die Attribute zu ändern, siehe Abbildung 3.

Darüberhinaus ist notwendig, daß es zu jeder Funktion **Hilfstexte** gibt, die dem (neuen) Benutzer erläutern, was die einzelnen Attribute der Funktion bedeuten, und wie man die Funktion richtig verwendet, siehe auch Abbildung 5.

Die Tastenmetapher wurde auch in den Attribut-Fenstern durchgehalten: stets dient die [ESC]-Taste zum Stornieren, die [Return]-Taste zum Akzeptieren und die [HELP]-Taste, um Hilfstexte abzurufen. Um sie der Bedienung durch die Maus zugänglich zu machen, werden diese Tasten stets abgebildet, siehe Abbildung 3.

2.3 Zuordnen der Referenzen

Wenn ein Rahmen um ein Bildelement gelegt ist, soll ihm eine Referenz zugeordnet werden, unter der es abgelegt wird. In unserem Anwendungsfall waren die Referenz-Namen schon vorher bei der Texterfassung für jedes Dokument festgelegt worden, so daß, nachdem die Funktion [Dokument wählen]ausgeführt wurde, eine feste Liste von Referenzen zur Auswahl steht, siehe Abbildung 4.

Neben der abgebildeten A4-Seite im sogenannten Seitenfenster und der Funktionsleiste oben, gibt es am rechten Rand also das **Referenzfenster**. Im oberen Teil des Referenzfensters werden einige Statusinformationen wiedergegeben, wie etwa das aktuell gewählte Dokument, und darunter die möglichen Referenzen für dieses Dokument.

Um zu einem effizienten Arbeiten zu kommen, gibt es sowohl bei den Bildelementen, als auch bei den Referenzen ein selektiertes Element. Beim Aufruf der Funktionstaste "Zuordnen" werden dann beide miteinander verknüpft. Eine derartige Vorgehensweise ist in der Tradition der objektorientierten Oberflächen: zunächst werden die Objekte der Aktionen selektiert, indem man direkt auf sie zeigt, und dann wird eine (parameterlose) Aktion durchgeführt. Diese Philosophie erspart einen Selektionsmodus.

2.4 Benutzer-Feedback

Eine neue Benutzungsoberfläche zu entwickeln, ohne die zukünftigen Benutzer auf Seiten des Auftraggebers zu involvieren, ist eine riskante Angelegenheit.

Von Beginn an wurde daher Wert gelegt auf **kritisierbare Zwischenergebnisse**:

(1) Präsentation des Konzepts

Bei der Vorstellung des Benutzungsmodells wurden die Abläufe durch handgezeichnete Folien simuliert. Dadurch bekamen die Benutzer einen Eindruck von der Art der Interaktion.

(2) Pflichtenheft als Benutzungsanleitung

Anstelle des üblichen - technisch ausgerichteten - Pflichtenheftes wurde als erstes eine Bedienungsanleitung (inklusive Abbildungen) erstellt, die in einfachen Worten die Abläufe erklärte.

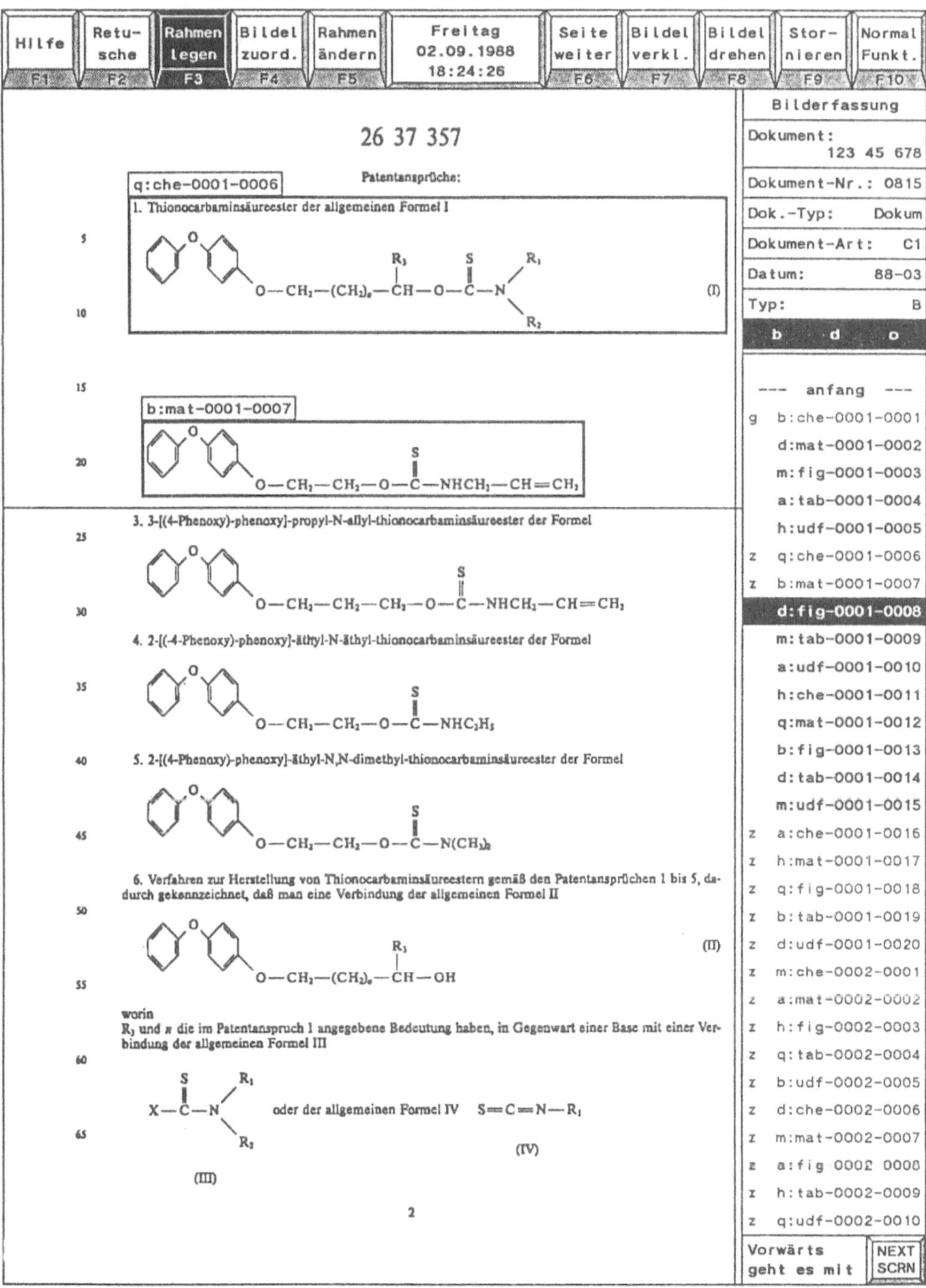

Abb. 4: Seite mit Referenzfenster

(3) Prototyp

Statt wie üblich die Realisierung nach der Leistungsbeschreibung in Angriff zu nehmen, wurde im Rahmen der Leistungsbeschreibung ein Prototyp der Oberfläche erstellt, der schon die wichtigsten Funktionen enthielt.

Für beide Seiten war diese enge Zusammenarbeit wichtig: für den Kunden, weil er so wußte, welche Richtung die Entwicklung nahm, und für die Entwickler, weil frühzeitige Kritik späte und damit teure Änderungen vermeiden hilft.

Die Änderungswünsche kann man in zwei Kategorien einordnen:

Abkürzungen

Die objektorientierte Sichtweise bringt es mit sich, daß komplexe Operationen in mehrere atomare Operationen zerlegt werden. Wenn die Arbeitsabläufe festliegen, möchte der Benutzer aber nicht immer wieder diese Operationszyklen durchlaufen, sondern statt dessen eine (schnellere) Abkürzung.

Ein Beispiel dafür ist die Funktion [Seite weiter], welche die aktuelle Seite ausdruckt und speichert, sowie die nächste Seite einscannt und anzeigt, d.h. dem Drücken der Tasten [Drucken], [Speichern] und [Scannen] entspricht.

Ein weiteres Beispiel ist die Zuordne-Funktion, welche den Rahmenlege-Modus beendet, die aktuelle Referenz zuordnet und wieder in den Rahmenlege-Modus zurückkehrt. Sie wird ausgelöst durch Drücken der rechten Maustaste. Da das Ausschneiden der Bildelemente mit Hilfe der linken Maustaste geschieht, ergibt sich so ein sehr schnelles Bearbeiten der Bildelemente.

Implizite Voraussetzungen

Auch wenn unser Benutzungskonzept von der Annahme ausgeht, daß zu jeder Zeit jede Funktion aufrufbar sein soll, d.h. daß Modi vermieden werden sollen, hatten unsere Benutzer hier manchmal eine andere Sichtweise.

Wenn beispielsweise die Taste [Scannen] gedrückt wurde, ohne daß vorher für die aktuelle Seite Bildelemente gespeichert worden waren, dann deutet das auf einen Bedienungsfehler hin, auf den der Benutzer aufmerksam gemacht werden muß.

Gerade die inneren Abhängigkeiten zwischen den Funktionen sollten sich als die härteste Nuß in unserem Realisierungskonzept erweisen, denn eine objektorientierte Realisierung sieht keinen expliziten Master vor, der den gesamten Zustand des Systems kennt.

3 Realisierung der Benutzungsoberfläche

In einem Unix V System liegt es nahe, die Software in C zu schreiben. Bekanntlich hat C aber eine Reihe von Schwächen, beispielsweise die fehlende Überprüfung von Funktionsparametern. Außerdem empfiehlt es sich, eine Oberfläche, die objektorientierten Prinzipien folgt, auch objektorientiert zu realisieren.

Daher haben wir als ersten Schritt das **C++System** auf die SIOS-Anlage **portiert**, einen objektorientierten Präkompiler, der nach C übersetzt, siehe [3]. Das war in weniger als zwei Tagen getan.

Viel schwieriger war es, "objektorientiert" programmieren zu lernen, da es hier kaum Vorbilder in der Literatur gab. Auch war der C++Präkompiler noch mit einer Reihe von Mängeln behaftet, die wir erst umschiffen konnten, nachdem wir sie kennengelernt hatten.

Objektorientierte Programme gelten als ineffizient. Angesichts einer Hardware ohne "Reserven" war unser Weg also ein riskantes Unterfangen. Unser Design wurde daher schon von Anfang an durch **Effizienzüberlegungen** "verunreinigt".

3.1 Effizienzprobleme

Selektion per Maus

Betrachten wir bespielsweise das Problem der Selektion mittels Maus: Nachdem wir die linke Maustaste gedrückt haben, wird das Selektionsereignis per Interrupt in die Eingabe-Warteschlange eingetragen: (Maustaste, Zeitpunkt, x-Koordinate, y-Koordinate)

Von der Position muß jetzt auf das Objekt geschlossen werden. Der traditionelle Weg lautet: schicke jedem Objekt (repräsentiert beispielsweise durch eine Tasten-Ikone) eine **Nachricht**, denn nur das Objekt selber "weiß", wo seine Position ist. Dasjenige Objekt wird sich angesprochen fühlen, dessen Fangbereich diese Position überdeckt.

Algorithmisch entspricht dieses Vorgehen dem linearen Durchsuchen einer Liste. Wir trennen dagegen die horizontale und die vertikale Suche: Jedes Bildschirmobjekt ist rechteckig und kann weiter unterteilt werden, indem man es entweder horizontal oder vertikal zerlegt.

Auf diese Weise entsteht eine Parkettierung des Bildschirms, die eine sehr effiziente Zuordnung von Positionen zu Objekten erlaubt, denn jede Hierarchiestufe des resultierenden Baums von Bildschirmobjekten kann traversiert werden, indem eine **geordnete Liste** von (x- bzw. y-) Werten durchsucht wird.

Umschalten zwischen Normal- und Sonderfunktionen

Unterteilt man den Bildschirm horizontal in 12 gleiche Teile, so ist jedes Teil 118 Pixel breit. Daher werden Tasten am Bildschirm durch Rasterbilder der Größe 118*118 dargestellt.

Wie bei objektorientierten Ansätzen üblich, haben wir in unserem ersten Prototyp das Umschalten zwischen den Normal- und Sonderfunktionen dadurch realisiert, daß jedes Tastenobjekt die Nachricht erhält, sich selbst darzustellen. Das führte zu unerträglich **langen Umschaltzeiten**.

Wieso? Jedes Übertragen eines Images an das Display-Subsystem verbrauchte mindestens ein Fünftel Sekunde, das sind bei 10 Tastenobjekten mehr als 2 Sekunden.

Die Lösung war wieder ein Verstoß gegen objektorientierte Prinzipien: die Tasten wurden nicht von den Tastenobjekten selber dargestellt, sondern von dem übergeordneten Bildschirmobjekt, der Tastenleiste. Die beiden Leisten wurden auch nicht in den globalen Speicher plaziert, sondern in den **Off-Screen-Bereich** des Bildwiederholspeichers, von wo aus ein schnelles Umkopieren möglich war. In Abbildung 5 sieht man unterhalb der dargestellten Seite die beiden verschiedenen Tastenleisten, sowie rechts neben der Seite die einzelnen Tasten-Ikonen, aus denen sie aufgebaut wurden.

Der Cursor

Jede Bedienungsoberfläche kennt Modi. Bei graphischen objektorienten Oberflächen gibt man dem Benutzer aber dadurch einen Hinweis, daß sich die Form des Cursors ändert abhängig von der aktuellen Situation.

So ist für den Modus des [Rahmen legen]s ein Fadenkreuz sinnvoll, mit dem die erste Ecke des Bildelements festgelegt werden kann. Während die linke Maustaste dann gedrückt bleibt, wird ein invertierter Rahmen aufgezogen.

Besonders wichtig ist die **Form des Cursors** in der Funktion [Retusche]. Um dem Benutzer mitzuteilen, daß er sich im Radier-Modus befindet, nimmt der Cursor die Form eines Radiergummis an. Andernfalls hat er die Form eines Fragezeichens, um mitzuteilen, daß Rechtecke aufgezogen werden können, die gelöscht werden.

Wie dicht wir uns an der Grenze der Leistungsfähigkeit des System bewegten, zeigte sich im Prototyp, wenn ein Benutzer die Maus schnell bewegte. Dann wurde das " **Nachhinken**" des Fadenkreuzes sehr störend. Unsere Lösung bestand darin, nicht jedes Eingabe-Ereignis der System-Queue nacheinander abzuarbeiten, sondern in einer selbstverwalteten Warteschlange diejenigen Ereignisse zu überspringen, die "veraltet" waren. Da Tasten- und Maus-Ereignisse in derselben Warteschlange verarbeitet werden, mußte diese Prüfung sehr sorgfältig vorgenommen werden.

Hilfstexte

Ein weiterer - überraschender - Effizienzengpaß trat bei den Hilfstexten auf: es dauerte erheblich länger, Texte aus einem ASCII-Text aufzubauen, als sie als Rasterbild in Fax-Kodierung vorzuhalten, dieses zu dekodieren und als Ganzes zum Bildschirm zu schicken. Folglich wurden alle Hilfstexte mit einem Desktop-Publishing System erstellt und eingescannt, siehe auch Abbildung 5.

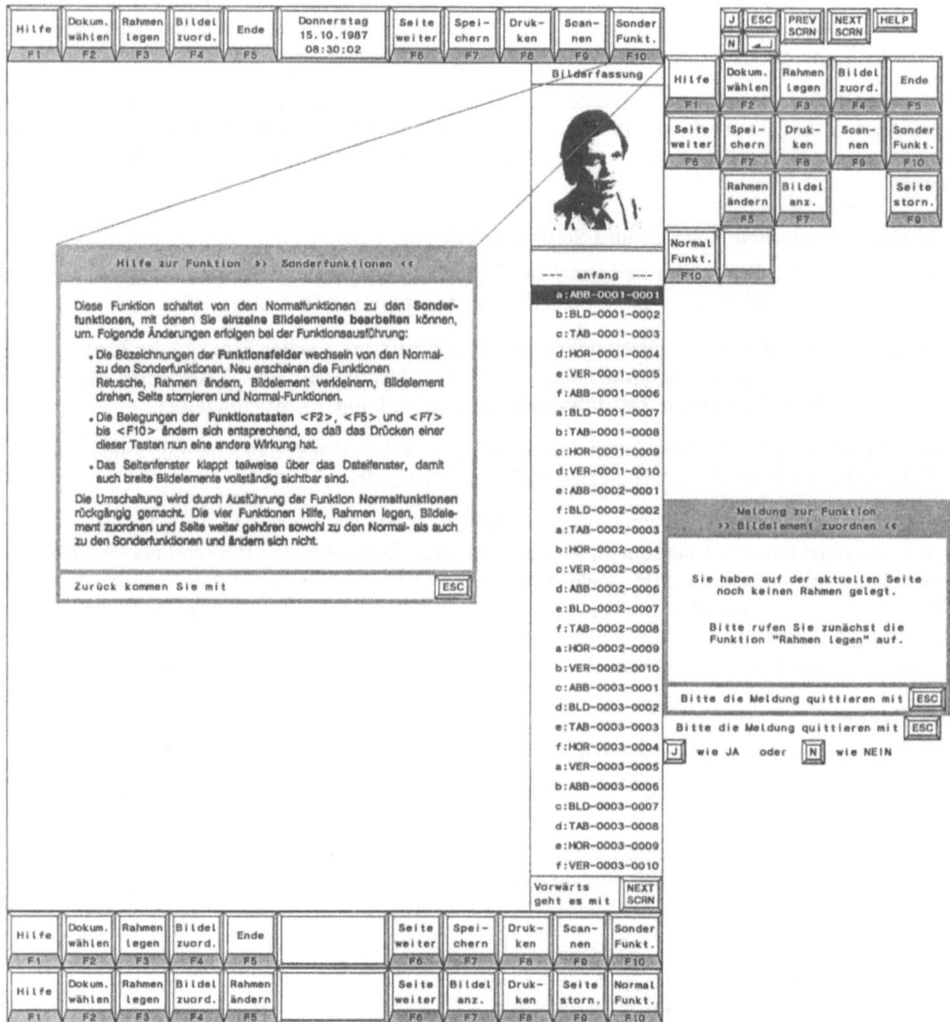

Abb. 5: Tastenleisten im Off-Screen-Bereich

3.2 Probleme mit C++

Lange Änderungszyklen

C++ unterscheidet sich von anderen objektorientierten Sprachen wie Smalltalk oder Objektive C dadurch, daß die Zuordnung von Methoden zu Code zur Übersetzungszeit vorgenommen wird, und nur in Ausnahmenfällen (virtual functions) zur Laufzeit. Der Grund hierfür besteht darin, daß C++ keinerlei Effizienzverlust gegenüber C zulassen möchte.

Objekte werden durch ihre Klassen definiert. Ändert man eine Klasse, so müssen auch die abhängigen Klassen neu übersetzt werden. Der erste - streng objektorientierte - Prototyp folgte dem Prinzip, daß möglichst wenig Kode dupliziert werden sollte, und war daher sehr stark verflochten. Das führte zu unerträglich langen Änderungszyklen, eine knappe **halbe Stunde** für Übersetzung und Binden war durchaus üblich.

In einer ersten Revision haben wir folgende Maßnahmen getroffen, um eine **bessere Modularisierung** zu erreichen:

a) Um (unnötige) Abhängigkeiten von Klassen zu beseitigen, wurden zusätzliche globale Funktionen eingeführt, die nichts weiter machten, als die "Methoden" der Service-Klasse aufzurufen. Auf diese Weise wurden Komponenten des Systems mittels einer **Exportschnittstelle** gegenüber dem Rest gekapselt.

b) Virtuelle Funktionen werden erst zur Laufzeit zugeordnet. Verwendet man hier untypisierte Pointer, d.h. den berühmten Pointer auf VOID, dann hat man auch hier eine Trennung erreicht.

Auch wenn so die Dauer für die Änderungszyklen deutlich auf die Größenordnung von 10 Minuten gesenkt werden konnte, wünscht man sich als Entwickler doch die erheblich kürzeren Zyklen von interpretativen Systemen à la Smalltalk.

Eine Besserung für C++ ist hier erst in Sicht, wenn wie geplant, siehe [4], ein **dynamischer Linker** für C++ zur Verfügung steht.

Probleme mit Konstruktoren und Destruktoren

Einer der wesentlichen Vorteile einer objektorientierten Sprache besteht darin, daß sie dem Entwickler das Erzeugen und Initialisieren (Konstruktor), sowie das Entfernen (Destruktor) der Objekte abnimmt.

Bei hierarchischen Objekten gibt es allerdings eine Reihe von **Fallen:**

a) Die übergeordneten Destruktoren müssen stets dafür sorgen, daß sich ihre Kinder auch ordnungsgemäß verabschieden. Ist die Linie irgendwo unterbrochen, gibt es hängende Referenzen, die nur sehr schwer zu finden sind.

b) Virtuelle Funktionen können erst zugewiesen werden, nachdem Konstruktoren den Platz für die Pointer bereitgestellt haben, - sonst geht die Zuweisung des Pointers auf die Funktion schief.

c) Konstruktoren gelingen immer. Nichtgelingen muß man daher ausprogrammieren, d.h. es müssen explizite Checks eingebaut und entsprechende boolsche Variable mitgeführt werden.

Multiple Vererbung

An vielen Stellen wurde ein Mangel von C++deutlich, der auch schon von anderen beklagt worden ist: eine abgeleitete Klasse kann nicht die Eigenschaften von zwei **verschiedenen** Vaterklassen erben. Das nennt man multiple Vererbung.

So hat die Tastenleiste beispielsweise die Eigenschaft eines zusammengesetzten Objektes, d.h. eine Leiste besteht aus mehreren Teilobjekten und ist Bestandteil der Objekthierarchie. Außerdem ist die Tastenleiste auch ein Bildschirm-Objekt, das auf dem Bildschirm dargestellt werden muß.

Es wäre sinnvoll gewesen, diese verschiedenen Aspekte auch sauber zu trennen. Ohne multiple Vererbung ist das aber nicht möglich.

Da dieser Mangel bei AT&T schon erkannt worden ist, erlaubt die **Version 2.0** von C++, die seit Herbst 1988 verfügbar ist, auch Mehrfach-Vererbung, siehe [5].

4 Resumé

Die zweite Phase der Entwicklung, in welcher aus dem Prototypen ein Produkt gemacht wurde, dauerte etwa genauso lange wie die Entwicklung des Prototypen selber. Wenn man bedenkt, daß neben den oben genannten Verbesserungen auch noch die (schwierigeren) Bearbeitungsfunktionen hinzugefügt wurden und schließlich die Performance deutlich gesteigert werden konnte, dann wird deutlich, daß uns die Flexibilität einer objektorientierten Sprache wie C++ davor bewahrt hat, einen Wegwerf-Prototypen zu entwickeln, so wie es manchmal empfohlen wird.

Die hier geschilderten Arbeiten fanden bei der **SIETEC** statt, dem Siemens Softwarehaus in Berlin. Der Autor war Projektleiter des Gesamtprojektes, in dem zwischen 5 und 10 Mitarbeitern beschäftigt waren. Besonderen Anteil an der Implementierung der hier vorgestellten Oberfläche hatte Axel Roepke.

Literatur

1. Blumenfeld, M.: Herstellung und Retrieval von Patentschriften. GI 88 Jahrestagung im Rahmen des Fachgesprächs Dokumentengraphik.
2. Blumenfeld, M.: Vier Terabyte Faksimile-Daten suchen Online-Speicher. Seite 33-34, Computerwoche vom (4. Dez. 1987).
3. Stroustrup, B.: The C++Programming Language. Addison-Wesley (1986).
4. Stroustrup, B.: Possible Directions for C++. C++ Workshop, 399-416, USENIX Proceedings (1987).
5. Stroustrup, B.: The Evolution of C++ 1985 to 1987. C++ Workshop, 1-22, USENIX Proceedings (1987).

MacApp
ein objektorientiertes Rahmenprogramm zur Gestaltung graphischer Benutzungsoberflächen

Oliver Juwig
Universität zu Köln Rechenzentrum
Robert Koch Str. 10, 5000 Köln 41

Zusammenfassung: Die Entwicklung von Programmen für den Apple Macintosh Computer sind mit einem hohen Aufwand verbunden, da alle Macintosh Programme eine graphische Benutzungsoberfläche unterstützen müssen. MacApp, eine Klassenbibliothek die viele Programmteile, die sich mit der Benutzungsoberfläche befassen, schon vorgibt, kann den Entwicklungsaufwand erheblich mindern.

1 Einleitung

Programme mit einer komfortablen graphischen Benutzungsoberfläche für die Benutzerführung und für die Visualisierung von Daten und Prozessen sind sehr aufwendig. Der Code für die Benutzungsoberfläche ist in solchen Fällen üblicherweise umfangreicher als der anwendungsspezifische Code. Hier müssen Vorkehrungen getroffen werden, die den Codierungsaufwand für Anwendungsprogramme verringern und eine einheitliche Benutzungsoberfläche aller Programme gewährleisten. Neben einer genauen Spezifikation aller Elemente einer möglichst allgemeinen Benutzungsoberfläche ist es sinnvoll, eine Funktionenbibliothek zur Verfügung zu stellen, die die zum Aufbau der Benutzungsoberfläche benötigten Systemroutinen beinhaltet und von allen Programmen benutzt werden kann.

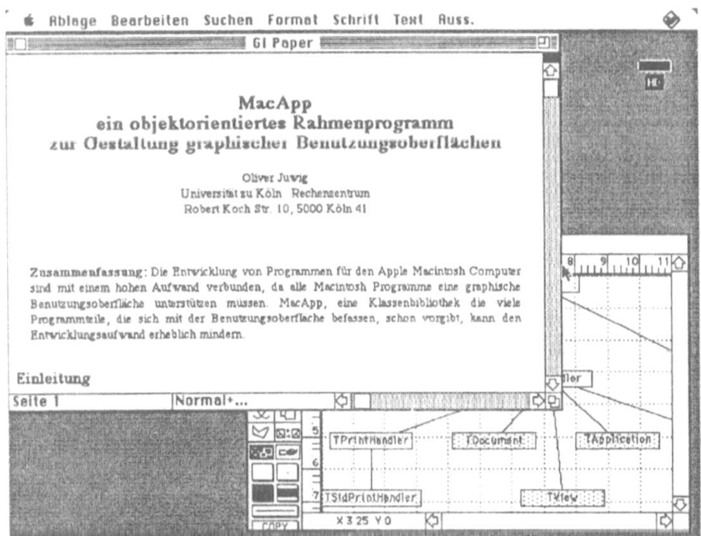

Abb. 1 Bildschirmdarstellung des Macintosh

Der Apple Macintosh war der erste Computer, der eine moderne graphische Benutzungsoberfläche im Low-Cost Privat- und Bürocomputerbereich etablierte (s. Abb. 1 für eine typische Bildschirmdarstellung). Diese Benutzungsoberfläche ist im hohen Maße standardisiert [1] und wird von allen verfügbaren Programmen weitgehend realisiert. Das hat für den Benutzer den Vorteil der leichten Erlernbarkeit der Programme, sowie einer einheitlichen Bedienung des Computers. Weiterhin sind moderne Konzepte, wie Fehlertoleranz, etc. Bestandteil der Spezifikation von Apple, so daß der Apple Macintosh zur Zeit der wohl benutzerfreundlichste Rechner am Markt ist. Trotz der hohen Standardisierung der Benutzungsoberfläche ist das Betriebssystem sehr flexibel aufgebaut und stellt nur die Hilfsmittel zur Verfügung, diese zu realisieren. Die ca. 1600 Routinen der sogenannten Toolbox sind zwar gut dokumentiert [2], aber es ist wenig Information darüber zu finden, wie diese Routinen miteinander kombiniert werden, um ein Programm mit einer Benutzungsoberfläche auszustatten, die die Spezifikation von Apple erfüllt.

Die Toolbox ist eine Sammlung von Low-Level Routinen, die die Konzepte wie Graphik, Fenster, Maus- und Menüsteuerung auf einer sehr tiefen und allgemeinen Ebene modelliert. Es existiert zum Beispiel eine Routine, die eine Fenster auf dem Bildschirm verschiebt. Diese Routine wird jedoch nicht vom Betriebssystem selbst aktiviert, sondern muß vom Anwenderprogramm zum gegebenen Zeitpunkt aufgerufen werden. Eine automatische Behandlung durch das Betriebssystem wäre nicht sinnvoll, da es auch Fälle geben kann, in denen ein Fenster nicht verschoben werden darf. Ein anderes, etwas weitreichenderes Beispiel ist die Kommunikation der Anwenderprogramme mit dem Finder. Der Finder ist der Kommandointerpreter des Macintosh, mit dessen Hilfe der Benutzer Dateien kopieren oder löschen kann und Anwendungsprogramme starten kann, etc. Der Finder teilt einem Anwendungsprogramm beispielsweise mit, daß der Benutzer eine Datei laden und bearbeiten bzw. drucken möchte. Dies geschieht jedoch wiederum nicht automatisch, sondern die Unterstützung für diese Kommunikation muß im entsprechenden Programm explizit codiert worden sein. Auch das Laden von Dateien direkt aus dem Anwendungsprogramm herraus ist beim Macintosh standadisiert und geschieht mit Hilfe eines graphischen Dialogs (s. Abb. 2).

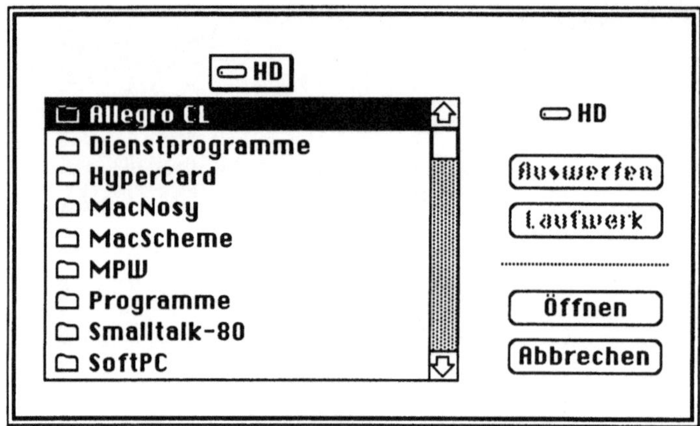

Abb. 2 Dateiauswahldialog beim Öffnen

Auch hierbei wird das Dialogfenster vom Betriebssystem erzeugt. Die Dateien, die in dem Dialog gezeigt werden, sind jedoch von Programm zu Programm verschieden (ein Texteditor kann i. a. keine Datei öffnen, die von einem Musikprogramm erzeugt wurde), so daß vom jeweiligen Programm eine Filterfunktion installiert werden muß, die die Dateien selektiert.

Es wäre nun wünschenswert eine Bibliothek von Objektbeschreibungen zu haben, die auf höherer Ebene mit den genannten Konzepten umgeht und ein Standardverhalten für Fenster, Maus und Menüs etc. vorgibt.

Dies lässt sich mit einer Funktionenbibliothek, die nach objektorientierten Prinzipien strukturiert ist und die mehr allgemeinen Routinen des Betriebssystems in Klassen zusammenfasst, realisieren.

MacApp [3] von Apple, eine solche objektorientierte Bibliothek, geht jedoch noch einen Schritt weiter und gibt die gesamte globale Programmkontrolle vor. Damit gehört MacApp in die Kategorie der sogenannten Application Frameworks (dt.: Rahmenprogramm). Dies sind prinzipiell voll funktionsfähige Programme, denen nur die problemspezifischen Details fehlen.

In MacApp wird jedes externe, benutzersichtbare konzeptionelle Element, wie z.B. Dokument, Fenster, Befehl, Zeichenfläche, etc. programmintern auf ein Objekt abgebildet. So liegt es zum Beispiel in der Zuständigkeit eines Dokumentobjektes, Datenfiles von externen Datenträgern zu lesen und auf sie zu schreiben. Die Zeichenflächen, View genannt, bringen diese Daten in eine graphische Repräsentation und erlauben es dem Benutzer, die Daten mit Hilfe der Maus und der Tastatur zu modifizieren. Alle diese Objekte stehen miteinander in Kontakt und bilden so ein Programm. Für den Programmierer stellt sich nun die Aufgabe, an genau definierten Stellen die von MacApp vorgegebenen Objekte durch Bilden von Unterklassen mit dem problemspezifischen Wissen auszustatten.

2 Konzepte

MacApp teilt ein Macintosh Programm, wie schon angesprochen, in konzeptionelle Elemente auf, ähnlich dem Model-View-Controller Konzept von Smalltalk-80 [4]. MacApp ist in Object Pascal [5] implemetiert, einer Erweiterung von Pascal, die von Apple entwickelt wurde und die Objekte als eine Art Überstruktur von `RECORDs` versteht. Object Pascal erlaubt die Vererbung der Eigenschaften von Objekten an neue Objekte durch Unterklassenbildung, jedoch ist Mehrfachvererbung nicht möglich. Die Implementation des Methoden-Lookups wurde sehr effizient gelöst, so daß im allgemeinen keine Erhöhung des Rechenbedarfs und damit ein Abnehmen der Reaktionszeiten der Programme zu befürchten ist.

Ich möchte nun im folgenden die wichtigsten Klassen von MacApp vorstellen und ihre Aufgabe im Rahmen der MacApp Klassenhierarchie erläutern. Vorab sei aber die Hierarchie anhand einer Grafik verdeutlicht (s. Abb. 3).

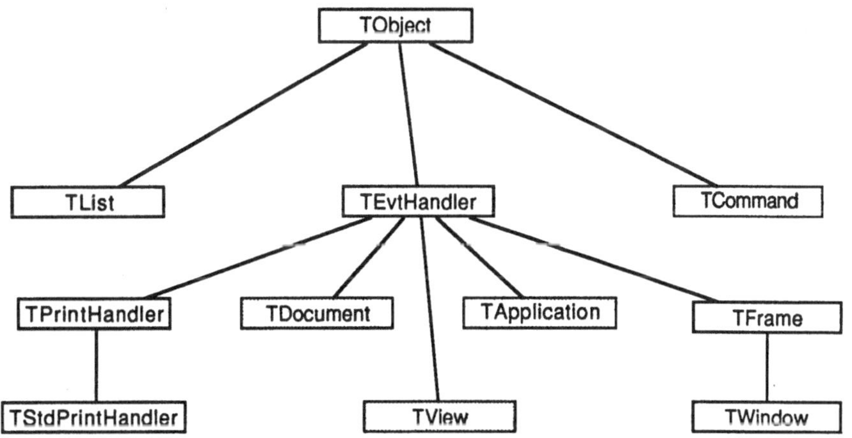

Abb. 3 MacApp Klassenhierarchie (nicht vollständig)

Die grau hinterlegten Klassen müssen durch Bilden von Unterklassen modifiziert und so mit dem programmspezifischen Wissen ausgestattet werden.

- `TObject`
  Dies ist die Oberklasse von allen MacApp bzw. Object Pascal Klassen.
- `TList`

Objekte dieser Klasse können andere Objekte in einer dynamischen Listenstruktur verwalten.

- `TEvtHandler`
  `TEvtHandler` ist eine abstrakte Klasse. Sie definiert ein Protokoll für Objekte die mit Benuzteraktionen sinnvoll umgehen können. Die Verteilung der Ereignisse, wie zum Beispiel das Auswählen eines Befehls aus einem Menü oder das Drücken der Maustaste in einem Fenster, erfolgt in MacApp derart, daß die entsprechenden Objekte, wie z.B. ein `TWindow` Objekt, eine Nachricht über den Vorgang erhalten.
- `TCommand`
  Auch diese Klasse muß überschrieben werden. `TCommand` Objekte werden innerhalb von MacApp verwendet, um Benutzerbefehle auszuführen. Ein wichtiger Punkt in der Definition der Macintosh Benutzungsoberfläche ist, daß alle Befehle, die Daten verändern, wiederrufbar sein müssen. Dies wird in MaccApp dadurch erreicht, daß die Aktion, die die Daten verändert, in einem `TCommand` Objekt *verpackt* wird. Diese Objekte müssen die Nachrichten `DoIt`, `UndoIt` und `RedoIt` verstehen, die MacApp an diese Objekte schickt, wenn der Benutzer einen Befehl durchführen, bzw. wiederrufen will.
- `TApplication`
  Es existiert nur ein `TApplication` Objekt während der Ausführung eines Programms. Dieses Objekt verwaltet die Menüleiste, übernimmt die Speicherverwaltung, erzeugt und löscht Dokumente und verteilt die anliegenden Benutzerereignisse an die entsprechenden Objekte. Weil die von MacApp vorgegebene `TApplication` Klasse kein Wissen über die programmspezifischen Dokumentobjekte haben kann, müssen ein paar Methoden von `TApplication` überschrieben werden.
- `TDocument`
  Objekte dieser Klasse bzw. der entsprechenden Unterklassen verwalten die Daten. Ein Dokument Objekt entspricht i. a. immer einem benutzersichtbaren Dokument auf einem externem Datenträger (in der Macintosh Welt werden Dateien Dokumente genannt). Zwischen einem Dokument Objekt und den Views, die die Daten dem Benutzer präsentieren, herrscht normalerweise eine rege Kommunikation.
- `TView`
  Objekte dieser Klasse repräsentieren eine Zeichenfläche mit einem privaten Koordinatensystem. Die graphische Darstellung der Daten eines Dokuments findet immer in einer View statt. Die wichtigste Methode von `TView`, die von Unterklassen überschrieben werden muß, ist die `Draw` Methode. Diese Methode wird von MacApp immer dann aufgerufen, wenn ein Teil der View neu gezeichnet werden muß. Es gibt noch zwei andere Methoden, die ähnlich wichtig sind, nämlich `DoHighlightSelection` und `DoMouseCommand`. `DoHighlightSelection` wird aktiviert, um die augenblickliche Selektion der Objekte auf dem Bildschirm graphisch zu kennzeichnen. Diese Methode ist von der `Draw` Methode getrennt, da letztere auch zum Drucken verwendet wird. Die `DoMouseCommand` Methode erlaubt der View die Interaktion mit dem Benutzer. Sie wird von MacApp in dem Augenblick aufgerufen, in dem die Maustaste innerhalb der Zeichenfläche gedrückt wurde.
- `TFrame`, `TWindow`, `TPrintHandler` und `TStdPrintHandler`
  Dies sind MacApp Klassen, die i. a. nicht verändert werden brauchen. `TWindow` Objekte entsprechen den realen Fenstern auf dem Macintosh Bildschirm. Sie können mit der Maus verschoben, vergrößert und verkleinert werden und teilen ihrem Inhalt (i.a. eine View) mit, wenn sich das Fenster verändert hat. `TFrame` Objekte *schauen* auf eine View. Da die Zeichenfläche einer View größer sein kann als das Fenster in dem sie gezeigt wird, wird normalerweise ein `TFrame` Objekt zwischengeschaltet, das die bekannten Rollbalken verwaltet mit denen ein Fenster über eine View bewegt werden kann. `TFrame` Objekte sind weiterhin nötig, wenn in einem Fenster mehrere Views gezeigt werden sollen. Die Print Handler Objekte letztlich ermöglichen es einer View ihren Inhalt zu Papier zu bringen.

Durch das Zusammenspiel all dieser Objekte werden von MacApp schon folgende Programmteile, die in der Regel von jedem Macintosh Programm benötigt werden, vorgegeben:

- Verwalten von mehreren Dokumenten gleichzeitig. Weiterhin unterstützt MacApp Netzwerke und sogenannte disketten-basierte Dokumente, d.h. Dokumente wie Datenbankdateien, die zu groß sind um vollständig in den Speicher eingelesen zu werden.

- Das Einlesen der Daten von externen Datenträgern, sowie die gesamte Kommunikation mit dem Benutzer bzgl. Dateiname, Ablageverzeichniss, etc. ist vorgegeben.
- Für jedes Dokument können beliebig viele Views definiert werden, die verschiedene Aspekte der Daten in verschiedenen Fenstern zeigen.
- Das Verschieben der Views mit Rollbalken inklusive des automatischem Verschiebens bei Interaktion mit der Maus ist implementiert.
- Drucken ist vollständig implementiert, inklusive dynamischer, druckerabhängiger Randbestimmung, sowie automatische Seitenaufteilung von Views, die größer sind als eine Druckerseite. Die Druckroutinen selbst rufen letztendlich die `Draw` Methode der View auf, so daß die Papier- mit der Bildschirmdarstellung identisch ist.
- Unterstützung der Zwischenablage zum Datenaustausch zwischen verschiedenen Programmen.
- Es existiert ein ausgeklügeltes Fehlerbehandlungssystem und eine Speicherverwaltung mit Sicherheitsreserven, sowie getrennten Bereichen für Programmcode und Daten. Die Fehlerbehandlung funktioniert folgendermaßen: vor Ausführung einer kritischen Aktion können Prozeduren zur Ausnahmebehandlung installiert werden, die dann im Falle eines Fehlers, wie z.B. fehlender Speicherplatz, einen absturzsicheren Wiedereintritt des Programms in die Hauptschleife ermöglichen. Eine weitere Eigenschaft dieser Fehlerbehandlung ist, daß der Benutzer eine informative Meldung über Ursache und evtl. Möglichkeiten zur Behebung des Fehlers mitgeteilt bekommt.
- Es existiert innerhalb von MacApp ein Debugger, der es während der Programmentwicklung erlaubt, im Falle eines Fehlers im laufenden Programm Objekte zu untersuchen, sich Instanzvariablen zeigen zu lassen, im Einzelschritt Modus das Programm abzuarbeiten, etc.. Eine andere wichtige Eigenschaft des Debuggers ist, das er statistische Daten über das Programm und dessen Verbrauch von Rechnerresourcen, wie Speicher, Stack Größe und das Ein- und Auslagern von Segmenten liefern kann. Mit dieser Hilfe ist es möglich, ein Programm im letzten Entwicklungsstadium zu optimieren. Hierbei kommt noch hinzu, daß künstliche Stresssituationen, wie z.B. eine zu knapp bemessene Speicherumgebung, simuliert werden können.

Es sei an dieser Stelle bemerkt, daß die bis jetzt angesprochenen Details nur eine unvollständige Auswahl der Eigenschaften und Möglichkeiten von MacApp darstellen. MacApp vereinigt in sich viele der Techniken, die sich in den letzten Jahren bei der Entwicklung von kommerzieller Software bewährt haben. Gerade die Erfüllung der Benutzungsoberflächenspezifikation von Apple verlangt einen großen Aufwand auf der Seite der Programme. Dies ist sicherlich ein Grund dafür, daß es verhältnismäßig lange gedauert, bis wirklich gute und ausgereifte Programme für den Macintosh auf dem Markt erschienen sind. Es hat sich aber gezeigt, daß Programme, die die Benutzungsoberfläche nicht oder nicht der Spezifikation gemäß nutzen, vom Markt nicht akzeptiert werden.

3 Ein kleines Beispiel

Ich möchte nun an dieser Stelle anhand eines kleinen Beispielprogramms zeigen, wie sich einige der oben angesprochenen Konzepte und Verfahren in der Praxis darstellen.
Das Programm erlaubt dem Benutzer in einem Fenster kleine, graue Quadrate zu erzeugen, zu verschieben und auch wieder zu löschen (siehe Abb. 4). Die Zeichenfläche kann gedruckt werden und das Sichern und Laden von Dokumenten wird unterstützt. Weiterhin ist das Verschieben von Quadraten wiederrufbar.

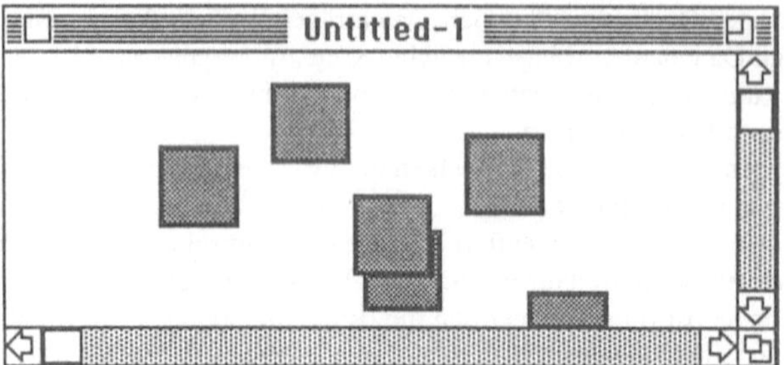

Abb. 4 Ein Fenster des Beispielprogramms

Die Bedienung des Programms gestaltet sich wie folgt:
Wenn die Maus an einer freien Stelle geklickt wird, so wird ein neues Quadrat erzeugt. Wird sie in einem Quadrat geklickt, so kann dieses bei niedergehaltener Maustaste verschoben werden. Ist die Wahltaste der Tastatur beim Klicken in eines der Quadrate gedrückt, so wird dieses gelöscht. Alle anderen Aktionen, wie Laden und Sichern der Daten werden aus Menüs ausgewählt.
Das Programm besteht aus fünf Klassen, wobei vier, nämlich `TDemoAppl`, `TDemoDocument`, `TDemoView` und `TShapeDragger` nur Erweiterung von MacApp Klassen darstellen. Die fünfte Klasse `TDemoShape` beschreibt das Verhalten der kleinen, grauen Quadrate, um die sich in diesem Programm alles dreht.

Wie schon erwähnt, muß eine Unterklasse von `TApplication` gebildet werden, um ein lauffähiges Programm zu erhalten.

```
TDemoAppl = OBJECT (TApplication)
      PROCEDURE TDemoAppl.IDemoAppl;
      FUNCTION TDemoAppl.DoMakeDocument(itsCmdNumber: CmdNumber): TDocument; OVERRIDE;
      END;
```

`TApplication` muß überschrieben werden, da in MacApp kein Wissen vorhanden ist, wie die programmspezifischen Dokumentobjekte initialisiert werden. Die Methode `IDemoAppl` dient zur Initialisierung des Application Objektes. Nach MacApp Konventionen tragen Methoden, die zur Initialisierung eines neuen Objektes dienen, den Namen der Klasse mit einem vorangestellten großen I und müssen immer sofort nach Erzeugung eines neuen Objektes aufgerufen werden, um die Instanzvariablen zu initialisieren. Es gibt in Object Pascal hierfür leider keinen generischen Mechanismus. Die `DoMakeDocument` Methode nun sieht folgendermaßen aus:

```
FUNCTION  TDemoAppl.DoMakeDocument(itsCmdNumber: CmdNumber) : TDocument; OVERRIDE;
      VAR aDemoDocument: TDemoDocument;
BEGIN
      NEW(aDemoDocument);                              {Erzeugen.}
      FailNIL(aDemoDocument);                          {Fehlerabfrage.}
      aDemoDocument.IDemoDocument(kFileType);          {Initialisieren...}
      DoMakeDocument := aDemoDocument;                 {und zurückgeben.}
END;
```

Die Aufgabe des Application Objektes besteht in diesem einfachen Programm also nur darin, Dokument Objekte zu erzeugen und zu initialisieren. Auf die Einzelheiten von `TDemoDocument` möchte ich nicht weiter eingehen. Wichtig sind nur folgende Punkte:

- Es existiert eine Instanzvariable `fData`, die eine Liste (ein Objekt vom Typ `TList`) von allen Objekten, die zu diesem Dokument gehören, bezeichnet. Diese Objekte sind vom Typ `TDemoShape`.
- Die vordefinierten Methoden `DoMakeViews` und `DoMakeWindows` werden überschrieben, um ein `TDemoView` Objekt zu erzeugen und in einem Fenster zu installieren.

- Die von `TDocument` vorgegebenen Methoden `DoCalcDiskSpace`, `DoRead` und `DoWrite` werden überschrieben, um die Liste von Objekten von einer Datei zu lesen, bzw. in eine Datei zu schreiben.

Auf die Klasse TDemoView möchte ich wieder ausführlich eingehen, da die View die Interaktion mit dem Benutzer kontrolliert.

```
TDemoView = OBJECT (TView)
     PROCEDURE TDemoView.IDemoView(itsDocument: TDemoDocument);
     PROCEDURE TDemoView.Draw(area: Rect); OVERRIDE;
     FUNCTION TDemoView.DoMouseCommand(VAR downLocalPoint: Point;
                    VAR info: EventInfo; VAR hysteresis: Point): TCommand; OVERRIDE;
END;
```

Die `IDemoView` Methode wird vom Dokument Objekt während der Ausführung der `DoMakeViews` Methode aktiviert um eine neue View zu initialisieren.

```
PROCEDURE TDemoView.IDemoView(itsDocument: TDemoDocument);
     VAR  itsExtent:      Rect;
          aStdHandler:    TStdPrintHandler;
BEGIN
     SetRect(itsExtent, 0, 0, 500, 500);                        {Größe der View.}
     IView(NIL, itsDocument, itsExtent, sizeFixed, sizeFixed, FALSE, hlOff);
     NEW(aStdHandler);                                          {Neuer Print Handler.}
     FailNIL(aStdHandler);                                      {Fehlerabfrage.}
     aStdHandler.IStdPrintHandler(SELF, TRUE);                  {Initialisieren.}
END;
```

In der ersten Zeile wird die Größe der View festgelegt und mit den letzten drei Zeilen wird MacApp mitgeteilt, daß der Inhalt dieser View gedruckt werden kann.
Die `Draw` Methode der Klasse `TView` muß überschrieben werden. Diese Methode wird immer dann von MacApp aufgerufen, wenn ein bestimmter Bereich neu gezeichnet werden soll. Sie wird auch während des Druckens benutzt.

```
PROCEDURE TDemoView.Draw(area: Rect); OVERRIDE;
     PROCEDURE DrawShape(aShape: TObject);
     BEGIN
          TDemoShape(aShape).Draw;
     END;
BEGIN
     TDemoDocument(fDocument).fData.Each(DrawShape);            {Zeichne jedes Objekt.}
END;
```

Die lokale Prozedur `DrawShape` wird mit Hilfe der `Each` Methode von `TList` für jedes im Dokument vorhandene Quadrat aufgerufen. Innerhalb dieser Prozedur wird nun einfach die Nachricht `Draw` an das `TDemoShape` Objekt geschickt. Die Methode `TDemoShape.Draw` ist denkbar einfach:

```
PROCEDURE TDemoShape.Draw;
BEGIN
     FillRect(fRect, gray);          {Füllen des Quadrates mit grauem Muster.}
     FrameRect(fRect);               {Umrahmung des Quadrates.}
END;
```

`FillRect` und `FrameRect` sind Routinen des Macintosh Betriebssystems und `fRect` ist eine Instanzvariable von `TDemoShape`, die die Position des grauen Quadrates in Form eines Rechteckes in View Koordinaten angibt.

Die `DoMouseCommand` Methode von `TDemoView` wird immer dann aktiviert, wenn die Maustaste innerhalb der View gedrückt wurde. Es sind drei Fälle zu unterscheiden:

- Die Maustaste wurde in einem leeren Bereich gedrückt. Es wird ein neues Quadrat erzeugt und der Liste von Objekten zugefügt. Mit `InvalidRect` wird MacApp mitgeteilt, daß der entsprechende Bereich neu gezeichnet werden muß.
- Die Maustaste wurde innerhalb eines Rechteckes gedrückt, wobei die Wahltaste der Tastatur niedergehalten wurde. Das entsprechende Objekt wird aus der Liste entfernt.
- Die Wahltaste wurde nicht niedergehalten. Es wird ein Dragger Objekt erzeugt, und als Ergebnis von DoMouseCommand zurückgegeben.

```
FUNCTION TDemoView.DoMouseCommand(VAR downLocalPoint: Point;
                VAR info: EventInfo; VAR hysteresis: Point): TCommand; OVERRIDE;
    VAR aFoundShape:    TDemoShape;
        r:              Rect;
        aDragger:           TShapeDragger;

    PROCEDURE TestShape(aShape: TObject);
        VAR r: Rect;
    BEGIN
        {Testen, ob der Punkt, wo die Maustaste gedrückt wurde, innerhalb eines...}
        {der Quadrate liegt.}
        IF PtInRect(downLocalPoint, TDemoShape(aShape).fRect) THEN
            aFoundShape := TDemoShape(aShape);
    END;

BEGIN
    DoMouseCommand := gNoChanges;
    aFoundShape := NIL;
    TDemoDocument(fDocument).fData.Each(TestShape);

    IF aFoundShape <> NIL THEN                          {Wenn die Maustaste in einem...}
        BEGIN                                           {der Quadrate gedrückt wurde.}
        IF info.theOptionKey THEN                       {Ist die Wahltaste gedrückt ?}
            BEGIN
            InvalidRect(aFoundShape.fRect);             {Markiere den Bereich als...}
                                                        {nicht mehr aktuell...}
                                                        {und lösche das Objekt.}
            TDemoDocument(fDocument).fData.Delete(aFoundShape);
            aFoundShape.Free;
            END
        ELSE
            BEGIN                                       {Wahltaste war nicht gedrückt.}
            InvalidRect(aFoundShape.fRect);             {Markiere den Bereich als...}
            NEW(aDragger);                              {nicht mehr aktuell und...}
            FailNIL(aDragger);                          {erzeuge ein Dragger Objekt.}
            aDragger.IShapeDragger(aFoundShape);
            DoMouseCommand := aDragger;                 {Das Dragger Objekt wird als...}
            END;                                        {Ergebnis zurückgegeben.}
        END
    ELSE
        BEGIN                                           {Die Maustaste wurde in einem...}
            NEW(aFoundShape);                           {leeren Bereich gedrückt. Es...}
        FailNIL(aFoundShape);                           {wird ein neues Objekt erzeugt.}
        SetRect(r, downLocalPoint.h, downLocalPoint.v,
                    downLocalPoint.h + 32, downLocalPoint.v + 32);
```

```
            aFoundShape.IDemoShape(r);
            TDemoDocument(fDocument).fData.InsertLast(aFoundShape);
            InvalidRect(r);                         {Markiere den Bereich als nicht...}
            END;                                    {mehr aktuell.}
END;
```

Als letztes Objekt möchte ich nun den Dragger vorstellen. Wie schon gesehen, wird ein Dragger Objekt immer dann erzeugt, wenn der Benutzer ein Objekt auf dem Bildschirm verschieben möchte.

```
TShapeDragger = OBJECT (TCommand)
      fShape:    TDemoShape;
      fOffset:   Point;

      PROCEDURE TShapeDragger.IShapeDragger(itsShape: TDemoShape);
      PROCEDURE TShapeDragger.DoIt; OVERRIDE;
      PROCEDURE TShapeDragger.RedoIt; OVERRIDE;
      PROCEDURE TShapeDragger.UndoIt; OVERRIDE;
      PROCEDURE TShapeDragger.TrackFeedback(anchorPoint, nextPoint: Point;
                turnItOn, mouseDidMove: BOOLEAN); OVERRIDE;
      FUNCTION  TShapeDragger.TrackMouse(aTrackPhase: TrackPhase;
                VAR anchorPoint, previousPoint, nextPoint: Point;
                mouseDidMove: BOOLEAN): TCommand; OVERRIDE;
END;
```

Die `IShapeDragger` Methode initialisiert ein neues Dragger Objekt, wobei die Instanzvariable fShape gesetzt wird. Solange die Maustaste niedergehalten wird, sendet MacApp nun periodisch die Nachrichten `TrackFeedback` und `TrackMouse` an das Dragger Objekt. Die `Trackfeedback` Methode zeichnet einen Rahmen in der Größe des zu verschiebenden Objektes an der augenblicklichen Position, die durch den Parameter `nextPoint` gegeben ist. Die `TrackMouse` Methode berechnet die Instanzvariable `fOffset` neu, nämlich als die Differenz von `nextPoint` und `anchorPoint`. Nachdem die Maustaste wieder losgelassen wurde, sendet MacApp die Nachricht DoIt an das Dragger Objekt.

```
PROCEDURE TShapeDragger.DoIt; OVERRIDE;
      VAR r: Rect;
BEGIN
      r := fShape.fRect;
      TDemoDocument(fChangedDocument).fView.InvalidRect(r);        {Markieren...}
      OffsetRect(r, fOffset.h, fOffset.v);                         {verschieben...}
      TDemoDocument(fChangedDocument).fView.InvalidRect(r);        {und neu zeichnen.}
      fShape.fRect := r;
END;
```

Die Methoden `UndoIt` und `RedoIt`, die von MacApp aufgerufen werden, wenn der Benutzer den Befehl rückgängig machen, bzw. einen wiederrufenen Befehl doch ausführen will, sehen entsprechend aus, wobei in der `UndoIt` Methode ein negativer Offset für die Betriebssystem Routine `OffsetRect` verwendet wird.

Ich möchte die Besprechung des Beispielprogramms hiermit abschließen. Die gezeigten Methoden sollten nur einen Einblick in den Stil, in dem Aktionen in Object Pascal mit Hilfe von MacApp codiert werden, vermitteln. Obwohl das Beispiel als solches sicherlich trivial ist, tauchen Objekte wie der Dragger in jedem Programm, das interaktive Graphik erlaubt, in ähnlicher Form auf.

4 Zusammenfassung

MacApp eignet sich hervorragend zur Implementation von Programmen, die sich an die Human Interface Guidelines [1] von Apple halten. Da alle Programmteile, die die Benutzungsoberfläche betreffen, wie z. B.

die Fenster- und Menüverwaltung, das Druckmanagement, das Sichern und Laden von Dokumenten, etc. schon implementiert sind, reduziert sich der Codierungsaufwand und damit der Zeitaufwand zur Erstellung von Macintosh Programmen erheblich. Weiterhin ist es aus den genannten Gründen nicht mehr nötig, große Teile des Macintosh Betriebssystems auswendig hersagen zu können, um auch nur ein kleines Programm zu schreiben. Dies bedeutet jedoch nicht, daß der Lernaufwand für MacApp geringer ist als für die Programmierer Bibel Inside Macintosh [2]. MacApp ist sehr groß (ca. 26000 Zeilen) und wird im Quelltext geliefert. Für einige Probleme, die während des Entwickelns von größeren Programmen in MacApp immer wieder auftauchen, muß der Quelltext zu Rate gezogen werden. Hierbei hilft jedoch ein ganz hervorragender Cross Reference Index. Als letzter Punkt sei noch einmal darauf hingewiesen, daß MacApp in objektorientiertem Stil implementiert worden ist, wodurch es möglich ist, das Verhalten von MacApp selber durch Überschreiben von Low Level Methoden zu ändern, wodurch eine Art Meta-Programmierung möglich ist. Diese Möglichkeit birgt, obwohl sie für die Entwicklung von Programmen, die sich streng an die Konventionen von Apple halten nicht benötigt wird, viel Spielraum zum Experimentieren mit alternativen Konzepten der Benutzungsoberfläche.

5 Literatur

1. Human Interface Guidelines, Addison Wesley, 1988.
2. Inside Macintosh, Band I - V, Addison Wesley, 1986 - 1988.
3. MacApp Reference Manual, Apple Computer, 1987.
4. A. Goldberg u. D.Robson, Smalltalk-80 - The Language and its Implementation, Addison Wesley, 1983.
5. L. Tesler, Object Pascal Report, Structured Language World, Band 9, Nummer 3.

Automatische Gestaltung von Graphiken mit wissensbasierten Techniken

Rüdiger Kolb
Gesellschaft für Mathematik und Datenverarbeitung mbH
Postfach 1240, 5205 St. Augustin 1

Zusammenfassung: Die Erstellung aussagekräftiger Graphiken ist ein schwieriger Prozeß. In der Literatur wird eien Vielzahl von Regeln aus unterschiedlichen Teilbereichen genannt, die dabei beachtet werden müssen. Dieser Artikel stellt das Konzept eines "Graphikdesigners" vor, der graphisches Wissen enthält. Mit Hilfe von Regeln kann aus vorgegebenen Daten automatisch eine angemessene Graphik generiert werden, die die Semantik korrekt wiedergibt, psychologische Gesichtspunkte berücksichtigt, und deren Verständlichkeit gewährleistet ist.

1 Einführung in die Problematik

In der Bürowelt werden Graphiken immer bedeutsamer, um komplexe Zusammenhänge oder große Datenmengen leicht verständlich darzustellen. Insbesondere werden hierfür die klassischen Darstellungsformen, beispielsweise Balken- oder Kreisdiagramm, sowie Strukturdiagramme, zur Veranschaulichung des Aufbaus von Strukturen herangezogen. Durch den Einsatz von Rechenanlagen und Bürocomputern kann diese Aufgabe leichter bewerkstelligt werden. Um diese Hilfe effektiv nutzen zu können, muß ein Anwender allerdings über zumindest grundlegende Kenntnisse aus dem Bereich der Präsentationsgraphik verfügen. Sind diese Kenntnisse nicht vorhanden, so besteht die Gefahr, daß die Darstellungen nicht den möglichen Qualitätsgrad erreichen, oder gar die gewünschte Aussage verfälschen. Eine Untersuchung in den USA [8] hat ergeben, daß bei 50 zufällig herausgegriffenen Jahresberichten von Firmen 24 zumindest eine falsch konstruierte Graphik enthielten.

Oftmals ist der mit diesen Aufgaben betraute Sachbearbeiter überfordert, weil ihm das nötige Wissen zum Aufbau geeigneter Graphiken fehlt. Zunächst sollen einige Probleme, die dabei auftreten können, beispielhaft veranschaulicht werden.

Jahr	Umsatz in TDM
1984	130
1985	195
1986	377
1987	598

a

Umsatzsteigerung der letzten vier Jahre

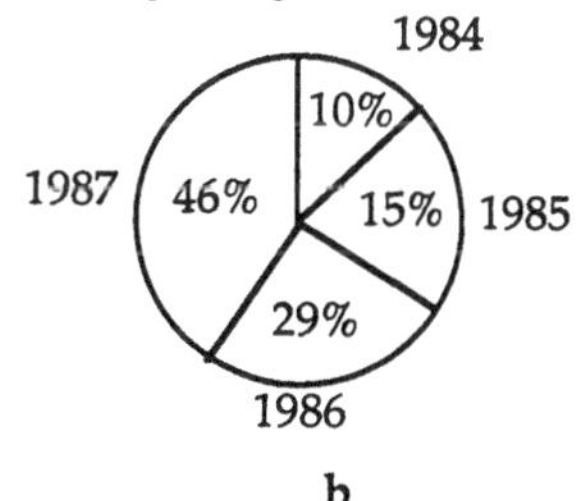

b

Abbildung 1: Darstellung der Daten in Tabellenform und als einfache Graphik

Angenommen, ein Sachbearbeiter habe die Aufgabe, die Umsatzentwicklung seiner Abteilung darzustellen. Dazu will er seinen Vortrag mit Hilfe einer Graphik unterstützen. Zunächst werden die benötigten Daten in einer Tabelle zusammengestellt (Abb. 1a). Diese kann nun in eine graphische Darstellung überführt werden (Abb 1.b). Das Ergebinis ist nicht ganz befriedigend. Die Nachteile der einfachen Graphik können mit etwas Einsatz aufgehoben werden, sodaß eine mathematisch genaue, ästhetisch ansprechende Graphik entsteht (Abb. 2a).

Doch es stellt sich die Frage, ob diese Graphik auch verständlich ist. In diesem Fall hätte ein Betrachter vermutlich erhebliche Schwierigkeiten zu erkennen, worauf sich diese Zahlen beziehen. Bei dem Wort "Umsatzsteigerung" im Titel drängt sich die Vermutung auf, es könnte sich um Wachstums-Prozente handeln. Das steht aber in krassem Widerspruch zu der Wahl eines Kreisdiagramms, das einen Bezug zu einem Gesamtwert herstellt. Dieser Gesamtwert ist hier, für den Betrachter nicht nachvollziehbar, durch eine Addition der Einzelumsätze erzielt worden. Die Darstellung der Information ist schlichtweg verwirrend. Im gegebenen Beispiel wäre es besser gewesen, die tatsächlichen Umsätze als Grundlage der Repräsentation zu wählen. Hierfür eignet sich ein Säulendiagramm (Abb. 2b). Das Wachstum ist klar erkennbar und die reale Grundlage dieser Entwicklung, nämlich die Zahlen, gehen in die Darstellung ein.

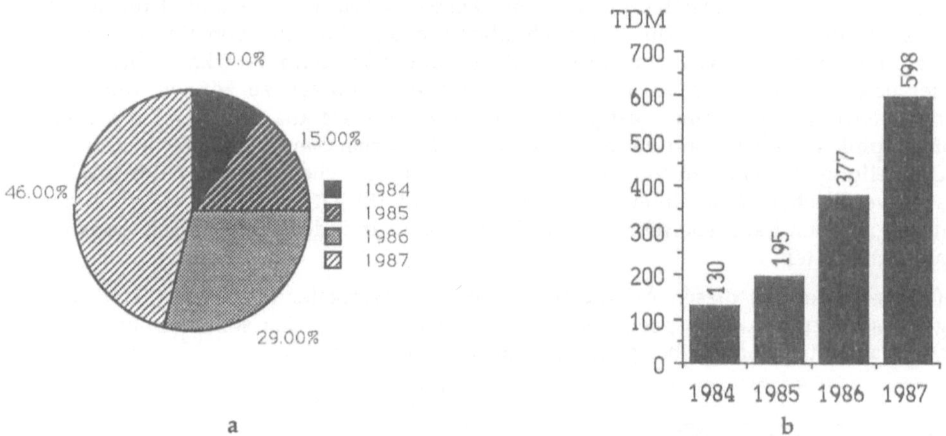

Abbildung 2: Verschiedene Repräsentationen derselben Daten

Neben den rein technischen Problemen bei der Erstellung einer Graphik, kommt es darauf an, fundiertes Wissen über Präsentations- und Designregeln anzuwenden. Da nicht jeder Sachbearbeiter dieses Wissen erwerben kann oder soll, benötigt er Unterstützung durch ein Programm, das solche Regeln beachtet.

2 Designregeln

Intuition und Erfahrung bedeuten im Bereich graphischer Gestaltung einen nicht zu unterschätzenden Faktor. Dennoch lassen sich einige grundsätzliche Regeln angeben, deren Beachtung unerläßlich ist, um eine *gute* Graphik zu erstellen. Solche Regeln beziehen sich auf verschiedene Aspekte, die in der Gestaltung einer Graphik eine Rolle spielen.

Zunächst werden Regeln vorgestellt, die auf einer sorgfältige Analyse der Daten basieren. Gestützt auf diese Analyse kann eine Übersetzung der Daten in graphische Ausdrucksmittel vorgenommen werden. Dabei muß auch die Rückkodierung, die bei der Interpretation einer Graphik erfolgt, bedacht werden, um ein problemloses Verständnis der bildhaften Darstellung zu gewährleisten.

Unabhängig von den darzustellenden Inhalten sind generelle Regeln zu beachten. Dazu gehören etwa die Klarheit der Darstellung, oder die Forderung, die Graphik nicht durch zusätzliche Texte oder Bilder unnötig verwirrend zu gestalten.

Desweiteren wird im folgenden eine spezielle Unterklasse der Bürographiken betrachtet, die zur Darstellung statistischer Daten benutzt wird. Solche Daten werden im allgemeinen durch Kreis- und Balkendiagramme, oder ähnliches dargestellt.

2.1 Bestandteile von Daten und Graphiken

Bertin [2] beschreibt, wie eine Analyse der Daten und die daraus resultierende Zuordnung von graphischen Beschreibungsmitteln zu einer Umsetzung der Information in eine Graphik führen kann. Die Analyse spezifiziert den invarianten Teil sowie die Komponenten der Daten. Unter der Invariante ist die gemeinsame Grundlage der Daten zu verstehen. Im oben angeführten Beispiel ist das die Festlegung, daß es sich um Umsatzzahlen eines bestimmten Betriebs handelt. Damit ist der Kontext der Daten gegeben, in dem sie interpretiert werden können. Die Invariante eignet sich im besonderen als Überschrift der Graphik. Sie lenkt die Aufmerksamkeit des Betrachters auf die gewünschte Aussage. Die Komponenten sind die einzelnen Daten, die dargestellt werden sollen. Im gegebenen Beispiel sind das die Umsatzzahlen in DM und die Jahre, in denen sie erzielt wurden.

Eine Komponente kann, ihrem Wesen nach, qualitativ, geordnet oder quantitativ sein. Beispiele für diese Einordnung sind:

- Geschlecht (männlich, weiblich) für qualitativ
- Altersgruppen (jung, erwachsen, alt) für geordnet
- Einwohnerzahlen von Städten für quantitativ

Diese Einordnung ist deswegen von besonderer Bedeutung, weil nur durch die Wahl einer graphischen Variablen mit entsprechenden Eigenschaften gesichert werden kann, daß die Information korrekt aufgenommen werden kann.

Zur Darstellung der Daten können sogenannte graphische Variablen herangezogen werden. Dies sind die graphischen Mittel zur Kodierung der Information. Sie müssen es erlauben, die Information zu identifizieren und zu unterscheiden. Bertin nennt acht solche Variablen:

x-Koordinaten, y-Koordinaten, Größe, Wert, Muster, Farbe, Orientierung, Form.

Die zur Darstellung einer Komponente benutzte graphische Variable muß in der Lage sein, den Charakter der Komponente zu veranschaulichen. Nicht jede der verschiedenen graphischen Variablen unterstützt alle Klassifizierungen. Es ist beispielsweise nicht möglich mit der Form eine Ordnung oder mit der Farbe eine quantitative Aussage zu repräsentieren.

2.2 Interpretation von Graphiken

Der Betrachter einer Graphik muß die Informationen aus der Darstellung herauslesen, quasi eine Rückübersetzung vornehmen. Wie komplex diese Aufgabe ist, hängt von der Wahl der Graphik ab. Ist sie vernünftig konzipiert, so ist ein rasches Verständnis erreichbar. Andernfalls wird möglicherweise Verwirrung erzeugt und das Begreifen verzögert oder sogar verhindert. Dieser mehr oder minder unbewußt ablaufende Prozeß führt zunächst zu einer externen Identifikation, die dem Verstehen des invarianten Teils der Graphik und dem Erkennen von Komponenten entspricht. Danach erfolgt die interne Identifikation. Dabei erkennt der Betrachter die graphische Kodierung der einzelnen Komponenten. Mit

Hilfe des so gewonnenen Vokabulars können Informationen aus der Graphik herausgelesen werden. Dies kann auf verschiedenen Ebenen geschehen:

- elementare Ebene
  Diese Ebene befaßt sich mit der Extraktion eines speziellen Wertes einer Komponente. Auf dieser Ebene würde der Betrachter in unserem Beispiel feststellen, wie hoch der Umsatz 1987 war.
- mittlere Ebene
  Hier können Vergleiche zwischen einigen der Daten angestellt werden. Im Beispiel ist das die Feststellung, daß der Umsatz von 1987 gegenüber 1986 gestiegen ist.
- globale Ebene
  Die globale Ebene betrachtet die Darstellung insgesamt. Hier kann festgestellt werden, daß der Umsatz während des gesamten betrachteten Zeitraums gestiegen ist.

Die Effizienz einer graphischen Darstellung ist in natürlicher Weise abhängig von ihrer Verständlichkeit. Nur wenn eine gesuchte Information einer der oben angeführten Ebenen rasch gefunden wird, ist die visuelle Kodierung der Daten überhaupt nützlich.

2.3 Regeln zu globalen Design-Aspekten

Im vorhergehenden Abschnitt wurde das Zusammenspiel und die Bedeutung der einzelnen Bausteine angedeutet. Darüber hinaus bleibt die Frage nach Regeln auf einer allgemeineren Ebene. Solche Regeln werden von Tufte [5] genannt. Diese Regeln haben ihre Gültigkeit weitgehend unabhängig von den Daten und ihrer Repräsentation. Generell gilt:

- möglichst nur ein Diagramm verwenden,
- die Darstellung ohne Reduktion von Einzelheiten vereinfachen,
- Reduktionen durchführen, um eine klare und effiziente Botschaft zu erhalten.

Ein weiterer wichtiger Punkt ist die *Deutlichkeit* der Darstellung. Auch hierfür lassen sich Regeln angeben:

- insgesamt sollte die Graphik ein Quadrat oder Rechteck bilden,
- die Schwarz-Weiß-Verteilung sollte richtig gewählt werden,
- Informationen sollten leicht vom Hintergrund getrennt werden können.

Tufte beschreibt *graphische Exzellenz* als die Fähigkeit, komplexe Ideen in klarer, präziser und effizienter Art und Weise vermitteln zu können. Als generelle Regeln zum Zweck und Aufbau nennt er:

- die Daten zu zeigen,
- den Betrachter zum Nachdenken über den Inhalt, nicht aber über die Darstellungsweise anzuregen,
- vermeiden, die Aussage der Daten zu stören,
- viele Zahlen auf geringem Raum zu präsentieren,
- große Datenmengen kohärent zu machen,
- das Auge ermutigen, verschiedene Teile der Daten zu vergleichen,
- die Daten auf verschiedenen Betrachtungsebenen zu offenbaren,
- einem klaren Ziel zu dienen,
- fest integriert in statistische und verbale Beschreibungen zu sein.

Insbesondere gilt, daß eine Graphik nicht dadurch besser wird, daß sie verziert wird. Im Gegenteil sollte man auf unnötige Ornamente und nicht zur Darstellung notwendige weitere Illustrationen verzichten.

2.4 Spezielle Regeln für Bürographiken

Im Bürobereich treffen wir häufig Graphiken eines bestimmten Typs an. Dazu gehören etwa Kreis-, Balken- oder Säulendiagramme. Es ist aber nicht jede dieser Diagrammformen für alle gewünschten Darstellungen geeignet. Nach Zelazny [10] dient als Grundlage für die Auswahl eine angestrebte Aussage. Diese impliziert einen bestimmten Vergleichstyp. Solche Typen sind, beispielsweise, Rangfolge, Häufigkeit oder Zeitreihe. Für die Darstellung stehen fünf graphische Grundtypen zur Verfügung:

Kreis-, Balken-, Säulen-, Kurven- und Punktediagramm.

Jede dieser Diagrammformen eignet sich in besonderem Maße für die Darstellung eines Vergleichstyps. Manchmal gibt es eine alternative Auswahl, je nach Art und Anzahl der Daten. Für Häufigkeitsvergleiche können beispielsweise Säule oder Kurve gewählt werden. Als Regel ist dabei zu beachten, daß Säulendiagramme besser für geringe Datenmengen (mit sechs oder sieben Elementen) geeignet sind.

Neben den hier genannten gibt es noch viele Regeln, die die Einzelheiten des Design-Prozesses unter verschiedenen Rahmenbedingungen berücksichtigen. Eine genauere Beschreibung würde den hier beabsichtigten Rahmen sprengen. Abschließend wollen wir nur festhalten, daß der Designprozeß ein außerordentlich komplexer Vorgang ist, der einer sorgfältigen Ausarbeitung bedarf, um eine gelungene Graphik zu generieren. Will man hierfür eine Entlastung schaffen, so muß ein Hilfsmittel bereitgestellt werden, daß solche Regeln beachtet.

3 Existierende Designprogramme für Graphiken

Es gibt in der Tat schon eine ganze Reihe von Programmen, die in der Lage sind, aus gegebenen Daten eine gelungene Graphik zu generieren. Wir wollen hier zwei Vertreter etwas genauer betrachten: Cricket Graph, als Vertreter für kommerziell vertriebene Produkte und APT (A Presentation Tool), das Jock Mackinlay (Standford University) im Rahmen seiner Dissertation entwickelt hat.

3.1 Cricket Graph

Cricket Graph [3] ist ein Programm zur Gestaltung von Bürographiken für den Apple Macintosh. Es bietet die Möglichkeit, aus insgesamt zwölf verschiedenen Graphiktypen eine geeignet erscheinende auszuwählen. Bei diesen handelt es sich um die oben genannten Grundformen, die noch verfeinert und erweitert wurden. Die vom Benutzer in Tabellenform bereitgestellten Daten werden automatisch in ein Diagramm überführt. Ein solches Diagramm stellt die Beziehung zwischen verschiedenen Spalten der Tabelle dar. Die automatisch erzeugte Graphik kann anschließend noch editiert und so den persönlichen Wünschen angepaßt werden. Stellt man fest, daß im wesentlichen immer dieselben Änderungen durchgeführt werden, so können diese Änderungen als Voreinstellung bestimmt werden, sodaß jede weitere Graphik automatisch diese Form erhält.

Cricket Graph ist ein typischer Vertreter für derzeit auf dem Markt erhältliche Programme. Es stellt schon eine erhebliche Erleichterung für die Gestaltung von Bürographiken dar. Dennoch bleiben viele Entscheidungen übrig, die der Benutzer fällen muß. Es ist zwar immer wünschenswert, daß hier ein ausreichender Freiheitsgrad bleibt, aber andererseits sollten auch grundlegende Designregeln berücksichtigt werden. Eine sehr einfache Regel dieser Art ist die Vorgehensweise bei Kreisdiagrammen die kleineren Teile unter "sonstige" zusammenzufassen, wenn ihre Darstellung sonst nur geringe Aussagekraft hat oder es unmöglich wird sie wahrzunehmen (Abb. 3b). Cricket Graph hält sich nicht an solche Konventionen. Leider wird nicht einmal die Möglichkeit geboten diese Änderung als Option auszuwählen.

	Werte
1	1
2	1
3	1
4	1
5	20
6	90
7	75

a

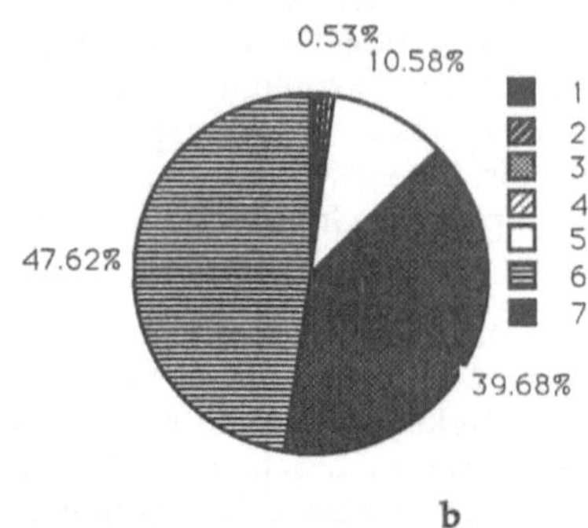

b

Abbildung 3: Ein Beispiel für die unzureichenden Fähigkeiten von Cricket Graph

Es bleibt also dem Benutzer überlassen, auf zu kleine Werte zu achten und diese gegebenenfalls zusammenzufassen.

3.2 A Presentation Tool (APT)

Einen ersten Ansatz zur automatischen Auswahl eines geeigneten Graphiktyps stellt APT (in einer Dissertation von Jock Mackinlay [4] vorgeschlagen) dar. Mackinlay stellt fest, daß bei dem Versuch ein Werkzeug zur graphischen Gestaltung zu definieren, zwei Probleme auftreten. Designregeln müssen kodiert werden und eine hinreichende Vielfalt muß möglich sein.

Seine Arbeit stützt sich wesentlich auf die Definition *graphischer Sprachen*. Zur Lösung des ersten der oben genannten Probleme benutzt Mackinlay die Kriterien "Ausdrucksfähigkeit", um zu untersuchen, ob eine gegebene Sprache in der Lage ist, die Information zu repräsentieren, und "Effektivität", um zu untersuchen, welche Sprache die Information am effektivsten darstellt. Das Problem der Vielfalt wird durch den Einsatz einer Algebra zur Komposition primitiver graphischer Sprachen zu lösen versucht. Auf der Grundlage dieser Lösungen basiert ein mit Hilfe von Techniken der künstlichen Intelligenz implementierter Algorithmus zur Synthese von Graphiken.

Das verwendete graphische Vokabular basiert auf Bertin. Unter einer *Präsentation* versteht Mackinlay jedes Bild, das mit Hilfe dieses Vokabulars Informationen kodiert. Das Problem besteht nun darin, eine graphische Darstellung zu erzeugen, die eine Menge von Relationen und ihre Struktur repräsentiert. Zu den strukturellen Eigenschaften gehört etwa die Einordnung in die Klassen qualitativ, geordnet und quantitativ. Eine graphische Präsentation wird als Satz einer graphischen Sprache verstanden. Die Effektivität kann aus verschiedenen Aspekten abgeleitet werden. Der hier zugrundeliegende Aspekt ist die Forderung der korrekten Verständlichkeit durch den Betrachter. Dabei wird berücksichtigt, daß einige Eigenschaften einer Graphik leichter und exakter erkannt werden als andere. Die Grundlage für die Komposition von Graphiken ist eine kleine Basismenge von graphischen Sprachen, mit deren Hilfe eine große Menge weiterer Sprachen erzeugt werden kann.

Ausdrucksfähigkeit graphischer Sprachen

Eine korrekte Wiedergabe der Daten ist nur dann gegeben, wenn jedes Datum der Information repräsentiert ist, aber keine nicht vorhandenen Daten impliziert werden. Mackinlay gibt dazu ein Beispiel. Die Bauteile eines PKWs können mit der Relation *ist-Teil-von* durch verschachtelte Rechtecke beschrieben werden:

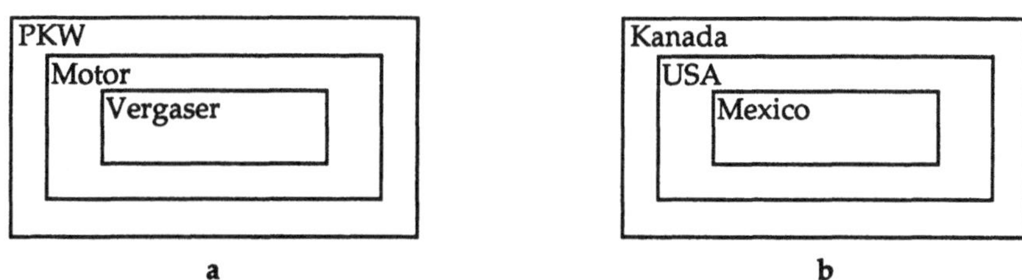

Abbildung 4: Implikation wahrer (a) und falscher (b) Aussagen

Die gegebenen Daten besagen, daß der Vergaser Teil des Motors ist und dieser Teil des Wagens. Zusätzlich impliziert die Darstellung (Abb. 4a) noch die Aussage, daß der Vergaser Teil des PKWs ist. In diesem Fall ist das nicht nachteilig, da eine korrekte Information hinzugefügt wird. Das ist nicht immer so. Wird dieselbe Form der Darstellung benutzt, um die *ist-Nachbarland-von*-Relation (Abb. 4b) zu kodieren, so wird eine falsche Information impliziert.

Effektivität graphischer Sprachen

Die Effektivität einer graphischen Darstellung kann nur unter Beachtung der perzeptuellen Fähigkeiten des Menschen beurteilt werden. Erfahrungen in diesem Bereich sind empirisch begründet. Mackinlay stützt sich im wesentlichen auf eine Rangfolge der visuellen Eigenschaften bezogen auf die verschiedenen Einordnungen, als qualitativ, geordnet und quantitativ. Diese Beurteilung ergibt sich aus Beobachtungen zum Aufwand bei der Interpretation gewisser graphischer Kodierungen. Das heißt, daß der Mensch in der Lage ist, bestimmte graphische Elemente in einem Blick zu erfassen, wohingegen bei anderen ein Erkennungsprozeß erforderlich ist. Interessanterweise gibt es für die verschiedenen Klassen eine unterschiedliche Rangfolge. Beispielsweise ist die Länge für eine quantitative Komponente eine gute Form der Darstellung, aber für eine qualitative eher ungeeignet.

Die Rangfolge der perzeptuellen Erkennbarkeit erlaubt es, die Effektivität einer graphischen Sprache mit anderen zu vergleichen und die am besten geeignete zu bestimmen. Diese Auswahl wird dadurch vorgenommen, daß für jede Relation, die dargestellt werden soll, die beste visuelle Kodierung bestimmt wird. Daraus wird dann die graphische Sprache aufgebaut. Es kann vorkommen, daß zwei Sprachen mit unterschiedlichem Aufbau bezüglich der Effektivität gleichwertig sind. Hier ergibt sich die Möglichkeit, die Bedeutung einzelner Komponenten dadurch zu betonen, daß die graphische Sprache gewählt wird, die diese Komponenten effektiver kodiert. Die Bedeutung wird durch die Reihenfolge bei der Aufzählung der Komponenten festgelegt.

Komplexe graphische Sprachen

Aus einer kleinen Menge graphischer Sprachen kann durch Komposition jede weitere Sprache erzeugt werden. Umgekehrt kann die Information zerlegt werden, so daß für die einzelnen Komponenten eine Beschreibung aus der Basismenge der graphischen Sprachen gefunden werden kann.

Sätze zweier verschiedener graphischer Sprachen können in einer Sprache dargestellt werden. Dazu ist es erforderlich, daß Teile der jeweiligen Sprachen dieselbe Information kodieren. Die Komposition kann durch einen von drei Kompositions-Operatoren erfolgen:

Doppelachsen-, Einzelachsen-oder Markierungs-Komposition

Während beim Aufbau der Darstellung graphische Sprachen zusammengefaßt werden, muß bei den Daten eine Trennung vorgenommen werden, um die Informationsteile vorhandenen Sprachen zuordnen zu können. Hier wird zwischen der funktionalen und der Bereichs-Dekomposition unterschieden.

4 Der Graphikdesigner

Im Rahmen des Leitvorhabens *Assistenz-Computer* der GMD wird eine integrierte Unterstützung für alle im Büro anfallenden Aufgaben angestrebt. Der Assistenz-Computer [6] bietet Hilfen universeller Art (Ideenprozessor, Dokumentformatierer, ...), fachspezifische Unterstützung (Statistik-Interpreter, Vertragskonfigurator, ...) und Hilfe bei der Kommunikation (Empfangsassistent, Versandassistent, ...). Der Graphikdesigner [7] ist ein konkretes Teilwerkzeug innerhalb dieses Leitvorhabens.

Der Graphikdesigner generiert aus den angegebenen Daten und zusätzlichen Informationen eine Präsentationsgraphik. Die dabei zu bewältigenden Aufgaben sind vielfältiger Natur. Es sind Entscheidungen zu treffen über:

- die Nutzung der zur Verfügung stehenden Darstellungsfläche

  Für den Aufbau einer Graphik ist es wichtig zu wissen wieviel Platz zur Verfügung steht. Danach richtet sich zum Beispiel die Beschriftung der Achsen und der Abstand der Balken in einem Balkendiagramm.

- die Auswahl einer bestimmten Diagrammform

  Aus den Daten läßt sich ablesen, welche Diagrammform die geeignete ist. Beispielsweise ist ab einer bestimmten Zahl von Datenpunkten, unter Berücksichtigung der zur Verfügung stehenden Darstellungsfläche, ein Kurvendiagramm einem Balkendiagramm vorzuziehen.

- die konkrete Ausgestaltung einer Graphik

  Hier sind Entscheidungen über den Aufbau der Achsen oder die Breite der Balken zu treffen.

- die Kodierung der Information mit graphischen Mitteln

  Für die Daten muß eine graphische Kodierung gefunden werden. In einem Punktediagramm mit mehreren Datenreihen müssen für die verschiedenen Daten gut unterscheidbare Darstellungen gefunden werden.

- die Berücksichtigung von benutzerdefinierten Präferenzen

  Wenn ein Benutzer eine bestimmte Kodierung bevorzugt, so ist diese zu wählen. Tritt dabei ein Widerspruch zu anderen Regeln auf, dann muß der Benutzer darüber informiert werden. Beharrt er auf seiner Entscheidung, so hat diese Vorrang.

Das Zielsystem soll in der Lage sein, eigenständig eine Graphik zu generieren. Die oben angesprochenen Teilaufgaben werden durch wissensbasierte Methoden gelöst. Das Wissen um die Einbettung der Daten wird mit objektorientierten Mitteln realisiert. Die Schlüsse, die aus diesem Wissen gezogen werden können, finden sich in einem Regelwerk wieder. Dieses Regelwerk übernimmt die Zuordnung von Daten und ihrer graphischen Repräsentation. Die einzelnen graphischen Bausteine müssen in konsistenter Art und Weise zu einer Graphik zusammengefügt werden. Diese Aufgabe übernehmen Regeln auf verschiedenen Ebenen und aus verschiedenen Fachbereichen:

- analytisches Wissen zur Untersuchung der Daten (Ausdrücke wie Anteil, Prozentsatz weisen auf einen Strukturvergleich hin)
- globales Wissen zur Auswahl eines Graphiktyps (Kreis-, Balkendiagramm, ...)
- elementares Wissen zur genauen Ausgestaltung (Daten eines bestimmten Typs werden liniert, als Scheibe, ... dargestellt)
- ästhetisches Wissen (Verteilung der Daten auf der Darstellungsfläche)
- psychologisches Wissen (die Farbe rot betont ein wichtiges Datum)
- individuelle Anpassung (Vorlieben des Benutzers)

Jeder dieser Teilaspekte erfordert sein eigenes spezifisches *Wissen*. Dieses wird in entsprechenden Wissensbasen zur Verfügung gestellt. Während des Designprozesses muß dieses Wissen in homogener Art und Weise zusammenarbeiten, um allen Anforderungen genüge zu tun. Das bedeutet, daß eine einheitliche Beschreibung für jeden Teilaspekt gewählt werden muß. Trotz der Forderung nach Einheitlichkeit müssen verschiedene Formalismen Anwendung finden. Die Daten lassen sich durch objektorientierte Methoden beschreiben, die es erlauben, die Eigenschaften bestimmter Daten in Klassen zu definieren. Zur Spezifikation der Designregeln aus den unterschiedlichen Bereichen wird ein regelorientierter Ansatz gewählt. Deshalb ist ein hybrider Wissensrepräsentationsformalismus notwendig. Wir denken beispielsweise an die GMD-eigene Entwicklung Babylon [1] oder das von Symbolics angebotene Joshua [9]. Ein solcher Formalismus gestattet die integrierte Nutzung verschiedener Repräsentationen und den modularen Aufbau des Gesamtsystems, sowie dessen leichte Modifizierbarkeit. Das Wissen aus allen Teilbereichen kann leicht kombiniert werden und die Änderung oder Entfernung von spezifischem Wissen beeinflußt nicht die Funktionstüchtigkeit des gesamten Systems.

4.1 Repräsentation von Daten und graphischen Elementen

Für die Gestaltung einer Graphik werden einige Informationen über den Aufbau der Daten benötigt. Diese Informationen werden teilweise durch eine externe Analyse zur Verfügung gestellt. Im globalen Konzept des Assistenz-Computers wird dies beispielsweise durch andere Assistenten realisiert. Diese Analyse führt zur Spezifikation einer oder mehrerer Aussagen über die Semantik der Graphik, sowie einer genauen Beschreibung der Daten und deren Beziehungen untereinander. Mit Hilfe dieser Beschreibung können weitere notwendige Informationen abgeleitet werden. Die vollständige Beschreibung wird als Objekt einer Klasse *GraphikBeschreibung* bereitgestellt. Für das Beispiel führt das zu folgender Beschreibung:

```
[GraphikUmsatz] ::=
    Titel ← "Umsatzsteigerung in den letzten vier Jahren"
    Vergleichstyp ← Zeitreihe
    Daten ← Referenz auf analysierte Daten
```

Zusätzlich zu solchen obligatorischen Eigenschaften, können weitere, die häufig bei der Gestaltung eine Rolle spielen, vordefiniert werden, z.B. der Wunsch, ein bestimmtes Datum, beispielsweise den Umsatz der eigenen Firma zu betonen. Eine vordefinierte Instanzenvariable *wichtig* kann vom System benutzt werden, um gegebenenfalls eine noch nicht anderweitig genutzte graphische Variable zur Hervorhebung dieses Datums heranzuziehen.

Die darstellenden graphischen Variablen sind ebenfalls als Klassen repräsentiert. Da sie aus der Sicht des Endbenutzers nicht verändert werden müssen, brauchen keine Unterklassen erzeugt zu werden. Diese Klassen benutzen Regeln zur Spezifikation einer darstellenden graphischen Variablen. Eine Nachricht an eine solche Klasse ermöglicht es, die am besten geeignete Variable zu erfragen, beziehungsweise die nächstbeste, wenn die vorherige von einer Regel zurückgewiesen wurde.

4.2 Regelorientierte Mechanismen

Regeln aus verschiedenen Teilbereichen werden herangezogen, um die Daten in eine graphische Darstellung zu übersetzen. Das beginnt bei der Analyse der Daten. Auf dieser aufbauend werden erste globale Entscheidungen getroffen. Der so gewonnene Rahmen wird ausgestaltet. Dabei sind Aspekte unterschiedlicher Bereich, wie Psychologie und Ästhetik, zu berücksichtigen.

Analytische Regeln zur Untersuchung der Daten

Die Daten müssen derart aufbereitet werden, daß sie von Graphikregeln interpretiert werden können. Die Bestandteile müssen identifiziert und in geeignete Kategorien eingeordnet werden. Entsprechend der komplexen Natur einer solchen Analyse ist in diesem Teil ein hoher Grad an Interaktion mit dem Benutzer notwendig. Dennoch können durch zielgerichtete Fragen des Systems die entscheidenden Informationen extrahiert werden.

Zunächst muß die beabsichtigte Aussage herausgearbeitet werden. Diese stellt gleichzeitig eine geeignete Information für den Titel dar. Da das System die gewünschte Aussage nicht erkennen kann, bleibt diese Aufgabe dem Benutzer überlassen. Dies kann beispielsweise durch Auswahl aus der Menge der bei der Analyse gefundenen möglichen Aussagen geschehehen. Die Zuordnung der Komponenten zu bestimmten Kategorien wird automatisch vorgenommen. Sollte eine solche automatische Zuordnung nicht möglich sein, wird wiederum der Benutzer befragt. Ein Vergleichstyp kann aus der Aussage entnommen werden. Es gibt Indizien dafür welcher Typ vorliegt. Enthält die Aussage etwa Ausdrücke wie Anteil, Prozentsatz oder X Prozente entfielen auf ..., so kann davon ausgegangen werden, daß es sich um einen Strukturvergleich handelt. Wenn kein Vergleichstyp bestimmt werden kann, dann wird ohne eine entsprechende Information der Design begonnen. Nur wenn der Benutzer ausdrücklich einen angeben möchte, wird dieser für den weiteren Prozeß angenommen.

Oben wurde angesprochen, daß mitunter zusätzliche Informationen an die Daten angehängt werden sollen. Solche anwendungsspezifische Erweiterungen müssen explizit vom Benutzer hinzugefügt werden.

Aus diesen Informationen kann das System nun die entsprechenden Objekte erzeugen.

Globales Wissen über Graphiken

Das globale Wissen verhilft zu einer Top-Down-Entscheidung über die zu verwendende Graphik. Für statistische Daten hat die Analyse einen Vergleichstyp für die Aussage ergeben, oder falls das nicht möglich war, einen Wert "unmöglich" eingetragen. Anhand dieses Ergebnisses und der gegebenen Daten lassen sich Vorabentscheidungen über die geeignete Graphik fällen. Eine diesen Typ unterstützende Diagrammform wird nun ausgewählt. Für den Vergleichstyp Zeitreihe, der im Beispiel erkannt wurde, gibt es zwei Alternativen: Säulen- und Kurvendiagramm. Die Anzahl der darzustellenden Daten legt fest, welchem von beiden der Vorrang zu geben ist. Hier fällt die Entscheidung aufgrund der geringen Anzahl der einzelnen Daten auf ein Säulendiagramm.

Ihrer globalen Natur entsprechend beschreiben Regeln auf dieser Ebene noch nicht die letztendliche Realisierung, sondern definieren einen Rahmen. Die genaue Ausgestaltung wird dann durch Anwendung elementarer Regeln spezifiziert.

Wenn es nicht gelungen ist, einen geeigneten Vergleichstyp zu bestimmen, so wird die weitere Gestaltung, ohne einen Vorschlag auf globaler Ebene, allein von elementaren Regeln spezifiziert.

Elementares gestalterisches Wissen

Diese Wissensbasis stützt sich auf die elementare Sicht, wie sie durch das analytische Vorgehen von Bertin nahegelegt wird. Die Analyse der Daten hat die Zugehörigkeit zu einer der oben beschriebenen Klassen ergeben. Diese klassifizieren die Daten als qualitativ, geordnet oder quantitativ. Anhand dieser Zuordnung können geeignete visuelle Variablen zur Gestaltung ausgewählt werden. Die Regeln kommunizieren dazu mit dem Wissen über die zur Verfügung stehenden Variablen. So kann die, nach diesen Kriterien, beste Darstellung gefunden werden. Zusätzlich können hier Eigenschaften, wie etwa die Klassifizierung als wichtiges Datum (der Umsatz *unserer* Firma), berücksichtigt werden. Dieses Datum ist einer Kategorie zugeordnet worden. Von der entsprechenden Klasse graphischer Kategorien wird nun eine weitere graphische Variable erfragt, die noch nicht verwendet wurde. Das genau Layout ergibt sich aus der Überprüfung und Ausarbeitung des global vorgeschlagenen Rahmens. Falls ein solcher nicht erarbeitet werden konnte, erfolgt eine Bottom-Up-Konstruktion einer graphischen Beschreibung.

Für das Beispiel ist an dieser Stelle nicht viel zu tun. Lediglich Aufbau und Einteilung der beiden Achsen, sowie deren Beschriftungen, werden vorgenommen. Die Säulen werden positioniert und mit einer Farbe versehen. Dennoch sind eine Vielzahl von Regeln an diesem Prozeß beteiligt. Wesentlich komplexer ist dieser Vorgang jedoch, wenn eine größere Zahl von Daten darzustellen ist. Schon wenn die Umsatzzahlen zweier Firmen verglichen werden sollen, bedeutet das, daß eine geeignete Form der Unterscheidbarkeit hergestellt werden muß.

Wissen aus anderen Fachbereichen

Es ist problematisch, Aspekte aus den Bereichen der Ästhetik oder Psychologie durch konkrete Regeln festzulegen. Einerseits herrscht keineswegs Konsens über Begriffe, wie "eine Graphik ist schön" oder "eine Farbe (rot) repräsentiert etwas Bedeutungsvolles". Andererseits erscheint es möglich, einige grundlegende Regeln einzubinden. Hier ist jedoch noch eine tiefergehende Untersuchung des Problemkreises notwendig. Insbesondere erscheint es ratsam, Experten aus diesem Fachbereich, beispielsweise gelernte Designer und Künstler, bei der Auswahl solcher Regeln zu Rate zu ziehen.

Individuelle Anpassung

Neben den rein graphischen Aspekten bei der Gestaltung sind noch persönliche zu berücksichtigen. Der Benutzer kann, beispielsweise durch Rot-Grün-Blindheit bedingt, besondere Bedürfnisse haben. Das System muß an persönliche Bedürfnisse adaptiert werden können. Darüber hinaus kann der Benutzer persönliche Vorlieben haben, für die ein entsprechender Freiraum gelassen werden muß. Sollten diese Vorlieben im Widerspruch zu bestehenden Designregeln stehen, so ist der Benutzer darauf hinzuweisen. Sollte er dennoch auf dieser Form der Darstellung bestehen, so muß das System diese übernehmen.

Eine solche Anpassung kann auch vom System initiiert werden. Dazu werden die Aktionen des Benutzers beobachtet und Regelmäßigkeiten festgestellt. Diese können dann, nach Rücksprache mit dem Benutzer, in die Wissensbasen des Systems eingebaut werden. Man spricht dann von einem adaptiven Verhalten.

5 Abschließende Bemerkungen

Das Bedürfnis nach einem Hilfsmittel zur Gestaltung von Präsentationsgraphiken wurde aufgezeigt. Die Bedeutung von graphischen Darstellungen ist durch die bekannte Aussage *"Ein Bild sagt mehr als tausend Worte"* hinreichend unterstrichen. Dennoch kann diese Aussage ins Gegenteil verkehrt werden, wenn keine hinreichende Kompetenz in die Gestaltung einfließt. Existierende Programme, wie Cricket Graph, bringen leider nur handwerkliche Fähigkeiten in den Gestaltungsprozeß ein. Das System von Mackinlay versucht diesen Mangel zu beseitigen. Allerdings setzt diese Arbeit auf einem sehr elementaren Niveau auf. Die sicherlich vorhandene Bedeutung graphischer Beschreibungsmittel wird überbetont.

Der derzeit bei der GMD in der Definitions- und Konzeptionsphase befindliche Graphikdesigner soll, als Teilelement des Leitvorhabens Assistenz-Computer, ein anwendbares und leicht zu nutzendes Werkzeug sein. Er ist für den Einsatz im Büro im allgemeinen und für die Erstellung wissenschaftlicher Veröffentlichungen im speziellen konzipiert. Die Wahl eines objekt- und regelorientierten Ansatzes erlaubt den inkrementellen Aufbau und die leichte Modifizierbarkeit des Graphikdesigners.

6 Literaturverzeichnis

1. Christaller, T., Groß, E., Walther, J. : *Spezifikation und Konstruktion von BABYLON,* Interner Bericht der GMD, St. Augustin (1988)
2. Bertin, Jacques : *Semiology of Graphics,* The University of Wisconsin Press, Madison, Wisconsin, USA (1983)
3. Cricket Software Inc.: *Cricket Graph,* Malvern (PA), USA (1987)
4. Mackinlay, Jock D.: *Automatic Design of Graphical Presentations,* Dissertation, STAN-CS-86-1138, Standford University, USA (1986)
5. Tufte, Edward R.: *The Visual Display of Quantitative Information,* Graphics Press, Chesshire, Connecticut, USA (1983)
6. Hoschka, Peter: *Assistenz-Computer,* Interner Bericht der GMD, St. Augustin (1988)
7. Rome, Erich: *Wissensbasierte grafische Gestaltung,* Interner Bericht der GMD, St. Augustin (1988)
8. Johnson, J.R., Rice, R.R., Roemmich, R.A.: *Pictures that lie: The abuse of graphs in annual reports,* Mgmt. Acct. 62, 4 (Okt. 1980), 50-60
9. Symbolics Inc.: *Joshua User's Guide,* Systemliteratur, Cambridge (MA), USA (1987)
10. Zelazny, Gene: *Wie aus Zahlen Bilder werden,* Gabler Verlag, Wiesbaden (1986)

Wissensbasierte Unterstützung des Benutzers bei Eingabe und Bearbeitung von Zeichnungen

Dieter Bolz
Gesellschaft für Mathematik und Datenverarbeitung mbH
Postfach 1240
D-5205 St. Augustin 1

Zusammenfassung

Es werden verschiedene Techniken diskutiert, mit denen die manuelle Eingabe und Bearbeitung von Zeichnungen mit der Maus, einem Graphiktablett oder einem anderen Zeigegerät unterstützt werden kann. Von besonderer Bedeutung sind dabei Methoden, um Zeichnungen anhand vorgegebener Kriterien automatisch oder in einem Dialog zu verbessern. Es wird ein wissensbasierter Ansatz formuliert, von dem neuartige Leistungen erwartet werden. Dabei wird die Eingabe zuerst mit Mitteln der Mustererkennung analysiert und dann unter Zuhilfenahme eines Regelsystems schrittweise modifiziert. Insbesondere im Bereich der Bürographik sind mögliche Anwendungen zu sehen.

1 Einleitung

Trotz aller Benutzerfreundlichkeit ist die Arbeit mit Software zum interaktiven Erstellen von Graphiken noch immer umständlich und durch eine Vielzahl von Handicaps gekennzeichnet. Der regelmäßige Benutzer kennt die Probleme beim gegenseitigen Ausrichten mehrerer Objekte, beim Versuch, Linien parallel zu machen oder beim Angleichen von Seitenlängen. Freihandgezeichnete Linien sehen oft mißlungen aus. Pfeile, die auf Objekte deuten, treffen diese nicht in der Mitte, sondern leicht daneben; ein Umstand, der dem Auge sofort auffällt.

Es gilt, Verfahren zu suchen, um nachlässig oder fehlerhaft gezeichnete Graphiken nachträglich zu verbessern. Eine besondere Situation liegt vor, wenn die Zeichnungen zu einer ganz bestimmten Klasse gehören, wie die Organigramme aus dem Bürographikbereich. Die vorhandenen Objekte werden klassifiziert und das Ergebnis in symbolischer Form weiterer Verarbeitung zugänglich gemacht. Unter dieser Voraussetzung ist es leichter, eine „geschönte" Version des ursprünglichen Diagramms zu erhalten.

Im folgenden wird ein wissensbasiertes System beschrieben, das geeignet ist, alle Phasen der Erstellung einer Graphik von der Eingabe bis zur Nachbearbeitung, zu unterstützen. Der Einsatz wissensbasierter Techniken ermöglicht es, ein System zu erstellen, das für eine Reihe von Anwendungsfällen adaptiert werden kann und in der Lage ist, in der Benutzung flexibel zu reagieren.

Dazu wird zunächst der Stand der Kunst analysiert. Darauf aufbauend wird ein Systemkonzept beschrieben, welches im Rahmen des *Graphikdesigners* [Rome88] des GMD Leitprojektes *Assistenzcomputer* [Hosc87] untersucht und implementiert wird.

2 Bürographik als Anwendungsbeispiel

Das Feld der Bürographik eignet sich aus verschiedenen Gründen besonders gut als Anwendungsbeispiel. Die dort typischerweise angetroffenen Zeichnungen haben gemeinsam, daß sie zwischen *freien Zeichnungen* zum einen und *festgelegten Schemata*, wie Flußdiagrammen oder Schaltplänen liegen. Die Bearbeitung letzterer (im Abschnitt zum Stand der Kunst finden sich Beispiele) beruht auf der Voraussetzung, daß nur die zugelassenen Symbole und keine anderen, nicht definierten Elemente in der Zeichnung anzutreffen sind. Bei einer freien Zeichnung andererseits gibt es fast keinen Anhaltspunkt dafür, wie ein Programm aufgrund eigenen Wissens bei der Bearbeitung eine Unterstützung geben kann. Wenn Elemente aus beiden Klassen auftreten, so gilt es, so viel wie möglich von der Zeichnung zu erkennen, um dort Hilfestellungen anzubieten. Für die frei gezeichneten Teile bleiben dann generelle Editiermöglichkeiten übrig.

Ein Szenario, welches eine Vorstellung von der Arbeit mit dem zu entwickelnden System geben soll, ist in Abbildung 1 zu sehen. In der ersten Zeile erkennt man ein einfaches Baumdiagramm. Das System schlägt dann vor (in der Abbildung nicht zu sehen), die Rechtecke auszurichten und die verbindenden Linien richtig zu positionieren.

Nach der Durchführung dieser Operationen ist in der zweiten Zeile ein Rechteck mit abgerundeten Kanten gezeichnet worden, das alle anderen bisher gezeichneten Objekte umfasst. Diese Situation läßt für das System den Schluß zu, daß es sich dabei um einen Rahmen handelt. Es ist also eine Form von Mustererkennung erfolgt. Die Wissensbasis mag für einen solchen Fall festlegen, daß man die anderen Objekte innerhalb dieses Rahmens zentrieren sollte. Das ist auf dem nächsten Bild zu erkennen.

Nach anderen Schritten sind dann innerhalb der Rechtecke jeweils zwei diagonale Linien eingesetzt worden, die unterschiedliche, aber von ihrem Wert her nahe beeianderliegende Steigungen aufweisen. An dieser Stelle stellt eine *Gruppenbildung* fest, daß die Steigungen der sechs Linien in zwei Gruppen mit jeweils gleichem Wert zusammengefasst werden sollten.

Diese Beispiele einfacher Systemleistungen mögen zum Teil trivial erscheinen. Man bedenke aber, daß im allgemeinen Fall der Wirkungsbereich der Gruppenbildung beispielsweise sehr genau eingegrenzt werden muß, um unsinniges Verhalten zu vermeiden. Um das zu erreichen, muß einiges an Information über die Graphik vorhanden sein, viele Sonderfälle müssen beachtet und spezifische Situationen erkannt werden. Es sind gerade solche Fälle, für die sich ein wissensbasiertes Vorgehen anbietet. In mehr oder weniger komplizierten Regeln, die vom Benutzer bei Bedarf verändert, gelöscht oder hinzugefügt werden können, läßt sich dieses Wissen formulieren.

3 Stand der Kunst

Es gibt einfache, passive Verfahren für Hilfestellungen bei graphischer Eingabe und intelligente, die aktiv Veränderungen vornehmen oder mit Techniken der Mustererkennung arbeiten.

3.1 Geführte Eingabe

Unter dem Begriff der *geführten Eingabe* soll die Eigenschaft verstanden werden, daß schon für die Eingabe selbst Beschränkungen angegeben werden können, die in einem bestimmten Zusammenhang sinnvoll erscheinen und schlechte Eingaben verhindern helfen.

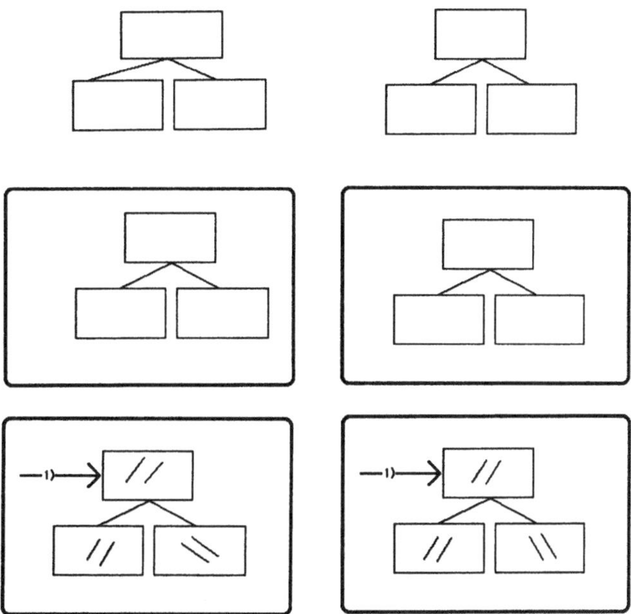

Abbildung 1: Ein Szenario

Grids

In einfachen Graphik-Programmen, wie den zahlreichen Draw- oder Paint-Programmen, gibt es eine einfache Hilfestellung, das *Grid* (Abbildung 2). Dabei können Punkte allein auf den Schnittpunkten eines rechteckigen Grundmusters liegen. Auf diese Weise ist es einfach, parallele Linien und ausgerichtete Objekte zu erhalten. Es ist aber eine Beschneidung der Möglichkeiten, wenn nur bestimmte Punkte spezifiziert werden können. Insbesondere zeigt sich, daß nachträgliche Verfeinerungen umständlich sind und die Steigung von Linien nur grob abgestuft gewählt werden kann [PaWy85].

Snap Dragging

Bier und Stone schlagen als Kompromiß zwischen einfachen Zeichenhilfen wie Grids und constraint-orientierten Hilfen ein sogenanntes *Snap Dragging* vor [BiSt86]. Der Vorstellung nach wird bestimmten Punkten eine *Schwerkraft* zugeordnet, die beim Zeichnen andere Objekte in gewünschter Weise zu sich ziehen. Damit können bestimmte Bedingungen für Winkel, Abstände und Steigungen spezifiziert werden.

Die Abbildung 3 zeigt, wie man die Grundlinie eines Dreiecks horizontal macht:

Der Bediener setzt zuerst eine Bedingung für horizontale Linien. Wenn er jetzt mit der Maus eine Ecke des Dreiecks bewegt, schnappt die Linie dann ein, wenn sie in horizontaler Lage ist.

Ein dem *Snap Dragging* verwandtes Konzept stellen die Führungslinien des *Cricket Draw* Graphik-Programms für den Macintosh dar. Man wählt bestimmte horizontale oder vertikale Linien aus, auf die sich in der Nachbarschaft befindliche Objekte einrasten.

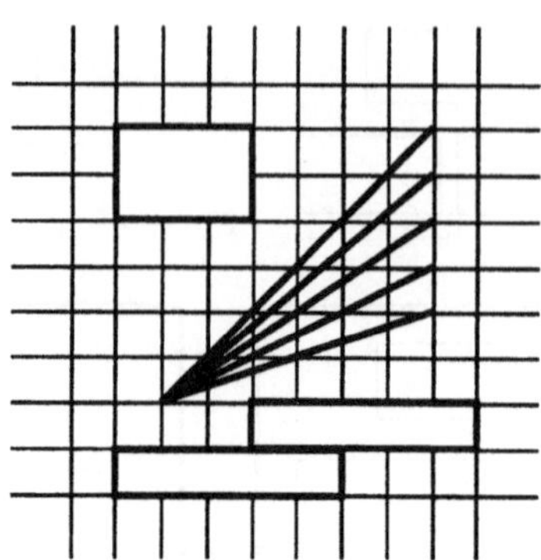

Abbildung 2: Zeichnen mit einem Grid

3.2 Intelligente Unterstützung

Eine aktive Hilfestellung wird im nächsten Abschnitt vorgestellt. Dann wird noch auf Constraints allgemein eingegangen, die bei der deklarativen Beschreibung von gewünschtem Verhalten nicht nur in der Computer-Graphik große Bedeutung haben.

Der Beautifier von Pavlidis und Van Wyk

In [PaWy85] beschreiben Pavlidis und Van Wyk ihre Arbeiten an einem automatischen *Beautifier* für Zeichnungen. Das System bearbeitet in polygonaler Form vorgelegte Zeichnungen. Die Objekte sind als Punkfolgen $(x_1, y_1), \ldots, (x_n, y_n)$ dargestellt. Die vorhandenen Objekte werden auf das Einhalten bestimmter Bedingungen untersucht. Zu diesen gehören die Gleichheit der Steigung und Länge von Seiten, die Kollinearität von Seiten und horizontales und vertikales Ausrichten von Punkten.

Die Vorgehensweise ist im Prinzip so, daß zuerst Objekte gesucht werden, die in Bezug auf eine bestimmte Bedingung benachbart liegen. Wenn es mehrere Linien gibt, die ungefähr gleiche Steigung besitzen, so wird versucht werden, diesen Linien im nächsten Schritt die gleiche Steigung zu geben. Hier zeigt sich eine erste Schwierigkeit. Es gibt Situationen, in denen es zu unerwünschten Effekten kommt.Pavlidis und Van Wyk geben dazu das in Abbildung 4 dargestellte Beispiel: alle Linien sind annähernd senkrecht, wenn es nun einen Constraint gibt, der sagt, daß annähernd gleiche X-Koordinaten gleich gemacht werden sollen, dann werden die drei eng benachbarten Linien links aufeinanderfallen und somit zwei Linien verschwinden.

Pavlidies und Van Wyk schlagen daher das Einführen sogenannter ***negativer Constraints*** vor, die

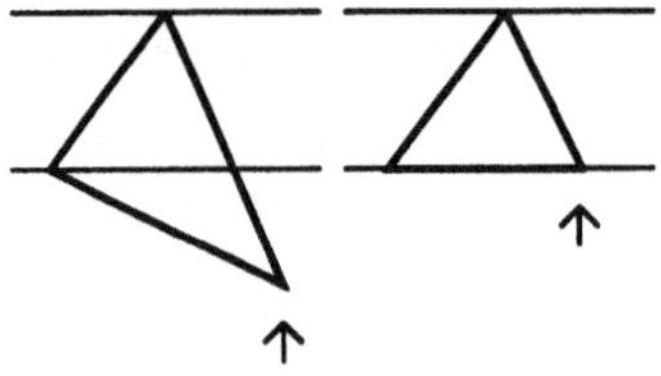

Abbildung 3: Weil horizontale Linien ausgewählt sind, fällt der bewegte Punkt so, daß die Grundlinie horizontal wird

in solchen Situationen die Durchführung einer Operation verhindern. Ein weiteres Problem, das nur mit ad hoc Methoden zu lösen zu sein scheint, ist das der *Gruppenbildung* (Clusteranalyse, cf. [Spae80]).

Betrachten wir ein Diagramm, in dem die Steigungen der Linien einer Zeichnung auf einem Kreis von 0 bis 360 Grad aufgetragen sind. Wie sollen nun Gruppen von Elementen mit korrespondierender Steigung gefunden werden? (Abbildung 5)

Am dargestellten Beispiel der 4 Linien eines Rechtecks erscheint das einfach, aber wie viele Cluster sollen in Abbildung 6 gebildet werden? Soll es maximale oder minimale Grössen für die gebildeten Gruppen geben? Gibt es ein Verhältnis von sinnvoller Anzahl der Gruppen zu deren Größe?

Es gibt noch andere Probleme, auf die Pavlidis und Van Wyk gestossen sind; es sei auf den Original-Artikel verwiesen. Zusammenfassend stellen sie fest:

> The problem of beautifying pictures cannot be solved completely: there will always be changes that would be nice but that are not detected by an automatic procedure. ... Our experience shows that naive (or even sophisticated) statistical methods are bound to produce unintended and undesiderable results in practice.

Deklarative Beschreibung mit Nebenbedingungen

Eine weitere Hilfestellung beim Erstellen von Graphiken bieten deklarative graphische Sprachen, bei denen bestimmte Bedingungen auf hoher Ebene formuliert und vom System automatisch eingehalten werden, wie es bei den ***constraint-orientierten*** Sprachen der Fall ist.

Eine Einführung in die Thematik der Constraints gibt Güsgen [Gues85], zu den bekannteren constraint-orientierten graphischen Systemen zählen ***ThingLab*** [Born79], ***Metafont*** [Knut86], ***Juno*** [Ncls85] und ***IDEAL*** [VanW82].

In Fortführung der Arbeiten an ThingLab wurde eine Hierarchisierung von Constraints vorgeschlagen [Born87], in der interagierende Constraints in eine Ordnung eingebracht werden, gemäß derer die Anwendung festgestellt wird. Diese Ordnung ist willkürlich 5-stufig festgelegt worden (von ***unbedingt*** bis ***schwacher default***).

3.3 Mustererkennung

Die automatische Bearbeitung einer Zeichnung im allgemeinen Fall wird sich auf Operationen beschränken, die für alle einfachen graphischen Objekte gelten. Weitergehende Operationen (und

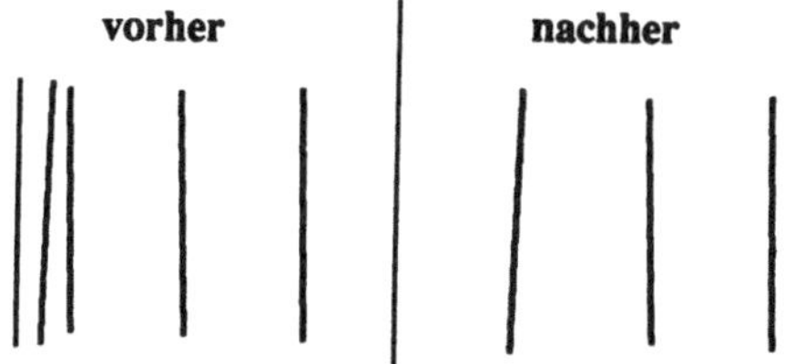

Abbildung 4: Ein unerwünschter Effekt (Beispiel aus [PaWy85])

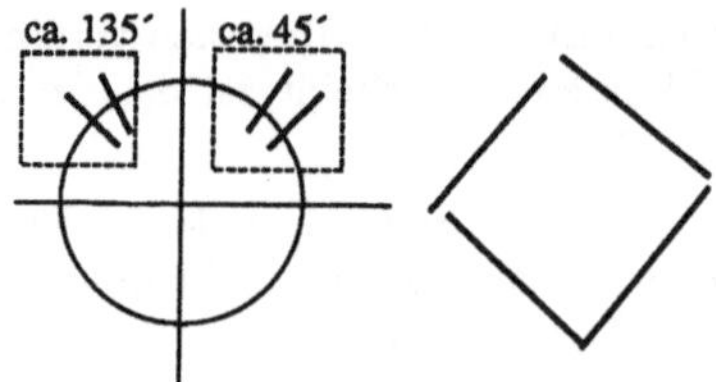

Abbildung 5: Gruppenbildung

auch das Vermeiden fehlerhafter Schritte) sind erst dann möglich, wenn mehr Informationen über die Zeichnung vorhanden sind. Wenn diese Informationen nicht umständlich vom Benutzer erfragt werden sollen, so muß das System versuchen, sie selbst aus der Zeichnung und dem Kontext, das heißt genauer dem Typus der angefertigten Zeichnung entsprechend, zu extrahieren. Hierzu sind Techniken der Mustererkennung (siehe z.B. [Wata85] oder [Kitt88]) notwendig.

Als ein Beispiel für den Stand der Kunst auf diesem Gebiet sei das System von Okazaki und Tsuji [OkTs88] erwähnt. Die betrachtete Anwendung, das Erkennen chemischer Strukturformeln, ist sehr spezifisch, das Verfahren aber allgemein verwendbar. Die durch lokale Operationen der Mustererkennung aus der Bitmap gewonnenen Linien-Segmente werden als Basis für die weitere Verarbeitung genommen. Sie werden nach einer Vorklassifikation als Grundsegmente in einen Segment-Speicher eingetragen, und dann durch Anwenden von Regeln (also auch hier Wissensbasierung) mit mehr Information angereichert und zu grösseren Gruppen zusammengestellt. Ein Teil der Regeln werden dafür verwendet, um Fehlentscheidung früherer Phasen anhand von Wissen über den Aufbau chemischer Formeln zu revidieren.

3.4 Designer

Einen wissensbasierten Assistenten zur Bearbeitung von technischen Zeichnungen als Front-End des *Steamer Graphic Editor*, den *Designer*, konzipiert Weitzmann in [Weit86]. Elemente einer schematischen Zeichnung zur Simulation von Vorgängen, wie Anzeigegeräte, Pumpen, Leitungen usw., die in ikonischer Form mit Hilfe des graphischen Editors zusammengestellt werden, können mit Hilfe eines wissensbasierten Verfahrens bezüglich einer Reihe von Kritierien untersucht und gegebenenfalls auf Anraten des Systems hin verbessert werden.

Das System besteht aus drei Komponenten: einem *Analyser*, der die in objektorientierter Form repräsentierte Graphik untersucht und einzelne Elemente und deren Beziehung untereinander feststellt. Die dabei gewonnene Information dient als Eingabe für den *Critiquer*, der die Graphik kommentiert und schlechte Eigenschaften feststellt. In einer letzten *Synthese*-Phase werden diese Ergebnisse wiederum verwendet, um die ursprüngliche Graphik zu verbessern.

Ein Beispiel einer in diesem System verwendeten Regel ist das *Prinzip des signifikanten Größenunterschieds*: Wenn Elemente unterschiedlich groß sind, dann sollten sie sich wesentlich unterscheiden, um keine Mehrdeutigkeiten zu erzeugen.

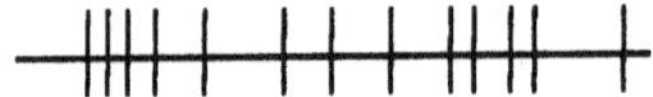

Abbildung 6: Wie kann man hier sinnvoll Gruppen bilden? (Beispiel aus [PaWy85])

3.5 Vergleich und Bewertung

Die Nachteile einfacher Verfahren sind offensichtlich; die zugrundeliegende Methodik ist für den Benutzer allerdings leicht zu begreifen und nachvollziehbar. Das gilt auch für das Snap-Dragging. Der Benutzer wird nicht durch unverständliche oder unvermittelt entwickelte Eigeninitiative des Systems verwirrt. Der Beautifier ist in dieser Hinsicht am anfälligsten; die negativen Constraints sind nicht in der Lage, alle Situationen zu verhindern, in denen es zu unerwünschten Effekten kommt.

Constraints erweisen sich oft als schwer verständlich und lassen sich nicht geeignet durch einfachen Dialog mit dem Programm festlegen. In Nelsons *Juno* bearbeitet der Benutzer parallel die eigentliche Zeichnung und eine analoge und konsistent gehaltene programmiersprachliche Darstellung. Für benutzerfreundliche Oberflächen ist das nicht akzeptabel. Die Vorteile der an sich mächtigen constraint-orientierten Systeme werden dadurch gemindert.

Existierende mustererkennende Systeme zur Analyse von Zeichnungen sind zumeist auf einen eng begrenzten Bereich mit genau festgelegten Eigenschaften anwendbar. Der *Designer* hat die gleiche Restriktion; zudem arbeitet er nicht auf der eigentlichen Zeichnung, sondern auf einer Ansammlung von Ikonen.

4 Systementwurf

Es sind eine Reihe von Möglichkeiten der Unterstützung des Benutzers vorgestellt worden. Es bietet sich an, die Techniken wie

- Hilfestellungen bei der interaktiven Erstellung von Graphiken
- (halb-)automatisches Verbessern von Graphiken (Beautifying)
- deklarative Beschreibung von Nebenbedingungen

in einem geschlossenen System zu implementieren. Die Komplexität der Aufgabenstellung und die Notwendigkeit einfacher Adaptier- und Erweiterbarkeit legen eine wissensbasierte Vorgehensweise nahe.

4.1 Systemkonzept

Die Unterstützung des Benutzers findet an zwei Stellen statt, nämlich sowohl bei der Eingabe als auch bei der Bearbeitung der Graphik. Es gibt jedoch keine klare Trenung zwischen diesen beiden Bereichen, zumal Eingabe und Bearbeitung häufig mehrfach wiederholt werden.

Analyse der Eingabe

Ein echter Zugewinn gegenüber herkömmlichen Verfahren ist dann erreichbar, wenn das System die Eingabe schon zu Beginn so weit wie möglich analysiert wird und anhand vorhandenen Wissens über den speziellen Graphiktyp brauchbare Hilfestellungen angeboten werden.

Wenn beispielsweise ein baumartiges Diagramm gezeichnet wird, sollte sich automatisch die Bedingung ergeben, daß logisch auf gleicher Ebene stehende Objekte auch in der Zeichnung auf gleicher Höhe stehen.

Eine nachfolgende Bearbeitung, die auf den erkannten Objekten auf symbolischer Ebene unter Zuhilfenahme anwendungsspezifischen Wissens erfolgt, wird unspezifischen Verfahren, wie dem

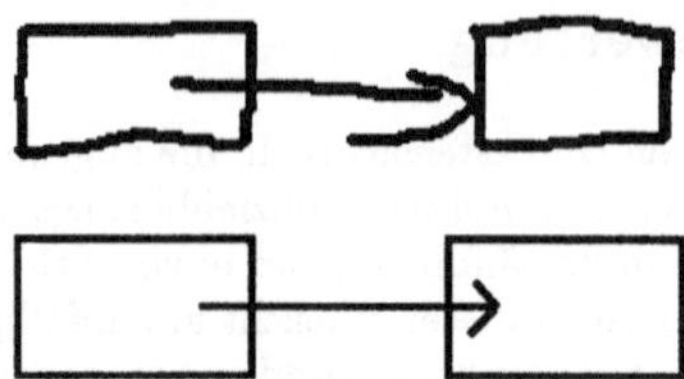

Abbildung 7: Anwendung auf eine Handzeichnung

einfachen Beautifier, überlegen sein. Die Wirkungsbereiche der (positiven und negativen) Constraints können genauer festgelegt werden.

Beautifier

Wesentliches Merkmal der Funktionalität sind Funktionen eines Beautifiers, wie insbesondere das Angleichen und Ausrichten bestimmter Parameter wie Linienlängen und Steigungen von Geraden. Hier kann ausgewählt werden, ob ein *Gruppenbildungsschema*, welches sich adaptiv bezüglich der Zeichnung verhält, eingesetzt werden soll. Dabei werden beispielsweise die Steigungen aller gefunden Geraden auf Ähnlichkeit untersucht und solche mit einer hohen Übereinstimmung aneinander angepaßt. Das Vorgehen kann noch dadurch verfeinert werden, daß, im Gegensatz zu dem Beautifier von Pavlidis und Van Wyk, nicht alle vorhanden Geraden in den Prozeß einbezogen werden, sondern nur diejenigen, die als Ergebnis der Mustererkennung in bestimmter Weise klassifiziert wurden, wie die Geraden einer Gruppe von Parallelogrammen.

Wenn dieser Mechanismus der Gruppenbildung keine Anwendung finden soll, so kann man feste Werte angeben, auf die die Parameter gelegt werden sollen. Damit wird ein dem *Snap Dragging* verwandtes Verhalten erreicht. Im Extremfall kann man auf diese Weise festlegen, daß es nur horizontale, vertikale und diagonale Geraden ($0°, 45°$ und $90°$) zugelassen sind und alle anderen Werte auf diese abgebildet werden.

Beschreibungssprache

Eine deklarative Beschreibungssprache für die Graphiken und die darauf operierenden Regelpakete ermöglicht es dem Benutzer, das Verhalten des Systems zu adaptieren. In dieser Sprache werden insbesondere die Nebenbedingungen spezifiziert, die entweder spezifisch für einen bestimmten Typ von Graphiken sind oder allgemeiner Natur sein können. Die Zuordnung einer Schwerkraft zu ausgezeichneten Punkten bestimmter graphischer Objekte, wie den Eckpunkten von Rechtecken, ist Bestandteil allgemeinen Wissens über Graphik und wird als Default angenommen, der bei Bedarf überschrieben werden kann.

Zusätzliche Leistungen

Eine Erleichterung für den Benutzer stellt eine *Bibliothek* von graphischen Objekten dar, die nicht jedesmal vollständig gezeichnet werden brauchen, sondern durch ein Kurzsymbol identifiziert werden.

Denkbar ist es auch, mit einem Graphiktablett eingegebene Freihandzeichnungen zu bearbeiten (Abbildung 7). Um das zu ermöglichen, muß man noch eine weitere Stufe der Mustererkennung einbeziehen: das extrahieren von Liniensegmenten aus einem Binärbild oder der Folge der Stiftbewegungen bei der Eingabe. Aus diesen sind dann die in der Zeichnung vorhandenen einfachen graphischen Objekte wie Rechtecke usw. zu bestimmen. Die Forschung auf diesem Gebiet ist

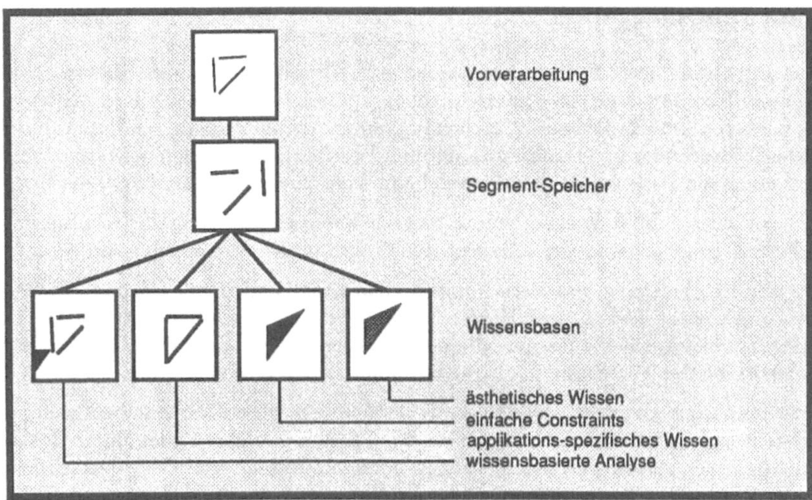

Abbildung 8: Systemarchitektur

schon recht weit gediehen (siehe [JaKr86]) und eine Einbeziehung solcher Fähigkeiten in unser System ist nicht geplant.

Eine weitere zusätzliche Leistung ist ein automatisierter Übergang auf alternative Darstellungsformen. So kann sich der Benutzer entscheiden, von einem Balken- auf ein Kuchendiagramm überzugehen; das System hat aus seiner ersten Zeichnung alle notwendigen Informationen extrahiert, übergibt diese an ein spezialisiertes Modul und holt sich von dort die neue Version.

Es ist wichtig, einen *Undo*-Mechanismus vorzusehen, mit dem frühere Zustände wieder herstellbar sind. Dabei sollte das *Undo* sowohl global als auch lokal einsetzbar sein; wenn eine Operation viele Objekte betraf, und nur bei einem ein unerwünschter Effekt auftrat, ist es praktisch, wenn die Operation nur für dieses Objekt rückgängig gemacht werden kann.

Architektur

Die grobe Systemarchitektur ist aus Abbildung 8 ersichtlich.

Die Eingabe wird einer Mustererkennung unterworfen, in der nach Vorverarbeitungsschritten die vorhandenen Ojekte so weit wie möglich klassifiziert werden. Die so erhaltenen Objekte in einen Segmentspeicher eingetragen und dort von dem regelorientiertem Teil weiterverarbeitet. Wichtig ist die Tatsache, daß alle Wissensbasen auf der gleichen Datenbasis operieren. Die Wissensbasen sind modular angelegt. Zuerst erfolgt die Analyse der Eingabe. Es wird versucht, Objekte niederer Beschreibungsebenen, d.h. die elementaren graphischen Objekte, in solchen höherer Ebenen, als da sind Symbole und in einem Sinnzusammenhang stehende Gruppen von Objekten, unterzubringen. Auf diesen Arbeiten dann die anderen Regelpakete weiter. Die Steuerung der Interaktion ist in dem Diagramm nicht mit aufgezeigt.

4.2 Forschungsaufgaben

Es wird eine objektorientierte Beschreibungssprache für Graphiken benötigt, die von der untersten Ebene (einzelne Striche), über Zwischenschritte (graphische Objekte wie Kreis, Pfeil usw.) bis hin zu komplexeren Objekt-Klassen (Kuchendiagramm, Organigramm, ...) eine durchgängige und konsistente Beschreibung erlaubt. Die unteren Beschreibungsebenen sind besonders bei der Mustererkennung von Bedeutung; die höheren beim wissensbasierten Verschönern (Beautifying).

Die Sprache soll Klassenbildung erlauben, so daß der Benutzer sich durch Spezialisierung, Vererbung und Erweiterung vorhandener Klassen neue Graphiktypen definieren kann.

Konstrukte zur Beschreibung von Vererbungsmechanismen sind notwendig für die Regeln und Constraints. Auch diese sind in einer Hierarchie angeordnet. Neben der Unterteilung in anwendungsspezifische und allgemeine Regeln ist auch eine Vererbung in der Objekthierarchie denkbar, wobei Mechanismen der Vererbung noch genauer untersucht werden müssen.

Die Mustererkennung bedient sich bekannter Techniken. Einzelne Probleme bedürfen jedoch besonderer Beachtung. So wird die Interpretation der Eingabe in vielen Fällen durch das Auftreten von Mehrdeutigkeiten erschwert. Zudem können auch unterschiedliche Designentscheidungen zu inkompatiblen Lösungen führen, die vielleicht zeitweise parallel weiterverfolgt werden sollen. Eine interessante Technik, solche Mehrdeutigkeiten zu behandeln, ist beschrieben in [RaSm88], wo ein ***Assumption Based Truth Maintenance System (ATMS)*** [deKl86] verwendet wird, um ein effizientes Durchsuchen mehrerer unabhängiger Pfade zu ermöglichen. Auch Weitzmann [Weit86] verwendet ein ATMS in seinem *Designer*.

Eine Methodologie für die Interaktion mit dem Programm ist zu entwickeln und anhand bekannter Evaluationskriterien, cf. [Buxt86,CaMN80], zu bewerten.

Wir planen, eine experimentelle Untersuchung über das Verhalten von Benutzern bei der Benutzung von Draw-Programmen durchzuführen. Die Studie wird im MMK-Labor unserer Forschungsgruppe unter Verwendung der dort vorhandenen Video-Ausrüstung erfolgen. Dabei werden mehrere Versuchspersonen gebeten, bestimmte Zeichnungen anzufertigen. Anhand der Aufzeichung und im nachfolgenden Gespräch soll dann analysiert werden, welche Arbeitsschritte zu welchem Zweck gemacht worden sind. Dabei wird insbesondere darauf geachtet, welche Schritte als Nachbearbeitung klassifiziert werden können. Anhand der so gewonnenen Resultate soll die genaue Funktionalität des Beautifiers festgelegt werden. Ansatzpunkte für adaptive und adaptierbare Eigenschaften des Systems müßen erkannt werden um eine weitgehende Akzeptanz bezüglich verschiedener Benutzer zu erreichen.

4.3 Implementierung

Das System wird auf einer Symbolics Lisp-Maschine mit Farb-Bildschirm implementiert [Symb88]. Die dort zur Verfügung stehenden Hilfsmittel, wie eine objektorientierte Erweiterung für die Sprache Common-Lisp, das *Flavor-System*[1], und andere KI-Software Werkzeuge, werden genutzt.

5 Schlußbemerkung

Aufbauend auf dem Stand der Kunst wurde ein wissensbasiertes Konzept vorgestellt, mit dem Eingabe und Bearbeitung von Zeichnungen auf Rechensystemen benutzerfreundlicher gestaltet werden kann.

[1]Beabsichtigt ist, so früh wie möglich von den Flavors zu dem neuen, standardisierten *CLOS* zu migrieren, dem eine sauberere theoretische Basis zugrunde liegt.

Die Eingabe der Zeichnung und der Kommandos zur Bearbeitung erfolgt mit einem Zeigegerät. Mit Techniken der Mustererkennung werden die eingegebenen Objekte so weit wie möglich erkannt und in eine Datenbasis eingetragen. Auf dieser Datenbasis operieren modular organisierte allgemeine und anwendungsspezifische Regelpakete und führen im Dialog mit dem Benutzer Verbesserungen an der Graphik durch. Auf diese Weise wird der Benutzer entlastet, da die vielen kleinen Korrekturoperationen, die beim Erstellen einer Graphik immer wieder gemacht werden müßen, zum Teil automatisiert erledigt werden. In bestimmten Fällen können vom System sogar Verbesserungsvorschläge gemacht werden, die es aus Wissen über die ästhetische Gestaltung von Graphiken hergeleitet werden.

Eine Implementierung wird in Rahmen des Projektes WIBAGRAPH der GMD durchgeführt. Es ist als selbstständiger Teil innerhalb eines größeren Vorhabens, des *Assistenzcomputers*, zu verstehen.

Literatur

[BiSt86] Eric Allen Bier, Maureen C. Stone: „Snap-Dragging". *Computer Graphics* **20**(4), 1986

[Bott85] Manfred Bottlinger: „MacDraw - Fast schon CAD". *Computer Persönlich* **7**, 1985

[Born79] Alan Borning: *„ThingLab - A Constraint-Oriented Simulation Laboratory."* Rep. SSL-79-3, XEROX PARC, Palo Alto, 1979

[Born87] Alan Borning, Robert Duisberg, Bjorn Freeman-Benson, Axel Kramer, Michael Woolf: „Constraint Hierarchies". *OOPSLA '87 Proceedings*, ACM, pp. 48-60, 1987

[Buxt86] W. Buxton: „Chunking and Phrasing and the Design of Human-Computer Dialogues". In: H. J. Kugler (ed.): *Information Processing 86*, Elsevier Science Publishers B.V. (North Holland)

[CaMN80] Stuart. K. Card, Thomas P. Moran, Allen Newell: „The Keystroke-Level Model for User Performance Time with Interactive Systems". *CACM* **23**(7), 1980, pp. 396-410

[deKl86] Johan de Kleer: „An Assumption-Based Truth Maintenance System". *Artificial Intelligence* **12**, 1986

[Gues85] Hans-Werner Güsgen: *„Constraints - Eine Wissensrepräsentationsform"*. Birlinghoven, Arbeitspapiere der GMD 173, 1985

[Hosc87] Peter Hoschka: *„Assistenz-Computer - Eine neue Generation von Bürosystemen."* Internes Papier, GMD/F3, 1987

[JaKr86] Helmut Jansen, Frank-Lothar Krause: „Interpretation of Freehand Drawings for Mechanical Design Process". *Computer & Graphics* **8**(4), 1984, pp. 351-369

[Kitt88] J. Kittler (ed.): *Pattern Recognition - 4th Int. Conf. Cambridge, UK.* Springer Verlag, LNCS 301, 1988

[Knut86] Donald E. Knuth: *The METAFONTbook.* Addison Wesley, 1986

[Nels85] Greg Nelson: „Juno, a Constraint-based Graphics System". *Computer Graphics* **19**(3), 1985

[OkTs88] Shin-Ishirou Okasaki, Yoshitake Tsuji: „Knowledge Based Approach for Adaptive Pattern Recognition". In: [Kitt88]

[PaWy85] Theo Pavlidis, Christopher J. Van Wyk: „An Automatic Beautifier for Drawings and Illustrations". *Computer Graphics* **19**(3), 1985

[RaSm88] S.T. Rake, L.D.R. Smith: „Use of an Assumption Based Truth Maintenance System to Record and Resolve Ambiguity in Cardiac Angiograms". In: [Kitt88]

[Rome88] Erich Rome: *„Wissensbasierte graphische Gestaltung."* Internes Papier, GMD/F3, März 1988

[Spae80] Helmuth Späth: *„Cluster Analysis Algorithms"*. Chichester, Ellis Horwood Limited, 1980

[Symb88] Systemdokumentations- und Informations-Schriften der Firma Symbolics, Inc, Cambridge, Massachusetts

[VanW82] Christopher Van Wyk: „A High-Level Language for Specifying Pictures". *ACM Transactions on Graphics* **1**(2), 1982

[Wata85] Satoshi Watanabe: *„Pattern Recognition - Human and Mechanical"*. John Wiley & Sons, 1985

[Weit86] Louis Weitzmann: *„Designer - A Knowledge Based Graphic Design Assistant"*. ICS Report 8609, Intelligent Systems Group, Institute of Cognitive Science, University of California, San Diego

ESCHER — interaktive, graphische Darstellung komplexer Objekte auf der Basis des erweiterten NF^2-Datenmodells

Prof. Dr. Lutz Wegner
FG Informatik, FB Mathematik
Gh - Universität Kassel
D-3500 Kassel

Zusammenfassung: Das erweiterte NF^2-Datenmodell läßt als Attributwerte auch wieder strukturierte Objekte (Tabellen, Listen, Tupel) zu. Es eignet sich daher besonders für Nichtstandardaufgaben im Ingenieurbereich, aber auch für die Formularbearbeitung in der Büroautomation. Das hier vorgestellte System ESCHER ist ein Versuchsträger zur Erprobung einer interaktiven, graphischen Schnittstelle für die Darstellung und Manipulation komplexer Objekte auf der Basis dieses Datenmodells. Der Bericht schildert die Grundkonzeption und bisherigen Erfahrungen mit ESCHER.

1. Einleitung

Das erweiterte NF^2-Datenmodell [1, 4, 5, 6, 9, 10, 15] läßt als Attributwerte neben den üblichen atomaren Werten wie z.B. Text und Integer auch komplexe Objekte, d.h. Mengen (Untertabellen), Listen und Tupel in beliebiger Schachtelungstiefe zu. Die so entstehenden Relationen sind daher nicht in der 1. Normalform (NF^2: *N*on *F*irst *N*ormal *F*orm).

Abbildung 1 unten zeigt eine NF^2-Tabelle für einen Verteiler von Druckschriften, wie sie in einer Büroumgebung existieren könnte. Um möglichst alle Strukturierungsarten zu zeigen, wurdem jedem ADRESSATEN vier Attribute zugeordnet, davon die ADRESSNUMMER als atomarer Integerwert, der KURZNAME als Tupel (Gruppierung ohne Wiederholung, vgl. Datentyp *record* in Pascal), die ANSCHRIFT als eine geordnete Liste von Zeilen und INFOS als ungeordnete Untertabelle vom Grad 2 mit den atomaren Textattributen CODE und BEZEICHNUNG.

Ein weiteres Beispiel aus der Büroumgebung, hier als Tabelle der in der 48. Kalenderwoche angesetzten Besprechungen (MeetingsW48) zusammen mit dem Schema Veranstaltungen, zeigt die Abbildung 2. Die Teilnehmer der einzelnen Treffen bilden selbst wieder eine Untertabelle mit Attributen NAME (Text) und TEL (hier zur Demonstration als Integer vereinbart).

Die Abkehr von den sog. flachen Tabellen der klassischen relationalen Datenbanken erlaubt die Zusammenfassung inhaltlich zusammengehöriger Objekte bezüglich Sicht, Abfrage und Manipulation, sowie der Speicherung bei geeigneter Implementierung. Dies bringt Vorteile im Bereich der Nichtstandard-Datenbankanwendungen, wie z.B. im CAD/CAM-Bereich und in der Robotik (vgl. [5]), wo etwa geometrische Daten zu manipulieren sind. Vieles spricht aber auch dafür, dieses Modell im Bürobereich einzusetzen, z.B. in der sog. Formularbearbeitung, weil hier eine strukturerhaltende Abbildung der Formulare möglich ist.

Ein Nachteil des erweiterten NF^2-Datenmodells ist, daß es erhöhte Anforderungen an den Benutzer stellt, speziell durch geschachtelte Abfragen mit mehreren freien Variablen in einer erweiterten SQL-Umgebung, wie sie etwa im AIM-Prototyp des IBM Wiss. Zentrums Heidelberg realisiert ist.

Die Projektentwicklung erfolgte in Zusammenarbeit und mit freundlicher Unterstützung des IBM Wiss. Zentrums Heidelberg

{ADDRESSATEN}					
#ADRNR	[KURZNAME]		<ANSCHRIFT>	{INFOS}	
	NACHNAME	INIT	ZEILE	CODE	BEZEICHNUNG
4711	Hinz	A.	Hr. Dr. A. Hinz Gott&Golem Inc. Postfach 1234 8000 München	HZ PI	Hauszeitung Produktinfo
1174	Kunz	B.	Fr. Dir. B. Kunz Schöne Str. 50 9999 Stadthausen	PI PL MK HZ	Produktinfo Preisliste Messekarten Hauszeitung

Abb. 1: Schema und Tabelle eines Verteilers

Das hier vorgestellte System ESCHER führt für dieses Datenmodell eine graphische, interaktive Schnittstelle ein. Dies ist generell für relationale Datenbanken nichts Neues (vgl. [2, 3, 8, 11, 13, 16, 17, 18, 19]), vielmehr gilt das Interesse heute der Auswahl der geeigneten Benutzungsoberfläche (vgl. [14]). Für das NF^2-Datenmodell wurde jedoch nach unserem Wissensstand noch nie eine graphische Schnittstelle realisiert. Die in der Funktionalität ähnlichste Entwicklung ist das *FORMAL*-Projekt am IBM Los Angeles Scientific Center [16].

Das System ESCHER verzichtet realistischer Weise auf eine vollständige Implementierung eines NF^2-DBMS, sondern orientiert sich mehr an den eingeschränkten Möglichkeiten der Tabellenkalkulation. Ein solcher Ansatz ist trotz der Beschränkung nützlich, weil man davon ausgehen kann, daß in vielen Anwendungen, gerade im Bürobereich, nur elementare Operationen wie Eingabe von Tabellen und visuelle Kontrolle erforderlich sind und das System ggf. als front-end zu einem vollständigen DBMS agiert.

Historisch gesehen entstand die Entwicklung des Systems aus der Notwendigkeit, eine Testumgebung für einen Duplikatsentdeckungsalgorithmus für *AIM-P* zu schaffen, da kein Zugang zu letzterem auf einem Großrechner realisierten DBMS bestand. Somit gab es auch keinen Zwang, sich an bestehende Schnittstellen anzupassen. Um eine Portierung des Duplikatsalgorithmus nach AIM-P offenzuhalten, wurde als Implementierungssprache PASCAL gewählt (AIM-P ist im wesentlichen in PASCAL geschrieben). Einen graphischen Ansatz zu versuchen war dann offensichtlich, da die moderneren PASCAL-Dialekte leistungsfähige Graphikpakete beinhalten.

Durch die Beschränkung des funktionalen Umfangs und die Freiheit (den Zwang) alles neu schreiben zu dürfen (zu müssen), bestand von Anfang an der Wunsch, das System als Versuchsträger für neue Ideen zu benutzen mit der notwendigen Konsequenz, Teile oder auch das Ganze wieder zu verwerfen. Eine solche, z.T. neue Idee (vgl. aber auch [12]) ist es, selbstreferenzierende (rekursive) Methoden zu verwenden, d.h. Teile des Systems implementieren sich mit den Methoden, die es zu realisieren gilt. Einfachere Beispiele sind die Abspeicherung der Schemata als Tupel einer Schemata-Tabelle, Aufnahme aller Systemparameter und Systemmeldungen (Fehlerfenster, Drop-down Menüs, etc.) als NF^2-Tabellen, die dann auch leicht fremdsprachlich angepaßt werden können.

Anspruchsvollere Beispiele sind systeminterne Abspeicherungen von Datenstrukturen (Finger in Fenster, aktive Fensterinhalte, Indexstrukturen) als NF^2-Tabellen und ein Bootstrap-Verfahren zum Initialisieren

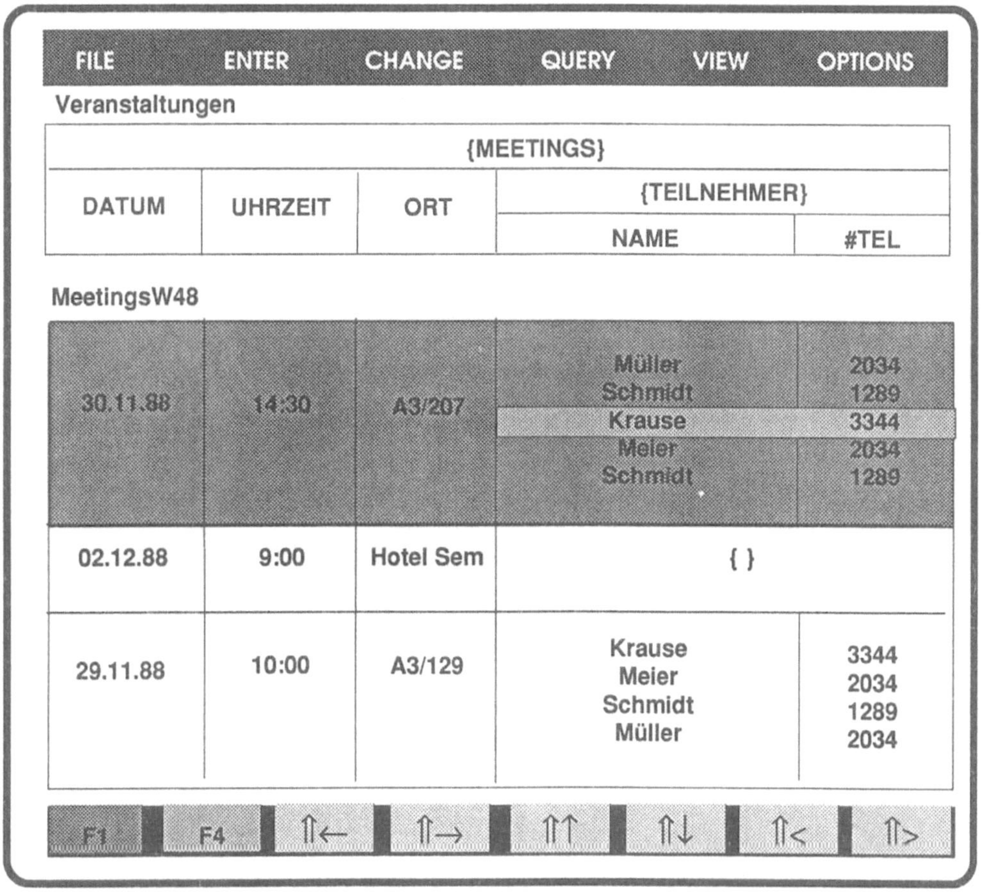

FILE ENTER CHANGE QUERY VIEW OPTIONS

Veranstaltungen

{MEETINGS}				
DATUM	UHRZEIT	ORT	{TEILNEHMER}	
			NAME	#TEL

MeetingsW48

30.11.88	14:30	A3/207	Müller Schmidt Krause Meier Schmidt	2034 1289 3344 2034 1289
02.12.88	9:00	Hotel Sem	{ }	
29.11.88	10:00	A3/129	Krause Meier Schmidt Müller	3344 2034 1289 2034

F1 F4 ⇑← ⇑→ ⇑↑ ⇑↓ ⇑< ⇑>

Abb. 2: Tabelle "MeetingsW48" mit Schema "Veranstaltungen"

des Systems, ggf. mit Attributwerten, die interpretierbare Shell-Skripte einer geeigneten DB-Sprache darstellen. Aufgrund dieser Überlegungen wurde das System nach dem berühmten holländischen Graphiker *M.C. Escher* (1898-1972) benannt, dessen Werk ja gerade diese selbstreferenzierenden, unmöglichen Welten illustriert [7].

2. Benutzungsschnittstelle und Funktionsumfang

ESCHER soll die graphische Darstellung und interaktive Manipulation von Objekten im NF^2-Modell ermöglichen. Es ist dabei auf die Hervorhebung durch Farbe angewiesen. Die Verwendung der Rastergraphik ist primär nicht zwingend erforderlich, sondern ergibt sich aus den Komfortansprüchen der Benutzer, welche die rasch sehr breit werdenden Tabellen außer durch spaltenweises horizontales Rollen auch über Zoomen in der verkleinerten Gesamtsicht dargestellt sehen wollen.

Farben werden verwendet, um Objekte zu unterlegen. Wir sprechen dann von einem *Finger*, der auf dieses atomare oder komplexe Objekt zeigt. In Tabellen und Schemata können mehrere Finger gleichzeitig zeigen, jedoch kann immer nur ein Finger aktiv sein, signalisiert durch Blinken, Intensivierung oder ähnliches. Jedem Finger ist eine Farbe und eine Fingertaste zugeordnet. Hier bieten sich die auf fast allen Tastaturen vorhandenen 10 - 12 Funktionstasten F1, F2, .. an. In der Fingerzeile am unteren Rand des Bildschirms erscheinen alle angelegten Finger als Fi, Fj, ... mit der jeweiligen zugeordneten Farbunterlegung. Die Abbildung 2 oben zeigt eine simulierte Umgebung mit (von oben nach unten) der Menüzeile, dem Schema (fest), einer Tabelle mit zwei Fingern F1 und F4 (rollt) und der Fingerzeile.

Jeder Tabelle ist vom System ein Finger F0 zugeordnet ohne Unterlegung. Dieser ist beim Laden der Tabelle automatisch aktiv. Weitere Finger können nun über eine Kontrolltastenkombination oder Menüanwahl erzeugt werden. Sie verzweigen (fork) sich stehts vom aktiven Finger und zeigen damit zunächst auf das selbe Objekt. Mehrere übereinanderliegende Finger werden weiß unterlegt, in der Fingerzeile wechselt für die entsprechenden Finger die Farbunterlegung intervallmäßig von weiß zur zugeordneter Farbe und zurück. Ist ein aktiver Finger darunter, dann blinkt dieser.

Durch Drücken der entsprechenden Fingertaste kann ein anderer zugeordneter Finger aktiviert werden. Die Farbunterlegung des deaktivierten Fingers bleibt unberührt. Der aktive Finger kann nun über eine geeignete Kombination von Cursortasten und z.B. Shift kontextabhängig bewegt werden. Visuell glaubt man zunächst, drei Dimensionen für die Bewegungsrichtung zu erkennen:

- in einer Menge oder Liste hinauf und hinunter
- in einem Tupel nach links und nach rechts
- in ein Objekt hinein (zum ersten Element) und zum umgebenden Objekt heraus.

Entsprechend sind auch 6 Tastenkombinationen vorgesehen, wobei die intuitiv ansprechende Wahl für "Hinein" (IN) und "Heraus" (OUT) offen ist. Semantisch gesehen sind die beiden ersten Dimensionen aber identisch: der Finger bewegt sich zum Vorgänger bzw. Nachfolger. In der Abbildung 2 oben kann also der Finger auf dem Teilnehmer (Tupel) [Krause, 3344] nur hinauf und herunter bewegt werden. Der direkte Wechsel zum Ortsattribut A3/207 ist nicht möglich. Hierzu müßte zuerst "Herausgegangen" werden, wodurch der Finger auf die Teilnehmer-Tabelle zeigt und dann einmal nach links.

Fehlerhafte Fingerbewegungen, z.B. "Hinein" in atomares Objekt, "Heraus" vor oberstes Mengen- oder Listenelement, "Links" vor erstes Attribut, usw. sind mit der (abstellbaren) Glocke zu "belohnen". Analog kann eine Fingersteuerung über eine Maus erfolgen. Ferner rollt das Tabellenfenster so, daß der aktive Finger, bzw. der Anfang eines ausgedehnten Objekts auf das er zeigt, sichtbar bleibt. Andererseits kann über die üblichen Rolltechniken, z.B. Page-Up, Page-Down, Line-Up, Line-Down, Home, End,

<UHRZEITEN>	
VON	BIS
9:30	12:30
14:00	17:00
19:00	offen

große Nachbar-objekte

Abb. 3: Räumlich ausgedehnte Objekte

usw. auch unabhängig gerollt werden. Durch Drücken der Fingertaste des aktiven Fingers (ersichtlich aus der Fingerzeile) kann jederzeit der Rücksprung erfolgen.

Besonders interessant (und schwierig) ist die geeignete Darstellung ausgedehnter Objekte. Hat man z.B. in der Abbildung 2 ein Meeting-Tupel mit mehreren hundert Teilnehmern, paßt dieses Objekt nicht mehr als Ganzes in ein Fenster. Wo (wann) erscheinen die atomaren Werte für DATUM, UHRZEIT, ORT? Fahren sie beim Rollen mit, kommen sie einmal am Anfang, in der Mitte oder am Ende? Wenn die UHRZEIT eine Liste von Tupeln der oben gezeigten Art ist (Abbildung 3), erscheinen dann alle drei Zeiten zusammen oder entsprechend gedehnt?

Einfügen und Entfernen erfolgen relativ zum aktiven Finger. Beim Einfügen wird nach dem aktiven Objekt ein "leeres" Objekt geschaffen, wobei atomare Werte mit der Darstellung ??, Mengen durch {??}, Listen durch <??> und Tupel durch [??] angezeigt werden. Abbildung 4 zeigt ein eingefügtes Tupel MEETINGS mit dem Finger F1 auf dem ersten Attributfeld. Gleichzeitig ist das Attribut im Schema hervorgehoben, ggf. wird der erwartete Typ gesondert angezeigt.

Beim Entfernen wandert der aktive Finger automatisch zum nächsten Objekt, beim "Rückwärtsentfernen" (Entfernen des Objekts vor dem aktiven Finger) bleibt der aktive Finger auf dem Objekt, d.h. die analoge Funktionsweise zu Del und ← in vielen Editoren bleibt erhalten. Zu beachten ist, daß beim

FILE ENTER CHANGE QUERY VIEW OPTIONS

Veranstaltungen

{MEETINGS}				
DATUM	UHRZEIT	ORT	{TEILNEHMER}	
			NAME	#TEL

MeetingsW48

30.11.88	14:30	A3/207	Müller Schmidt Krause Meier Schmidt	2034 1289 3344 2034 1289
02.12.88	9:00	Hotel Sem	{ }	
??	??	??	{??}	
29.11.88	10:00	A3/129	Krause Meier Schmidt Müller	3344 2034 1289 2034

F1 F4 ⇑← ⇑→ ⇑↑ ⇑↓ ⇑< ⇑>

Abb. 4: Einfügen eines Tupels "Meetings"

Entfernen des aktiven Objekts kein Finger mehr auf ein Unterobjekt dieses zu entfernenden Objekts zeigt. In der Abbildung 2 kann also das Tupel [Krause, 3344] mit (aktiv) F4 entfernt werden, obwohl F1 auf das umgebende Objekt [30.11.88, 14:30, A3/207, {[Müller, 2034], ..., [Schmidt, 1289]}] zeigt. Umgekehrt ist dies nicht möglich.

Alle anderen Operationen können über Drop-down Menüs aus der Menüzeile eingeleitet werden, speziell Selection und Projektion. Für Änderungen kann ein lesefreundliches Eingabefenster mittig aufgemacht werden

3. Realisierung

Die Realisierung von ESCHER in der gegenwärtigen Konzeption ist durch drei Stichworte beschreibbar:

- **Internspeichermodell**
- **Indexorientierung**
- **Fingerkonzept**

Im Einzelnen bedeutet dies, daß ESCHER momentan darauf ausgerichtet ist, seine Objekte im Hauptspeicher zu halten, wie es für Tabellenkalkulationsprogramme typisch ist. Dazu wird auf der Heapverwaltung des PASCAL-Systems aufgesetzt, diese wird aber durch Verwendung weniger Größen, die zudem möglichst Zweierpotenzen sind, unterstützt. Speziell mußte darauf geachtet werden, daß auch leere Objekte eine kompakte Abspeicherung finden. Aus den vorgesehenen Längenfeldern ergeben sich die folgenden Beschränkungen (jeweils je Objekt!):

- max. Tupelgrad 255
- max. Listen- und Mengengröße (Kardinalität) 65.535

Aus der später erläuterten Fingerrealisierung folgt eine max. Schachtelungstiefe von 31. Kleine Listen und Tupel, d.h. bis Größe (Grad) 6 nehmen ihre Werte (atomar oder Verweis auf Unterobjekt) direkt in den Rumpf des Objekts auf, der zusammen mit dem Objektkopf z.Zt. 40 Bytes belegt. Indem der Benutzer die Aggregationsmöglichkeiten des NF^2-Datenmodells ausnutzt und bis zu sechs Attribute zu einem übergeordneten Attribut zusammenfaßt, kann er/sie also die Effizienz steigern bei gleichzeitiger Verbesserung der Lesbarkeit. Mengen und Listen enthalten im Kopf genau eine Typangabe für ihre Elemente, Tupel enthalten eine Typangabe je Attribut. Durch geschickte Kombination von Typ- und Offsetangabe für die variabel langen Werte könnte hier noch eine deutliche Effizienzsteigerung gegenüber der gegenwärtigen Realisierung erreicht werden.

Alle Objekte sind genau einmal vorhanden und bilden einen großen Baum mit der POOL-Tabelle als Wurzel (nimmt alle Schemata und Tabellen auf). Die Verkettung erfolgt momentan direkt über 4-Byte PASCAL-Zeiger, doch können diese jederzeit durch Tupelidentifier (TID's) ersetzt werden, die dann direkt oder über eine Hashtabelle in Hauptspeicher- oder Plattenadressen abgebildet werden. Für die Speicherung der Tabellen zwischen einzelnen Sitzungen und ggf. auch zur temporären Auslagerung nicht benötigter Teile wurde ein sequentielles Externspeicherformat entworfen, das im wesentlichen atomare Werte durch ein ausgezeichnetes Symbol (z.B. Blank) trennt und den Abschluß komplexer Objekte durch Zeilenvorschub markiert. Diese Speicherung ist nicht per se strukturerhaltend, wohl aber bei Eingabe über das zugehörige Schema.

Der zweite Aspekt ist die Indexorientierung. In der internen Verwaltung erfolgt der Zugriff auf ein Objekt durch Angabe seiner Indexposition im umgebenden Objekt, d.h. der i. Eintrag dort liefert die Adresse (Pointer oder TID) des i. Objekts. Betrachtet man etwa das Tupel [Krause, 3344] in Abbildung 2 mit Finger F4, so läßt sich seine Hauptspeicheradresse bei bekannter Tabellenadresse durch den Indexpfad (1, 4, 3) ermitteln. Dies ist auch der Grundgedanke fürdie Realisierung der Finger, d.h. ein Finger ist prinzipiell ein um weitere Angaben ergänzter Indexpfad mit einer Stapelrealisierung. Einfügungen

UNIT DataMngr (DM.pas)

Funktionskopf	Erläuterung
(Hinweis:	alle Funktionen liefern als Ergebnis einen Fehlercode ab und operieren relativ zum aktiven Finger)
Pop	in umgebendes Objekt gehen
Push(i)	in i. Objekt gehen
Fetch(datum)	Objekt (Adresse oder atomarer Wert) des aktiven Objekts holen
Insert(i, datum)	einfügen datum nach i. Unterobjekt
Delete(i)	i. Unterobjekt entfernen
Reset(i, datum)	ändern i. Unterobjekt auf datum
SyncValue	Kopien der Verweise auf aktuelles Objekt aktualisieren
GetValue(i, datum)	aus aktuellem Objekt i. Unterobjekt holen
GetType(t)	Typ t des aktiven Objekts ermitteln
GetSize(s)	Anzahl s der Elemente des aktiven Objekts ermitteln
GetLines(l)	Darstellungsgröße l des aktiven Objekts ermitteln
BootFinger(k)	ersten Finger in Tabelle[k] eintragen und mit Urladetabelle initialisieren
AddFinger(f1, f2)	zusätzlichen Finger f1 aus aktuellem Objekt mit Finger f2 abzweigen
MakeTupel	leeres Tupel erzeugen
MakeEmptySorL	Kopf fürleere Menge oder Liste erzeugen (die interne Funktion AddBody erzeugt bei Bedarf den Rumpf)
SetLeaves(l)	Anzahl der Blätter im aktiven Finger eintragen
GetLeaves(l)	Anzahl der Blätter des aktiven Fingers auslesen

Abb. 5: Grundoperationen des Datenmanagers

und Entfernungen berühren den Index aller nachfolgenden Unterobjekte, aber nur in dem Objekt in dem eingefügt oder entfernt wurde.

Abgesehen von dem Datenstrukturproblem, in der Objektspeicherung Platz für eine zusätzliche Adresse zu schaffen, bzw. eine Lücke schließen zu müssen, berührt dies den Objektbaum nicht. Lediglich alle Finger die über das manipulierte Objekt laufen können potentiell berührt sein. Dies ist aber schnell und platzsparend dadurch zu kontrollieren, daß alle Fingerverweise auf identische Objekte ringförmig verkettet sind (vgl. Anhang A).

Die eigentliche Abspeicherung der i. Adresse eines Unterobjekts in großen Objekten erfolgt in ggf. partiell gefüllten Daten- und Referenzblöcken von jeweils fest 256 Bytes. Diese werden mittels der üblichen Split-Operationen bei Überlauf gespalten, bzw. mittels Merge bei Unterlauf verschmolzen. Der quasidirekte Zugriff benutzt sog. Referenzpointer (6 Bytes), die sich aus Größenangabe und eigentlicher Blockadresse zusammensetzen. Referenzblöcke werden daher sequentiell durchkämmt bis der gesuchte Index kleiner oder gleich der Summe der bisher gesuchten Größen ist. Diese Struktur ähnelt der ursprünglichen Dateiverwaltung in UNIX. Wie aus Abbildung 6 ersichtlich, benötigt der theoretisch längste Suchpfad bei drei Indirektionsstufen mit 903.168 >> 65536 2-Byte-Elementen max. 88 Additionen und Vergleiche. Im Mittel wird man für Mengen und Listen bis ca. 500 (20.000) Unterelementen mit 2 (23) Additionen und Vergleichen rechnen müssen bei zufälliger Indexauswahl.

Durch Rückwärtsverkettung der Referenz- und Datenblöcke, sowie der Objektköpfe zu den Datenblöccken der umgebenden Objekte, können dann unbekannte Indexpfade (Finger) zu Objekten aufgebaut werden, wenn ein Objekt über einen Tupelidentifier in einem Sekundärindex gesucht wird. Offensichtlich verursacht in diesen Sekundärindizes die Abspeicherung der Indexpfade zuviel Änderungsaufwand.

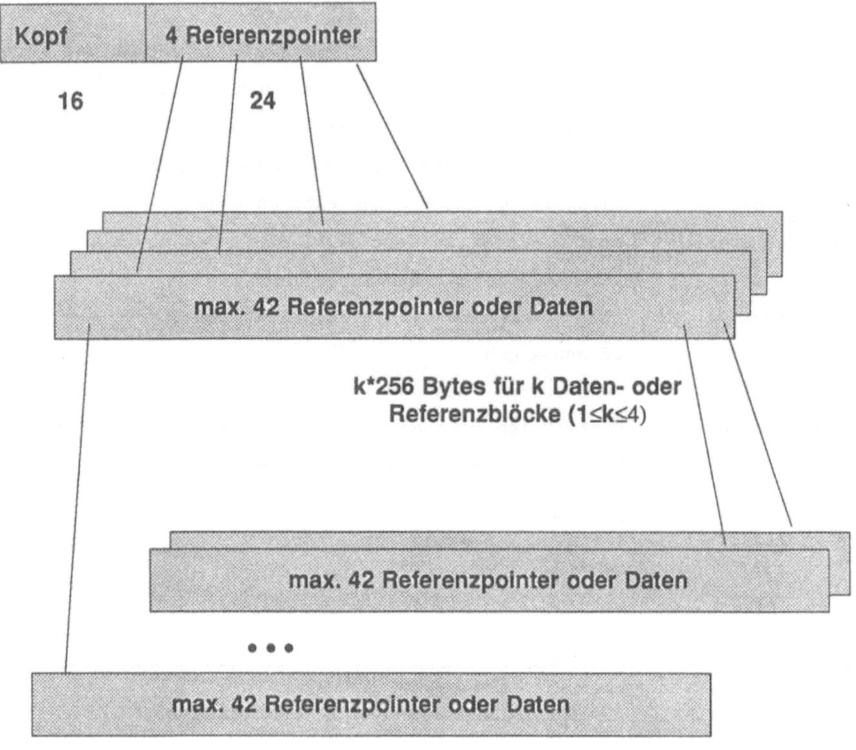

Abb. 6: Große Mengen- oder Listenobjekte

Der dritte und letzte Aspekt sind die Finger. Wie bereits erwähnt und in Anhang A ersichtlich, setzt sich das Konzept der Finger in der graphischen Schnittstelle intern fort. Die Manipulation des Objektbaums erfolgt über kleine Stapel (je Finger max. 256 Bytes) deren Einträge Records à 8 bytes sind mit Objektadresse (Pointer oder TID), Objekttyp (set, list, tuple, text, int, ...), Index dieses Objekts im umgebenden Objekt und Verkettung zum selben Objekt auf einem anderen Finger. Die Verkettung macht aus Platzersparnisgründen den Umweg über eine sog. Fingertabelle. Direkt manipuliert wird immer nur das oberste Element im Fingerstapel.

Alternativ hätten die Finger auch baumartig verkettet werden können, wodurch die Synchronisierung der Finger und der Speicherplatz für Verweise auf identische Objekte hätte entfallene können. Bei Löschen eines Fingers oder wenn Finger über die ursprüngliche Verzweigstelle hinauswachsen sind dann aber recht komplexe Umhängeoperationen erforderlich.

Finger werden auch für interne Aufgaben eingesetzt. Ein Beispiel ist die sehr komplexe graphische Ausgabe der Tabellen. In der Folge von Fenster- oder Fingermanipulationen muß das Bild schnell nachgefahren werden. Anders wie bei der Schemadarstellung genügt ein Preorder-Durchlauf nicht, da aufgrund der möglichen großen räumlichen Ausdehnung von Unterobjekten immer nur Teile des Objekts ausgegeben werden und dann bei der Nachfolgerspalte fortgefahren werden muß, also ein ständiges Traversieren des Objektbaums notwendig ist. Die momentane Realisierung sieht einen Finger je Spalte (Attribut mit atomarem Wertebereich) vor. Die Erfahrung muß zeigen, ob dieser Ansatz die gewünschte verzögerungsfreie Ausgabe bei vertretbarem Platzaufwand und sehr großen, komplexen Tabellen bringt.

Wir schließen diesen Abschnitt mit einem Hinweis auf die Liste (Abbildung 5 oben) der momentan vom Data-Manager den anderen Modulen angebotenen Funktionen und Prozeduren. Diese stellen die elementarsten Grundoperationen zur Manipulation der NF^2-Datenbasis dar.

4. Selbstreferenzierender Aufbau

Die gegenwärtige Version von ESCHER ist die zweite (und vermutlich nicht letzte) völlige Neubearbeitung des Versuchsträgers. Obwohl von Anfang an klar war, daß die interne Verwaltung auf das gerade zu implementierende NF^2-Datenmodell zurückgreifen sollte, bereitet der Selbstreferenzierungsansatz große konzeptuelle Schwierigkeiten. Die folgenden Gründe sind zu nennen.

- Bis heute ist nicht völlig klar, welche Grundoperationen notwendig und hinreichend sind.
- Ein ausreichend bequemes Management der internen Datenbasis müßte auf einer recht hohen Ebene (z.B. SQL-artig) aufsetzen. Dies erfordert eine große Bootstrap-Phase und macht den Ansatz unattraktiv.
- Der Zugriff auf ein Objekt über seinen Index im umgebenden Objekt (also de facto die bekannte Ortsaddressierung) steht der mehr assoziativen Inhaltsadressierung, wie bei Datenbanken üblich, entgegen und kann erst über Sekundärindizes in den Hintergrund treten.
- Die Intuition sagt, daß es Leistungsprobleme beim Bildaufbau geben könnte.
- Der Ansatz ist im wesentlichen bottom-up und widerspricht damit der gängigen Software Engineering-Praxis.
- Der Anwender kann die Rolle des Systemdesigners einnehmen, da prinzipiell kein Unterschied zwischen Anwender- und Systemtabellen besteht. Dies stellt eine faszinierende Perspektive dar, muß aber im System an noch unklaren Stellen seine Grenzen finden, wenn das System nicht korrumpiert werden soll.
- Es wird vermutet, daß die Systeminitialisierung nur mit Operationsskripten (Shell-Skripten) als Attributwerten realisiert werden kann. Dafür ist ein einfacher Interpreter nötig (leicht), der aber die Fixierung der Operationen voraussetzt (schwer).

- Nicht zuletzt ist die Verhaftung im traditionellen Entwerfen und Implementieren von Softwaresystemen, verstärkt durch die Verwendung einer prozeduralen Sprache als Implementationsvehikel, eine schwer zu überwindende Schwelle.

Die obige Negativliste sollte aber nicht zu falschen Schlüssen führen. Einige Schritte wurden bereits getan, z.B. die Speicherung und Behandlung der Schemata als Tupel einer Schematabelle. Ferner hat sich der oben genannte Data Manager als inzwischen recht stabil herausgestellt. Da noch große Aufgaben im Bereich Ausgabegestaltung, Externspeicherverwaltung und Funktionsgestaltung (Menüs und Funktionstastensteuerung) anliegen, könnte der Ansatz noch weiter zum Tragen kommen. Nicht ausschließen kann man auch, daß die im nächsten Abschnitt geschilderte Komplexität eines zustandsorientierten Systems anders nicht mehr zu bewältigen ist.

Als Beispiel für die Möglichkeiten dieser Selbstreferenzierung wird in Anhang B die Eingabe eines Schemas für die Speicherung der Finger gezeigt. Man beachte, wie leicht über den Objekttyp Liste der Stapel realisiert wird. Die Überlegungen für den möglichen Aufbau und die Eingabe selbst dauerte mit ESCHER weniger als drei Minuten! Längere Überlegung (ca. 1 Woche), aber Eingabe in wenigen Minuten, erforderte das Urladeschema in Anhang C. Man beachte, daß das Urladeschema eigentlich ein unendliches Schema sein müßte, das intern durch Rückverweis auf das eigene Tupel zu realisieren wäre. Auch die Abspeicherung des Urladeschemas in seiner selbst definierten Tabelle als Tupel bereitet keine Schwierigkeiten und kann dort für Systemumschreibungen manipuliert werden.

Wir überlassen es dem Leser, sich die recht offensichtliche Realisierung (Schemadefinition) eines B- oder B*-Baums für Sekundärindexoperationen als NF^2-Tabelle zu überlegen. Man beachte, daß auch Sekundärindizes für komplexe Objekte gefragt sein könnten!

5. Zustandsorientierte Systeme

Im Bereich der interativen graphischen Systeme, der Textverarbeitung und des DTP, der Tabellenkalkulation und der Datenbanken mit interaktiver Schnittstelle bewegt sich der Benutzer in einer zustandsorientierten Umgebung mit *operationaler Semantik*.Der Benutzer hat ein mentales Bild des Systemzustands und führt das System durch seine Aktionen in einen neuen Zustand über.

Dies ist bei ESCHER besonders deutlich. Der Benutzer sieht die aktiven Schema- und Tabellenfenster, der aktive Finger wird durch Blinken hervorgehoben, die Statuszeile gibt die erlaubten Operationen an, usw.. Durch Öffnen und Schließen von Fenstern, Bewegen des Fingers, Select- und Projekt-Operationen führt der Benutzer das System in einen neuen Zustand über, der ihm/ihr wieder graphisch angezeigt wird. Die in solchen Systemen häufige Frage "wo bin ich denn überhaupt?" kann der Benutzer leicht selbst beantworten, indem er sich über das Menü in den gewünschten Zustand navigiert. Ist das System fehlertolerant ausgelegt, z.B. über Sicherungs- und Warnfenster, Rücksetz- und Sicherungs-Optionen, wirkt sich eine ungenügt klare Darstellung des Zustands zwar auf den Komfort aus, ist aber ungefährlich, solange für alle Zustands-/Aktionenpaare die Übergangsfunktion definiert ist.

Arbeitet auch der Implementierer mit einer solchen operationalen Semantik, d.h. hat er/sie ein mentales Bild des Programmzustands, repräsentiert durch den Stand des Programmzählers, die Belegung der globalen/lokalen Variablen und der Parameter, muß dies zwangsläufig ab einer bestimmten Programmgröße zu Systemabstürzen aufgrund undefinierter Zustandsübergänge führen. Die Grenze läßt sich durch sorgfältige Modularisierung und Zustandszusicherungen hinausschieben, doch wird der Implementierer irgendwann von dem exponential wachsenden Zustandsraum überfordert.

Dies läßt sich bereits jetzt bei ESCHER beobachten. So verlangen einzelne Operationen, z.B. die Ausgabe im Tabellenfenster, daß sich der zugehörige Fingerstapel in einem wohldefinierten Zustand befindet. Ist etwa statt des auszugebenden Objekts dessen umgebendes Objekt oberstes Element des Ausgabefingers, bricht das System ab, wenn an dieser Stelle die Ausgabe eines atomaren Datenwerts vorgesehen ist. Wo der Benutzer den Zustand sieht, muß der Implementierer sich auf Zusicherungen über aktiven Finger, aktive Ausgabezeile, aktive Fenster, Operationsmodus, Zustand der Schema- und Tabelleneinträge, usw. verlassen, d.h. er entwirft und programmiert mit verbundenen Augen.

Welche Möglichkeiten gibt es für den Implementierer, den Systemzustand abzufragen, ohne durch komplexe **if-then-else**-Bäume oder **case**-Schachtelungen erneutes Programmwachstum einzuführen? Wir glauben, daß u.U. selbstreferenzierende Methoden auch in diesem Problembereich Abhilfe leisten können. Manifestiert sich der interne Systemzustand, also Menge der Finger, Fenster und Modi durch Einträge in geeigneten Systemtabellen, dann kann der Zustand durch Abfragen mit symbolischen Attributangaben ermittelt und die Zustandsübergänge können durch entsprechende Operationen auf der systeminternen Datenbank realisiert werden.

Auch hier sind viele Fragen offen, speziell die der Ausführungseffizienz. Andererseits ist bereits klar, daß das erweiterte NF^2-Modell besonders geeignet ist, traditionelle Datenstrukturen, wie Listen, Stapel und Bäume in Tabellen abzubilden. Das Schema für die Abspeicherung der Finger in Anhang B mag dies nochmals verdeutlichen.

6. Ausblick

Das jetztige System ist das Ergebnis einer etwa zweijährigen weniger intensiver Beschäftigung mit dem NF^2-Modell und etwa 5 Mannmonaten intensiver Entwurfs- und Implementierungsarbeit. Die Programmgröße beträgt (Stand 1. Juli 1988) etwa 3.600 Zeilen PASCAL-Code.

Die Abarbeitungsgeschwindigkeit auf einem Industriestandard AT (Intel 80286, 10 MHz Takt) mit EGA-Graphik ist sehr ermutigend. Gemessen wurden für die Ausgabe eines Schemas mit der Struktur eines vollständigen, ausgeglichenen Binärbaums der Tiefe 3 (also 8 atomare Attribute, innere Knoten alternativ jeweils Set und Listen mit Tupelelementen vom Grad 2) genau 375 ms! Eine Vergleichsmessung auf einem Modell PS 2/60 mit VGA-Graphik brachte einen Geschwindigkeitszuwachs um den Faktor 3.

Diese Zeit ist das Mittel aus 100 Durchläufen und beinhaltet in jedem Durchlauf das vollständige Neuberechnen der Ausgabegröße, Anzahl Blätter und die Ausgabe mit Zentrieren der Texte und Linienzeichnen. Die Zeit ist angesichts des Aufwands gut, wäre aber für das Rollen des Tabellenfensters nicht tragbar. Hier stehen weitere Entscheidungen und Versuche mit dem Versuchsträger an.

Dieser Beitrag konzentrierte sich auf das Datenmodell und die interaktive, graphische Benutzungsoberfläche von ESCHER. Nicht angesprochen werden konnte die Einbindung in eine Büroumgebung. Hierbei muß es etwa möglich sein, einen langen atomaren Textwert, der ein formatiertes Dokument darstellt, durch Verknüpfung mit einem anderen Wert, z.B. einem Aufbereitungsprogramm für PostScript-Ausgabe, in einen Drucker umzuleiten. Ganz ähnlich sollten Attributtypen "Pixelbild" und "Zeichnung" existieren, die es etwa erlauben, jeder Veranstaltung in der Tabelle MeetingsW48 (vgl. Abbildung 2) einen Lageplan des Veranstaltungsorts beizufügen. Es sollte aber in diesem Beitrag klargeworden sein, daß sowohl Datenmodell als auch Benutzungsoberfläche eine solche Erweiterung unterstützen.

Literatur

[1] S. Abiteboul, N. Bidoit: Non First Normal Form Relations: An Algebra Allowing Data Restructuring, Rapport de Recherche No 347, Institut de Recherche en Informatique et en Automatique, Rocquencourt, France, Nov. 1984

[2] S. Bing Yao, A.R. Hevner, Z. Shi, and D. Luo: FORMANAGER: An Office Forms Management System, ACM TOIS, Vol. 2, No. 3, July 1984, pp. 235-262

[3] D. Bryce, R. Hull: SNAP: A Graphics-based Schema Manager, Proc. IEEE Intl. Conf. on Data Engineering, Feb. 1986, pp. 151-164

[4] P. Dadam, K. Küspert, F. Andersen, H. Blanken, R. Erbe, J. Günauer, V. Lum, P. Pistor, G. Walch: A DBMS Prototype to Support Extended NF2 Relations: An Integrated View on Flat Tables and Hierarchies, Proc. ACM SIGMOD Conf., Washington D.C., May 1986, pp. 356-367

[5] P. Dadam, K. Küspert, N. Südkamp, R. Erbe, V. Linnemann, P. Pistor, G. Walch: Managing Complex Objects in R^2D^2, IBM Heidelberg Scientific Center, TR 88.03.004 (March 1988)

[6] U. Deppisch, J. Günauer, G. Walch: Storage Structures and Addressing Concepts for Complex Objects of the NF^2 Relational Model (in German), Proc. GI Conference on "Datenbanksysteme für Büro, Technik und Wissenschaft", Karlsruhe, March 1985, pp. 441-459

[7] B. Ernst: Der Zauberspiegel des Maurits Cornelis Escher, TACO Verlagsgesellschaft und Agentur mbH, 112 S., Berlin, 1986

[8] D. Fogg: Lessons from a "Living in a Database" graphical query interface, Proc. ACM SIGMOD Int. Conf. on the Management of Data, 1984, pp. 100-106

[9] G. Jaeschke, H.J. Schek: Remarks on the Algebra of Non First Normal Form Relations, Proc. ACM SIGACT-SIGMOD Symp. on Principle of Data Base Systems, Los Angeles, Cal., March 1982, pp. 124-138

[10] R.A. Lorie, W.Plouffe: Complex Objects and Their Use in Design Transactions, Proc. Annual Meeting - Database Week: Engineering Design Applikations (IEEE), San Jose, Cal., May 1983, pp. 115-121

[11] D. Luo and S. Bing Yao: FORM Operation by Example - a Language for Information Processing, Proc. SIGMOD Conf., June 1981, pp. 213-223

[12] L. Mark and N. Roussopoulos: Metadata Management, IEEE Computer, Vol. 19, No. 12, Dec. 1986, pp. 26-36

[13] R. Purvy, J. Farrel, and P. Klose: The Design of Star's Record Processing: Data Processing for the Noncomputer Professional, ACM TOIS, Vol. 1, No. 1, Jan. 1983, pp. 3-24

[14] G. Rohr: Graphical User Languages for Querying Information: Where to Look for Criteria, Proc. IEEE Workshop on Visual Languages, Pittsburgh, PA, Oct. 10-12, 1988

[15] H.J. Schek, M.Scholl: The Relational Model with Relation-Valued Attributes, Information Systems, Vol. 11, No. 2, 1986, pp. 137-147

[16] N. Shu: FORMAL: A Forms-Oriented, Visual-Directed Application Development System, IEEE Computer, Vol. 18, No. 8, Aug. 1985, pp. 38-49

[17] M. Stonebraker, J.Kalash: TIMBER: A sophisticated relation browser, Proc. 8th Int. Conf. Very Large Databases, 1982, pp. 1-10

[18] M. Stonebraker, H. Stettner, N. Lynn, J. Kalash, and A. Guttman: Document Processing in a Relational Database System, ACM TOIS, Vol. 1, No. 2, April 1983, pp. 143-158

[19] M. Zloof: Query-by-Example: A data base language, IBM Systems Journal 6 (1977), 324-343

Anhang A: Implementierung des Fingerkonzepts

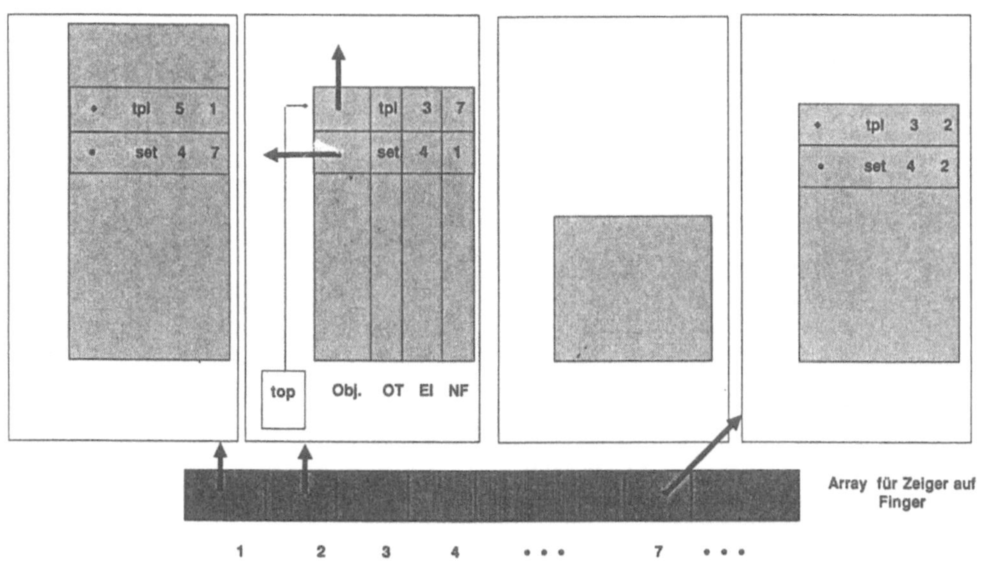

Anhang B: Eingabe des Schemas der Fingertabelle

(Printscreen-Ausgabe des tatsächlichen Ablaufs in der gegenwärtigen Version von ESCHER)

```
Enter top level attribute name!: Fingers
Complex Type - are the elements tuples? Y/N:  y
Enter degree (no. of columns); min 2 max 255:  3
```

(a) Wurzelattributtyp ist immer "Set"

```
FINGERSCHEME
_____________________________________
|            {Fingers}              |
|  ______________________________   |
|   ??     |    ??      |    ??     |
_____________________________________

Enter attribute name:
```

(b) Voreinstellung für Spaltenbreite ist 10

FINGERSCHEME

{Fingers}		
??	??	??

```
Enter attribute name: FID
Enter Attribute Type: One of
 1Set 2List 3Integer 4Text :?  3
```

(c) FingerID wird als Integer deklariert

FINGERSCHEME

{Fingers}		
#FID	??	??

```
Back in Fingers
Next Attribute - going down one level
Enter attribute name:
```

(d) ESCHER meldet gegenwärtige Tiefe zurück (später durch Farbunterlegung zu realisieren)

FINGERSCHEME

{Fingers}		
#FID	#Top	??

```
Back in Fingers
Next Attribute - going down one level
Enter attribute name: Stack
Enter Attribute Type: One of
 1Set 2List 3Integer 4Text :?  2
```

(e) Stack wird als Liste deklariert

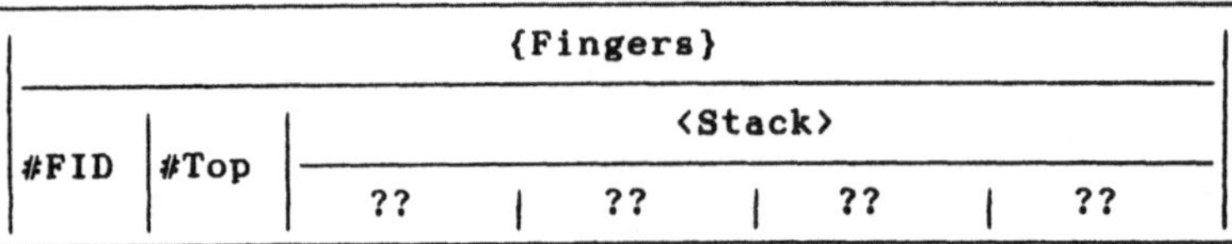

FINGERSCHEME

{Fingers}					
		<Stack>			
#FID	#Top	??	??	??	??

```
Enter attribute name:
```

(f) Voreinstellung nach Angabe des Grads 4

FINGERSCHEME

{Fingers}					
		<Stack>			
#FID	#Top	#Obj_Addr	Obj_Type	#El_Index	#Next_Finger

Do you want to enter another scheme? Y/N :

(g) Fertiges Schema

Anhang C: Schemata als Tupel der Schematabelle und das Urladeschema

BUCHER

{Books}			
<Authors>		Title	#Year
First Name	Last Name		

(a) Schema für eine Büchertabelle

BOOT SCHEME

{s0}								
				{s1}				
Name	Type	#Degree	#Width	Name	Type	#Degree	#Width	{s2} ...

(b) Abgekürztes Urladeschema

Name	Type	#Degree	#Width	Name	Type	#Degree	#Width	{s2}		
Books	set	3	73	Auth	list	2	22	First	..	{}
								Last	..	{}
				Titl	text	0	46	{}		
				Year	int	0	6	{}		

(c) Das Bücher-Schema als Tupel der Schematabelle

Lesbarkeit und Übersichtlichkeit von Dokumenten im Büro

Ulrich Trambacz und Rainer vom Berg
Bergische Universität
Gesamthochschule Wuppertal
Fachbereich 5 - Druck
Haspeler Straße 27, 5600 Wuppertal 2

Zusammenfassung: Die Xerox-Philosophie im Computer Graphik-Bereich bewirkt ein Zusammenwachsen der Graphik, des Bürobereiches und der Druckindustrie. Die Einführung graphischer und typografischer Mittel bedeutet eine wesentliche Verbesserung der Lesbarkeit und Übersichtlichkeit von Dokumenten im Bürobereich. In den gegenwärtigen Systemen sind aber die einzelnen typografischen Mittel noch voneinander isoliert und ohne Bezug zueinander verfügbar, so daß zu ihrer Nutzung typografisches Wissen erforderlich ist. Zur Klärung der gegenseitigen Abhängigkeiten der typografischen Mittel, dem Wissen, wird eine Klassifikation aufgestellt, welche die Grundlage für ein komplexes Regelwerk bildet, mit dessen Hilfe typografisches Wissen dem Laien bei der Dokumentenerstellung zur Verfügung gestellt wird.

1. Graphik-Verfahren als Bindeglied zwischen Büro und Druckindustrie

Die Vision vom *papierlosen Büro* in den 60er Jahren führte zu zwei getrennten Entwicklungslinien. Dies war einmal Ende der 70er Jahre die Konzeption von multifunktionalen Arbeitsplätzen (Einbeziehung von Sprache, Video und Informationssystemen) mit Textverarbeitung in WordStarartigen Welten und schreibmaschinenartiger Ausgabe. Dabei erlag man mindestens zwei Mißverständnissen. Die Schreibmaschine ist zwar das im Büro übliche, aber keineswegs optimale Darstellungsmedium für Text, und die bei einigen Kugelkopfschriften erreichte Klarheit des Schriftbildes (z.B. Courier) löst sich bei zu grober Digitalisierung bis zur Unleserlichkeit auf.

Die zweite - graphische - Entwicklungslinie vollzog sich in relativer Abgeschiedenheit im Xerox PARC. Dort wurde auch von Computer Graphikern das *Bild des Buchstabens* [16] wiederentdeckt, denn die Buchstaben - die Schriftzeichen oder Typen - als Grundelemente eines Textes sind selbst Graphik. Die Buchstabenform ist mit denselben Verfahren beschreib- und bearbeitbar wie die Form eines Automobils. Schriftzeichen waren ursprünglich Abbilder, die formal einen bestimmten Stilisierungsgrad erreicht haben und als Bildzeichen gemäß einer Konvention immer wieder in der gleichen Grundform für den gleichen Begriff verwendet werden [4].

Die im Rahmen des Themas wesentlichsten Punkte, über die die Xerox-Mitarbeiter nur im akademischen Bereich berichteten, sind in diesem Konzept:

- Regieführung [15] auf einer graphischen Benutzungsoberfläche,
- Integration von Text, Bild und Graphik,
- WYSIWYG,
- Gestaltung ganzer Seiten,
- graphische und typografische Ausgabe statt schreibmaschinenartiger.

Auf der SIGGRAPH'82 beschrieb WARNOCK mit seinen Kollegen von Xerox [17] ein Modell, mit dem Graphik, Bild und typografisch gestalteter Text zwanglos zusammengeführt und nach

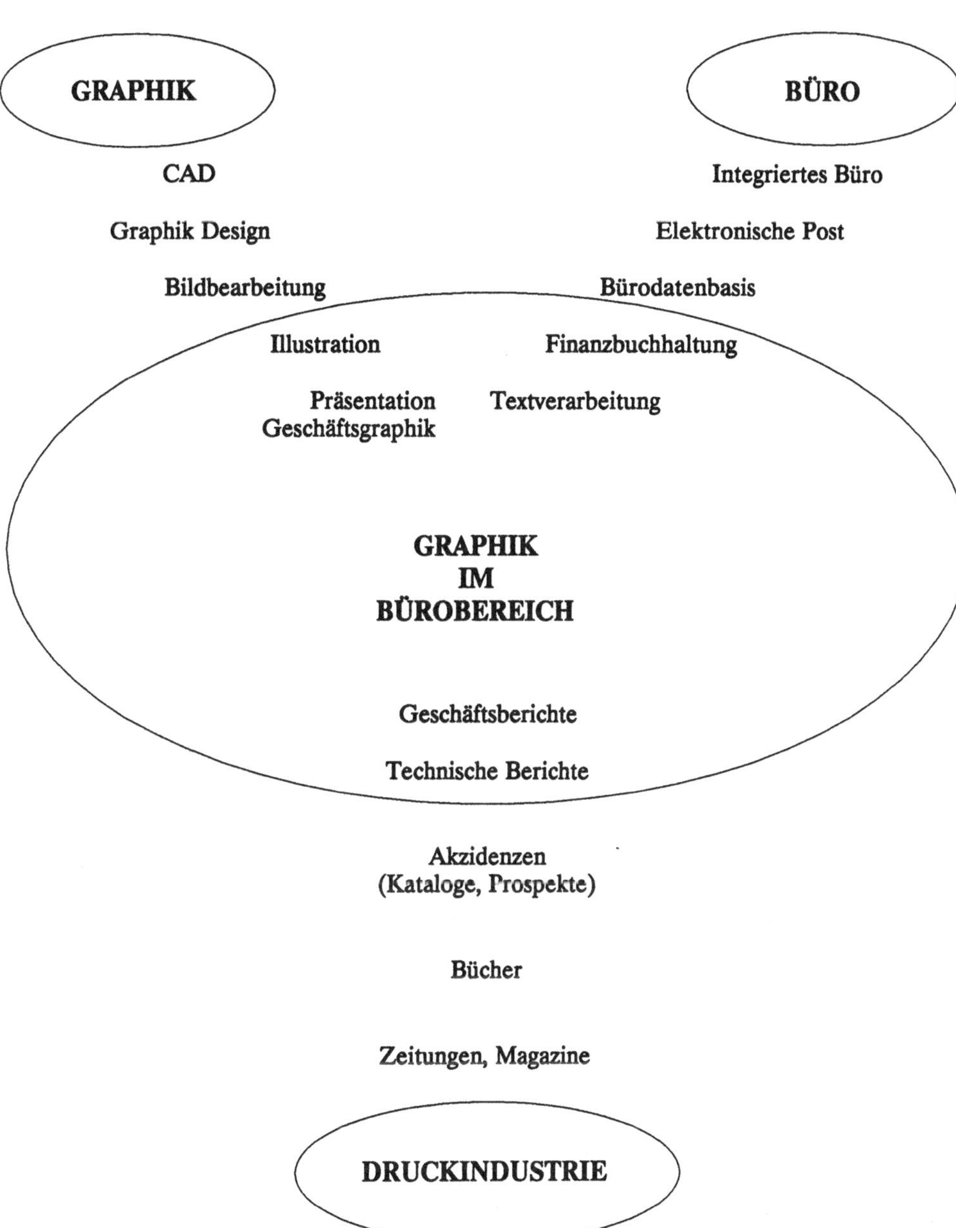

Abb. 1: Das Zusammenwachsen von drei Anwendungsbereichen (modifiziert nach [13])

einem einheitlichen Konzept bearbeitet werden können. Der Buchstabe wird hier als Graphik behandelt. Realisiert wurde dieses Modell später als *PostScript*. Damit war von der Graphik her die Brücke geschlagen nicht nur zum Büro mit der dort neuen Möglichkeit typografisch gestalteter Dokumente, sondern auch zur Druckindustrie.

In der Druckindustrie, die sich selbst *Grafische Industrie* nennt, wurde ab den 60er Jahren unabhängig vom Bürobereich das Rad der Textbearbeitung ebenfalls erfunden als Software zur Eingabe von Text in einen Typesetter (Setzmaschine, Belichter), allerdings mit komplexeren Funktionen für die Handhabung einer Vielzahl von Schriften, Zeilenformen, Linien und Tabellen.

Das Schwergewicht der Aufgaben in den Druckvorstufen liegt in der Herstellung von Druckvorlagen für Dokumente unterschiedlicher Auflagen und Seitenzahlen mit komplexer Seitengestaltung und Qualitätstypografie sowie Strichzeichnungen (Liniengraphik), Halbtonbildern und Mehrfarbigkeit. Traditionell herrscht bislang in den Druckvorstufen eine klare Trennung zwischen der Behandlung von Text, die eher gestalterische Fähigkeiten erfordert, und der von Bildern und Graphiken, die eher verfahrenstechnische Anforderungen stellen. Daß hier die Xerox-Philosophie eine schmerzhafte Umstrukturierung der Druckvorstufen erwirken wird, sei an dieser Stelle nur angemerkt.

Die Produkte des Bürobereiches waren charakterisierbar mit meist geringen Seitenzahlen, wenigen Kopien, einfachem Seitenaufbau, einfältiger Typografie, schlichter Graphik, fehlenden Bildern und nur gelegentlicher Farbe in manchen Briefköpfen. Die Xerox-Philosophie bereichert nun den Bürobereich mit Illustrationen, Graphik im engeren Sinn und mit Typographik. Mit diesen der Lesbarkeit, Übersichtlichkeit und damit schnelleren Informationsaufnahme dienenden Mitteln könnte nun die Daten- und Textflut in Information umgesetzt werden.

In der kommerziellen Version des Xerox-Konzeptes - dem *Desktop Publishing* (siehe hierzu insbesondere [3] sowie [2] und [16]) - sind bisher schon relativ viele typografische und gestalterische *Mittel* aber noch wenig, die Lesbarkeit und Übersichtlichkeit förderndes typografisches und gestalterisches *Wissen* einbezogen. Dieses Wissen muß noch vom Benutzer eingebracht werden, damit das entsteht, was H.P. WILLBERG *Orientierungstypografie* nennt, die im Kleingedruckten absichtsvoll auch zur Desorientierung mißbraucht wird [18].

Doch kaum ein Büromitarbeiter besitzt die mehrjährige Ausbildung und Erfahrung eines Setzers, Grafikers und Layouters, um vorhandene typografische und gestalterische Mittel so einzusetzen, daß Lesbarkeit und Übersichtlichkeit gefördert werden. Um dem näher zu kommen, was typografisches Wissen ist, begann Anfang des Jahres in Wuppertal eine Untersuchung zur Klassifizierung der typografischen Einflußgrößen und deren Auswirkungen auf das prägnanteste Kriterium typografischer Gestaltung, der Lesbarkeit.

2. Lesbarkeit und Übersichtlichkeit

Täglich begegnet heute der Mensch einer Flut von Informationen, die aus dem Print- und Nonprintbereich auf den Leser und Betrachter einstürzt, ihn zu einer Änderung seiner Handlungsweise bewegen will und dies im Idealfall auch erreicht. Ein Segment aus dieser Informationsflut stellen die Daten und Texte dar, die im Bürobereich in Form von Briefen, Mitteilungen, Aktennotizen und Berichten den Leser vor die schier unlösbare Aufgabe stellen, aus den ihm angebotenen Informationen auszuwählen, sie zu bewerten, zu komprimieren und nach ihrer Wertigkeit gestaffelt in den täglichen Entscheidungsprozeß einzubeziehen.

Dieser Vorgang stellt die rationale Entscheidungslinie des Handelns bei der Informationsaufnahme dar. Im Unterbewußtsein des Lesers tritt diese Entscheidungslinie jedoch zurück. Die äußere Gestalt der Information, die lesegerechte, leserfreundliche Aufbereitung vermittelt dem Leser eine positive Grundeinstellung zum Dargebotenen. Er wird diese Information grundsätzlich positiver bewerten als eine Information, die in lesehemmender Aufbereitung präsentiert wird. Die Beurteilung des Informationsgehaltes tritt in den Hintergrund; sie erfolgt im zweiten Abschnitt der

Vergleich der Satzfunktionen		
Funktion	**Desktop-Publishing**	**Satzsysteme**
Vertikaler Ausschluß	nicht vorhanden	Je nach Wunsch durch variable Schriftgröße, Zeilenabstände oder Wortzwischenräume
Unterschneiden (Kerning)	nur manuell und für einzelne Buchstaben	Automatisch nach Buchstabenkombinationen, die vom Benutzer definiert werden können
Silbentrennung	englisch meist verfügbar, deutsch im Entstehen	Für fast alle gängigen Sprachen verfügbar, Silbengröße bestimmbar, Anzahl aufeinanderfolgender Trennungen definierbar
Schrift	In Punkt-Abständen verfügbar, kleine aber wachsende Palette	Tausende Schriften in 1/10 Punkt Abständen oder kleiner, Schriftlaufweite durch Faktor veränderbar, Schriftgröße kann aus Zeilenlänge errechnet werden
Linienfunktion	Als Grafik einzeln eingebbar	Mit automatischer Unterstützung erzeugbar, z.B. vorgegebenen Platz mit 25 Linien füllen, oder 20 Linien mit 14,2 Punkt Abstand
Inhaltsverzeichnisse Indexverzeichnisse	Können bei den meisten Systemen automatisch erstellt und gepflegt werden	nicht vorhanden
Wysiwyg	realisiert	neuste System realisieren dies teilweise auch

Tabelle 1: Funktionsvergleich von DTP und Satz		
Funktion	*Desktop Publishing*	*Satzsysteme*
Vertikaler Ausschluß	nicht vorhanden	je nach Wunsch durch variable Schriftgröße, Zeilenabstände oder Wortzwischenräume
unterschneiden (Kerning)	nur manuell und für einzelne Buchstaben	automatisch nach Buchstabenkombinationen, die vom Benutzer definiert werden können
Silbentrennung	englisch meist verfügbar, deutsch im Entstehen	fast für alle gängigen Sprachen verfügbar, Silbengröße bestimmbar, Anzahl aufeinanderfolgender Trennungen definierbar
Schrift	in Punkt-Abständen verfügbar; kleine, aber wachsende Palette	tausende Schriften in 1/10-Punkt-Abständen oder kleiner, Schriftlaufweite durch Faktor veränderbar, Schriftgröße kann aus Zeilenlänge errechnet werden
Linienfunktion	als Grafik einzeln eingebbar	mit automatischer Unterstützung erzeugbar, z. B. vorgegebenen Platz mit 25 Linien füllen, oder 20 Linien mit 14,2 Punkt Abstand
Inhaltsverzeichnisse Indexverzeichnisse	können bei den meisten Systemen automatisch erstellt und gepflegt werden	nicht vorhanden
Wysiwyg	realisiert	neueste Systeme realisieren dies teilweise auch

Quelle: Biehler 1987, S. 290.

Abb. 2: Eine Tabelle in Büro-Gestaltung (oben, aus [2]) und typografischer Gestaltung (aus [3])

Informationsaufnahme. Es ist daher erforderlich, den Informationsgehalt zur Präsentation mit der Informationsaufbereitung bedeutungsadäquat aufzuwerten.

Bei dem Versuch, die Präsentation von Informationen zu verbessern, konzentrieren wir uns hier auf die Schrift. Die Schriftzeichen beruhen auf einer in Jahrtausenden gewachsenen Konvention zur Darstellung und Beschreibung eines Begriffes. Besaßen früher die Schriftzeichen nur einen geringen Stilisierungsgrad, so begegnen wir heute einer Schrift, die eine maximale Stilisierung besitzt und somit in der Lage ist, eine präzise Beschreibung eines Begriffes wiederzugeben.

Graphiken besitzen diesen eindeutigen Stilisierungsgrad nicht. Sie stellen selbst die Beschreibung ihrer Information dar. Der Betrachter deutet diese Information mit Hilfe der Redundanz.

Folgt man der geschichtlichen und qualitativen Entwicklung der Dokumentengestaltung, so kann man ihre Blütezeit in der handwerklichen Herstellung durch - männliche - Kloster- und Kanzleischreiber ausmachen, die mit akribischer Sorgfalt ihre Aufträge ausführten. In der weiteren Entwicklung löste um die Jahrhundertwende die Schreibmaschine die handschriftliche Dokumentenerstellung ab. Die Lesequalität dieser nun entstehenden Dokumente läßt sich jedoch mit der handschriftlicher oder typografisch gesetzter Dokumente nicht vergleichen. Das auf der Schreibmaschine geschriebene Dokument stellt lediglich eine Minimallösung in Bezug auf Lesbarkeit und Übersichtlichkeit dar, was aber nicht den - nun weiblichen - Dokumentenerstellern anzulasten ist. Vielmehr bildeten der fortschreitende Zwang zur Vereinheitlichung der Schrift und die technisch-wirtschaftliche Entwicklung die Kriterien zur Einführung der Schreibmaschine.

Mit der Einführung der Schreibmaschine wurden aber die Grenzen einer dem Leser gerechten Aufbereitung von Informationen sehr schnell verdeutlicht. Die Äquidistanzschrift einer Schreibmaschine gibt nicht die fließende, in sich geschlossene Form der Handschrift wieder. Schreibmaschinenschriften erfordern aus mechanischen Gründen einen einheitlichen Raumbedarf für alle Buchstaben. Dies widerspricht der Grundform der Handschrift, in der jeder Buchstabe einen individuellen Raum einnahm, wobei eine geschlossene Form der Information entstand, die dem Leser ein Höchstmaß an Lesbarkeit und Übersichtlichkeit bot.

Auch mit der Weiterentwicklung der Schreibmaschine, dem Schreibsatz, lassen sich keine für den Leser optimal aufbereiteten Informationen herstellen. Das Manko der Schreibmaschine, die Äquidistanzschrift, wurde zwar abgemildert, aber das nun entstandene Schriftbild befriedigt den Gestaltungsanspruch noch keineswegs.

Der Begriff der Lesbarkeit (engl. readability) als Verstehen von Wörtern und Sätzen beinhaltet als Vorstufe und als Teilaspekt den Begriff der Leserlichkeit (engl. legibility) mit den Kriterien der eindeutigen Schriftzeichenerkennung, der Zeilenlänge, des Zeilenabstandes, der Schriftzeichenfarbe, des Kontrastes zwischen Schriftzeichenfarbe und Hintergrund, der Papierrandverteilung und der Oberflächenstruktur des Bedruckstoffes sowie einigen weiteren Einflußgrößen. Lesbarkeit im komplexen Sinn beinhaltet neben den Kriterien der Leserlichkeit der Schriftzeichen und ihrer Anordnung auch die Verständlichkeit der Information für den Leser. Im Idealfall führt diese Verständlichkeit zur Änderung der Handlungsweise.

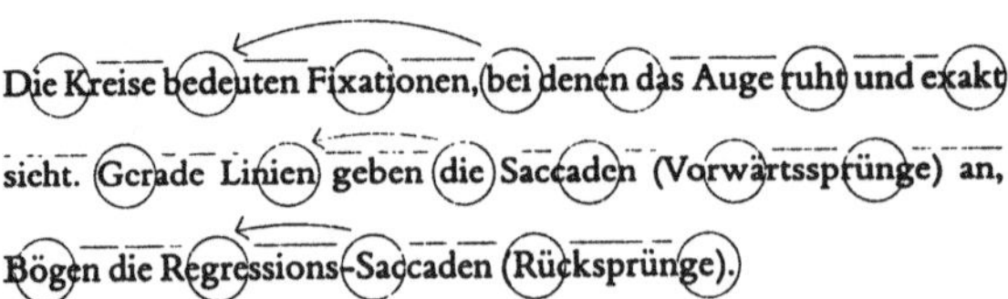

Abb. 3: Das Lesen in Sprüngen (aus [6])

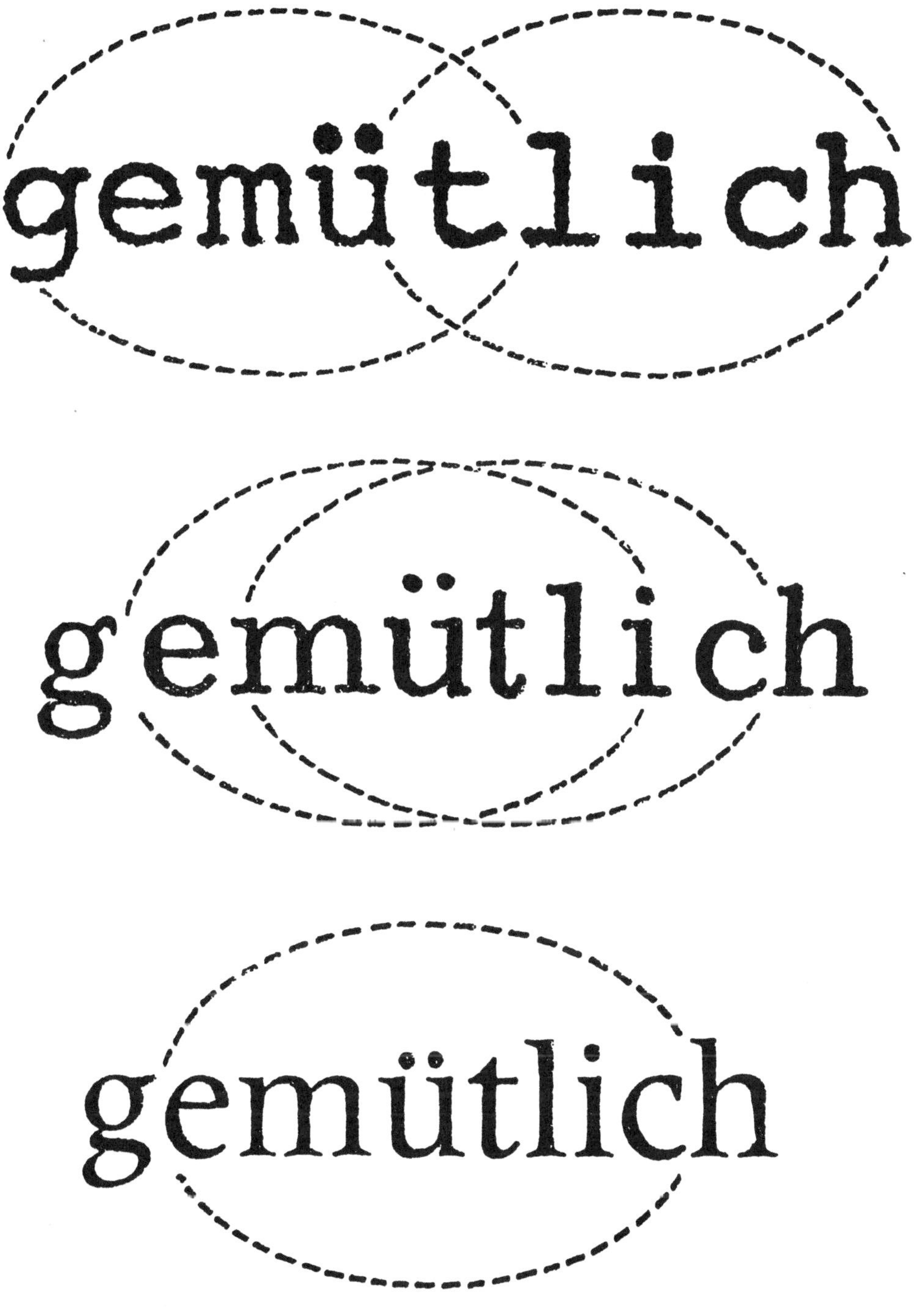

Abb. 4: Das Wortbild im Blickfeld (aus [5]). Schreibmaschine (oben), Schreibsatz (mitte) und typografischer Satz

Ein weiterer Teilaspekt der Lesbarkeit berührt das Leseverhalten. Das Auge des normalsichtigen Lesers tastet in Saccaden, in Augensprüngen von 0,02 bis 0,06 Sekunden Dauer, eine Zeile waagerecht ab. Nach einer Saccade folgt eine Fixationspause von ca. 0,2 bis 0,4 Sekunden Dauer. In dieser Pause werden vom Leser bei einer durchschnittlichen typografischen Leseschriftgröße ca. 5 bis 10 Buchstaben erfaßt. Physionomisch zeichnen sich jedoch nur 3 bis 4 Buchstaben scharf auf der Netzhaut des Menschen ab. Lediglich sie werden erkannt. Alle übrigen Buchstaben werden während dieser Fixationspause im Zusammenhang mit den scharf erfaßten Buchstaben und der Redundanz des Textes gedeutet. Übertragen auf die Schrift der Schreibmaschine erfaßt der Leser in einer Fixationspause lediglich 3 bis 6 Buchstaben auf einen Blick. Die Lesegeschwindigkeit halbiert sich.

Die Forderungen zur Lesbarkeit von Texten belegen zahlreiche Studien aus den USA und aus England, die vor ca. 40 Jahren die Probleme der Informationsgestaltung aufzeigten [14]. Hier die wichtigsten Ergebnisse:

- Für das Lesen eines fortlaufenden Textes empfiehlt sich eine Schriftgröße von 9 bis 12 Punkt. Die Höhe des Kleinbuchstabens x beträgt dabei zwischen 1,7 und 2,2 mm.
- Versalsatz, Text in Großbuchstaben, beansprucht ca. 30% mehr Raum und läßt sich um 12% langsamer lesen als die Groß/Kleinschreibung [7].
- Zu Auszeichnungszwecken, Hervorhebungen, sollte eine halbfette Schrift eingesetzt werden. Jedoch in sparsamem Umfang, da diese Schrift das Auge ermüdet [7].
- Ein kontinuierlich zu lesender Text sollte in einer Antiquaschrift, einer Schrift mit Serifen, dem Leser präsentiert werden [7].
- Die Zeile sollte je nach der gewählten Schriftgröße zwischen 9 und 12 Punkt eine Länge von 17 bis 22,5 Cicero, ca. 77 bis 101 mm, aufweisen [12].
- Der Zeilenabstand zwischen Zeilen der Schriftgrößen 9 bis 12 Punkt sollte 1 bis 4 Punkt betragen [11].
- Einzüge zur Kennzeichnung von Absatzanfängen erhöhen die Lesegeschwindigkeit um 7%. Leerzeilen zwischen Absätzen sind insbesondere an Seitenenden problematisch [14].

3. Klassifikation typografischer Mittel

Im Zuge der Zeit wurde aus der manuellen Fertigkeit der typografischen Gestaltung eine mechanisierte und in den letzten Jahrzehnten eine automatisierte Arbeitsmethode. Der Typograf wählt dabei eine Anzahl typografischer Mittel aus, versieht sie mit Parametern und erstellt damit eine Kombination aus Mitteln, textlichen Informationen und setztechnischen Befehlen, die die typografische Gestaltung ausmachen.

Bei dieser Arbeitsmethode wirkt jedes typografische Mittel *isoliert*. Es wirkt in keiner Beziehung zu den übrigen, verwendeten Mitteln. Da jedoch alle typografischen Mittel in Beziehung zueinander bzw. in Abhängigkeit voneinander stehen, muß bei der Auswahl eines typografischen Mittels nicht nur dessen Wirkungsweise, sondern auch die Auswirkung auf andere typografische Mittel und deren Funktionsweise berücksichtigt werden. Insbesondere sind die Gesetze der Lesbarkeit zu beachten, da die Art der typografischen Gestaltung nicht ohne das Ziel der Lesbarkeit aufgebaut werden darf.

Auf dem Wege zu einem typografischen Regelwerk über die Interdependenzen der typografischen Mittel wurde eine gegenüber herkömmlichen Klassifizierungen differenziertere Klassifikation erarbeitet [1]. Diese Neugliederung ermöglicht nun den Aufbau einer Struktur innerhalb dieser Mittel. Diese Struktur ist erforderlich, um die unterschiedlichen Mittel der typografischen Gestaltung nach ihren Wirkungsbereichen bzw. ihren Funktionen zu gliedern und abzugrenzen.

Klassifikation typografischer Mittel

Elementarzeichen	Zeichenaggregat	Zeichenkollektiv Wort	Zeichenkomplex I Zeile	Zeichenkomplex II Absatz	Zeichenkomplex III Spalte	Zeichenkomplex IV Seite	Zeichenträger	
			Zeilenbreite		Spaltenanzahl	Seitenbreite	Papierformat	
			Zeilenform		Spaltenhöhe	Seitenhöhe	Papierfarbe	Formalebene
			Neue Zeile	Neuer Absatz	Spaltenrichtung		Papiertaktur	
Schriftstil	Schriftweite	Schreibweise						
Schriftzeichenfarbe								
Schriftgrad								
Schriftbreite	Ausgleichen	Wortzwischenraum	Zeilenabstand					Schriftdetailebene
Schriftstärke								
Schriftlage								
Schriftfigurierung								
Schriftlinie								
Schreibrichtung								
		Wortumfeld	Zeilenumfeld	Absatzumfeld	Spaltenumfeld	Satzspiegelumfeld		Umfeldgestaltungsebene

Abb. 5: Klassifikation typografischer Mittel

Die neugeschaffene, innere Struktur setzt sich aus der *Formalebene,* der *Schriftdetailebene* und der *Umfeldgestaltungsebene* zusammen. Innerhalb dieser Ebenen gliedern sich nun die typografischen Mittel nach ihren jeweiligen Wirkungsräumen in die Elemente:

- Elementarzeichen (Buchstabe),
- Zeichenaggregat (Buchstabenkombination),
- Zeichenkollektiv (Wort),
- Zeichenkomplex I (Zeile),
- Zeichenkomplex II (Absatz),
- Zeichenkomplex III (Spalte),
- Zeichenkomplex IV (Seite) und
- Zeichenträger (z.B. Papier oder Bildschirm).

In dieser Matrix sind die prägnantesten typografischen Mittel mit wesentlichem Einfluß auf Lesbarkeit und Übersichtlichkeit:

Schriftstil nach der Einteilung in DIN 16518 in z.B. Klassizistische Antiqua oder Serifenlose Linearantiqua, der sogenannten Grotesk;

Schriftgrad, die Schriftgröße, z.B. 9 bis 12 Punkt für das Lesen kontinuierlicher Texte;

Schriftweite, z.B. überlappende, sich berührende oder gesperrte Buchstabenkombinationen;

Television

Television

Television

Abb. 6: Unterschiedliche Schriftweiten (aus [9])

Ausgleichen kritischer Buchstabenabstände [16];

VERSALSATZ

V|E|R|S|A|L|S|A T|Z

V E R S A L S A T Z

Abb. 7: Ausgleichen, hier bei Versalsatz (aus [19])

Wortzwischenraum [16], z.B. optisch einheitlich, optisch nicht einheitlich oder nach semantischen Einheiten;

Zeilenabstand [11] zur Bildung der Zeilencharakteristik, die den Leser zum nächsten Zeilenanfang führt;

Zeilenbreite, schmal (weniger als 50 Zeichen), normal (50 bis 60 Zeichen) oder breit (mehr als 60 Zeichen).

Je rascher ein gesuchtes Werk gefunden werden kann, um so besser ist eine Bibliografie. Die folgende, international angewandte Form hat sich als die beste erwiesen: Verfassernamen und -vornamen in Versalien und Kapitälchen, Buchtitel kursiv, übrige bibliografische Angaben normal; zweite und nachfolgende Zeilen um ein Geviert eingezogen oder dann die Ziffern (wie in dieser Broschüre) freigestellt. Aufsätze in Büchern, Zeitungen und

a

Je rascher ein gesuchtes Werk gefunden werden kann, um so besser ist eine Bibliografie. Die folgende, international angewandte Form hat sich als die beste erwiesen: Verfassernamen und -vornamen in

b

Je rascher ein gesuchtes Werk gefunden werden kann, um so besser ist eine Bibliografie. Die folgende, international angewandte Form hat sich als die beste erwiesen: Verfassernamen und -vornamen in

c

Abb. 8: Schmale Spalten (b) wirken bei sonst gleichen Parametern heller als breite Spalten (a). Sollen sie den gleichen Graueindruck wiedergeben, so muß die rechte Spalte einen geringeren Zeilenabstand erhalten (aus [6])

Spaltenanzahl, einspaltig oder mehrspaltig;

Spaltenhöhe, einheitliche Länge einer Spalte oder nach semantischen Einheiten;

Satzspiegelumfeld, die Verteilung des Weißraumes auf die Ränder.

Die Klassifikation typografischer Mittel hebt die Isolierung der einzelnen Mittel, wie sie in Setz- und Textverarbeitungssystemen gegenwärtig besteht, wieder auf und stellt sie in ihren jeweiligen Wirkungszusammenhang zurück. Ein zukünftiges Regelwerk, das diese Wirkungszusammenhänge widerspiegelt, könnte nach Vorgaben, die sich z.B. aus Corporate Identity-Entwürfen oder Verlagsvorgaben ergeben, einen Parameterkatalog für eine Gestaltung erzeugen, der vom Benutzer übernommen oder modifiziert oder auch abgelehnt werden kann.

Mit diesem Regelwerk zur typografischen Gestaltung könnte auch der typografische Laie Dokumente erzeugen, die bei einem ausgebildeten Typografen zwar keine euphorischen Reaktionen hervorrufen, aber zumindest den Gesetzen der Lesbarkeit und Übersichtlichkeit nicht widersprechen würden.

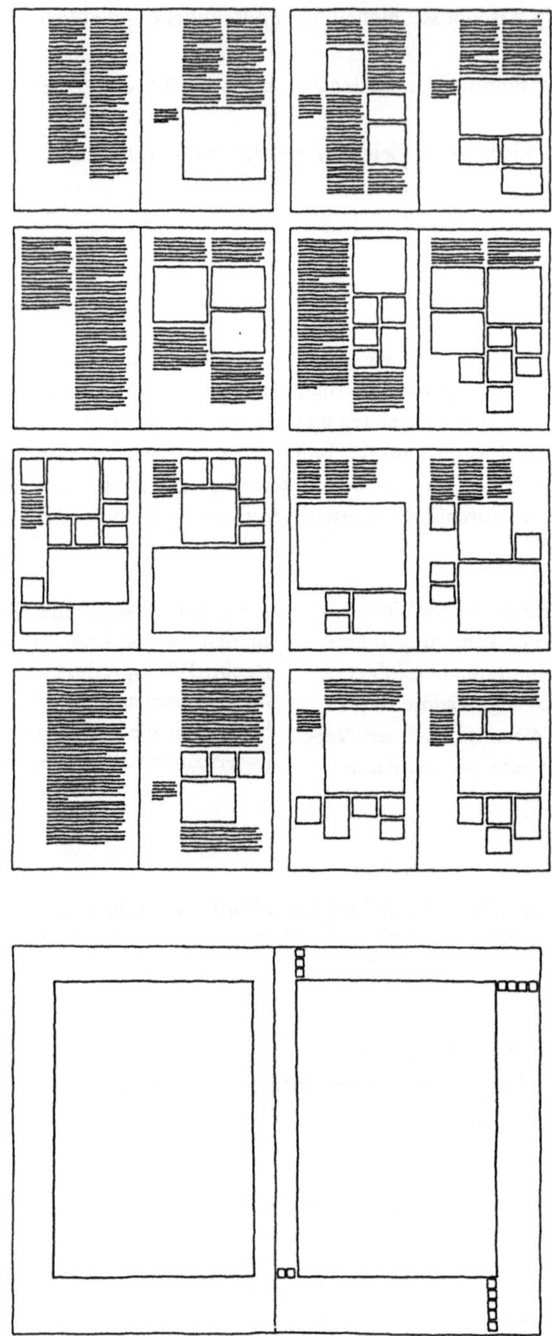

Abb. 9: Spaltenanzahl, Spaltenhöhe und Satzspiegelumfeld (aus [10])

4. Schlußbemerkung

KNUD BÖHLE hebt in [3] hervor, daß es schwieriger werde, den Status einer Publikation zu ermitteln. Dieser Einwand ist zu unterstreichen. War es in der handschriftlichen Zeit noch so, daß nur wirklich Wichtiges und Wertvolles kostbar genug war, in einer Kanzlei geschrieben zu werden, so wurde in der Schreibmaschinenzeit bereits soviel Text erzeugt, wie die Sekretärinnen tippen konnten. Heute kann man zwar noch besonders schön und auf Glanzpapier Gedrucktes [3] als Werbung und schlampig übersetzte oder geschriebene PC-Handbücher als Verlagsschnellschüsse in den Papierkorb werfen, aber die Unterscheidung von Wichtigem zu Unwichtigem wird mit neuen technischen Möglichkeiten zunehmend schwieriger. Es ist daher notwendig, den Begriff der inhaltsadäquaten Form [16] erneut zu überdenken, um die frühere Integrität von Form und Inhalt wiederzufinden.

Literatur

1. Berg, R. vom: Beitrag zur Optimierung typografischer Gestaltung. Diplomarbeit im Fachbereich 5 der Bergischen Universität Gesamthochschule Wuppertal (1988)
2. Bieler, D.: Desktop Publishing. Satz- oder Textsystem? In: Paul, M. (Hrsg.): GI-17. Jahrestagung, Proceedings. Berlin, Heidelberg (1987)
3. Böhle, K.: Desktop Publishing. Teil 1 und 2. Deutscher Drucker, Nr. 17/88 und Nr. 20/88 (1988)
4. Bosshard, H.R.: Technische Grundlagen der Satzherstellung. Bd. 1, Bern (1980)
5. Frutiger, A.: Das Schriftbild: Kleid der Lesebotschaft. Deutscher Drucker, Nr. 2/83 (1983)
6. Hochuli, J.: Das Detail in der Typografie. Compugraphic Corp., Wilmington, Mass. (1987)
7. Hvistendahl, J.K., Kahl, M.R.: Roman vs. Sans Serif Body Type: Reader Preference. ANPA Research Bulletin, 2, Jan. 17 (1975)
8. Kapr, A., Schiller, W.: Gestalt und Funktion der Typografie. Leipzig (1980)
9. Karow, P.: Digitale Speicherung von Schriften. Hamburg (1986)
10. Luidl, P.: Typografie. Herkunft, Aufbau, Anwendung. Hannover (1984)
11. Paterson, D.G., Tinker, M.A.: Studies of Typographical Factors Influencing Speed of Reading: VIII. Space Between Lines or Leading. Journal of Applied Psychology, 16, pp. 388 (1932)
12. Paterson, D.G., Tinker, M.A.: Influence of Line Width on Eye Movements. Journal of Experimental Psychology, 27, pp. 572 (1940)
13. Peuto, B.L.: Desktop Graphic Products. The Seybold Report on Publishing Systems, Vol. 16, No. 22, Aug. 17 (1987)
14. Tinker, M.A.:Legibility of Print. The Iowa State University Press, Ames, Iowa (1963)
15. Trambacz, U.: Zur Geräteunabhängigkeit in der interaktiven Computer Graphik, Dr.-Ing.-Dissertation, TU Berlin (1976)
16. Trambacz, U.: Vom Schreibmönch zum Desktop Publishing. In: Paul, M. (Hrsg.): GI-17. Jahrestagung, Proceedings. Berlin, Heidelberg (1987)
17. Warnock, J., Wyatt, D.K.: A Device Independent Graphics Imaging Model for Use with Raster Devices. Computer Graphics, Vol. 16, No. 3 (1982)
18. Willberg, H.P.: *Die* Typografie gibt es nicht! Der Polygraph, Nr. 11-87 (1987)
19. Zeitvogel, W., Simoneit, M.: Satzherstellung und Textverarbeitung. 2. Aufl., Frankfurt a.M. (1987)

Vergleich natürlichsprachlicher Dokumente mittels Visualisierung von Informationsspuren

Hans Hinterberger, Bernd Teufel
Institut für Informatik
Eidg. Techn. Hochschule Zürich
ETH-Zentrum
CH-8092 Zürich

Kurzfassung: Für grosse natürlichsprachliche Informationsmengen, die in weiten Bereichen des Büros anzutreffen sind, ist es im Sinne einer zweckmässigen Automatisierung wünschenswert, wenn der Rechner Dokumente nicht nur vergleicht und uns das Resultat in geeigneter Form bekannt gibt, sondern dass der Benutzer die Vergleichsbasis und die Form der Darstellung *interaktiv bestimmen* oder *verändern* kann. Wir stellen eine Methodik vor, die es erlaubt, in vier unabhängigen Schritten mittels *Datenreduktion*, *Datenverdichtung*, *Datentransformation* und *Datenvisualisation*, Information aus grossen Datenmengen interaktiv verschiedenartig zu abstrahieren. Gewisse, in der natürlichsprachlichen Information enthaltenen, Strukturen werden dabei vom Volltext zur graphischen Darstellung überführt. Zunächst wird durch Anwendung einer Stoppwortliste und Grundformenbildung das Volumen der Daten reduziert. Die so reduzierte Datenmenge wird durch die Abbildung auf Trigramm-Mengen (Informationsspuren) weiter verdichtet. Schliesslich werden die Beziehungen zwischen den einzelnen Zeichen der Trigramme (Übergänge) verschiedenartig visualisiert, um numerische Ähnlichkeitsmasse zu ergänzen. Die beschriebene Methodik ist softwaremässig implementiert, erste Resultate werden vorgestellt.

1. Informationserhaltende Datenabstraktion vereinfacht das browsing in und über Dokumente

In den meisten Büros von Gewerbe- und Dienstleistungsbetrieben besteht der grösste Teil der zu verarbeitenden Daten aus natürlichsprachlichen Dokumenten. Unter einem *Dokument* verstehen wir hier *maschinenlesbare, natürlichsprachliche Information*, Information auf die sowohl von Mensch als auch Maschine zugegriffen wird. Typischerweise bedient sich der Mensch vorwiegend linguistisch/grammatikalischer Methoden, während die hier zur Diskussion stehenden Maschinen (Rechner) auf mathematischer Grundlage arbeiten. Traditionelle Methoden des Information Retrieval tragen dieser Dichotomie Rechnung, indem mittels mathematischer Methoden (z.B. statistische Methoden zur automatischen Indexierung [11]) selektiv Information aus Dokumenten extrahiert wird. Die dabei zur Anwendung kommenden operationalen Grundeinheiten sind ganze Worte, d.h. der Vorgang ist für den Menschen noch immer verständlich.

Unser Ziel ist es, einen reduzierten Volltext als ganzes maschinell zu behandeln. Um dies zu erreichen, werden, für den Menschen meistens unverständliche, weil aus Wortfragmenten bestehende, Informationsspuren aus diesen Dokumenten extrahiert. Dies hat zur Folge, dass jegliche linguistisch/grammatikalische (semantische) Bedeutung und damit zwangsläufig auch gewisse Information verloren geht, andererseits jedoch entsprechende mathematische Methoden angewandt werden können.

Folgende Annahme ist für diesen Ansatz eine grundlegende Bedingung: Erstens findet der Homeosemie-Begriff nach Karlgren [6] Anwendung, wonach zum Vergleich zweier Texte nicht eine exakte Repräsentation der Bedeutung dieser Texte erstellt werden muss, sondern die gegenseitige Übereinstimmung zweier Texte, die sogenannte Bedeutungsbeziehung (similarity of meaning), approximativ bestimmt werden soll. Zweitens werden für diese Approximation Informationsspuren benutzt, da sie charakteristische Strukturen eines Dokumentes wiederspiegeln, welche wiederum Rückschlüsse auf den Inhalt erlauben.

Da schlussendlich der Mensch doch wieder das Resultat maschineller Vergleiche evaluieren muss, stellt sich das Problem der Visualisierung von Informationsspuren. Aus diesem Grund kommen vorwiegend mathematische Methoden zur Anwendung, deren Resultate geometrisch ausgedrückt werden können.

Gerade in Bezug auf die enormen Informationsmengen, die ja im Büro als Informationszentrum anfallen, wird häufig vergessen, dass geeignete Werkzeuge geschaffen werden müssen, um schnell und einfach durch diese Mengen zu "wandern" (browsing) und qualitative Vergleiche anzustellen. Die Funktion eines klassischen Information Retrieval Systems als die Generierung einer Antwortmenge bezüglich einer Frage ist in einer Büroumgebung nicht ausreichend. Zu der reinen Informationssuche muss in Anbetracht der umfangreichen Informationsmengen die Möglichkeit gegeben sein, sich über die Struktur der gespeicherten Dokumente einen Überblick zu verschaffen. Als Beispiel für die Anwendung des browsing über Dokumente sei eine Anwaltspraxis erwähnt, in der mit Protokollen von Rechtsfällen in grossen Dokumentensammlungen Präzedenzfälle gesucht werden müssen. Im Sinne einer zweckmässigen Automatisierung ist es wünschenswert, wenn der Rechner Dokumente nicht nur vergleicht und uns das Resultat in geeigneter Form bekannt gibt, sondern dass der Benutzer die Vergleichsbasis und die Form der Darstellung *interaktiv bestimmen* oder *verändern* kann. Die in diesem Beitrag vorgestellte Methodik zeigt Ansätze zur Unterstützung für ein solches interaktives Wandern durch Dokumentenmengen.

Abstraktion von Dokumenten . . .

In vier unabhängigen Schritten können wir mittels *Datenreduktion*, *Datenverdichtung*, *Datentransformation* und *Datenvisualisation*, Information aus grossen Datenmengen interaktiv verschiedenartig abstrahieren und zwar so, dass sie auch für eine maschinelle Weiterverarbeitung geeignet ist. Eine brauchbare Implementation der Methodik hängt von drei in den folgenden Abschnitten behandelten Schlüsselkonzepten ab: Der Reduktion von Dokumenten auf Informationsspuren als einer Menge von *Trigrammen*, der Verwaltung dieser Trigramme mit einem flexiblen und dynamischen Filesystem und der geeigneten Visualisierung multivariater Daten. Die beschriebenen Visualisierungsmethoden erlauben nur Vergleiche, d.h. quantitative Aussagen können nur bezüglich der Ähnlichkeit zweier Dokumente gemacht werden. Dies aber schnell und auf mannigfaltige Weise!

. . . mit geeigneten Reduktionsmechanismen

Für die Indexierung und das Retrieval natürlichsprachlicher Dokumente im klassischen Sinne müssen diese *gefiltert* werden, da sie eine grosse Anzahl sehr häufig vorkommender und damit wenig Information (im Sinne von Shannon) tragender Funktionswörter enthalten. Volltextsysteme bringen daher den zu verarbeitenden Text in der Regel in zwei Schritten in eine gewisse Ordnung [12]: Erstens wird zwischen informationstragenden und nicht-informationstragenden Wörtern unterschieden (Anwendung einer *Stoppwortliste*). Zweitens werden verschiedene Formen ein und desselben Wortes vereinheitlicht, d.h. auf eine *gemeinsame Form* zurückgeführt (Anwendung eines Reduktionsalgorithmus). Dabei wird unter der Reduktion eines Wortes die Zusammenführung semantisch weitgehend gleicher und in der suffixialen Struktur ähnlicher Wörter verstanden [7]. Wir verwenden für unsere Testdokumente den Iterationsalgorithmus von Porter [9] in einer erweiterten Form [16].

Reduktionsmechanismen (Stoppwortliste und Reduktionsalgorithmen) befreien in einer ersten Abstraktionsstufe natürlichsprachliche Dokumente von unnötigem Ballast und können die Grösse einer Dokumentensammlung zwischen 30 und 50 Prozent reduzieren [10]. Wir unterscheiden diese, durch Elimination erzeugte reine *Datenreduktion*, von der über eine weitere Abstraktionsstufe zusätzlich erreichbaren *Datenverdichtung*. Möglichkeiten zur Datenverdichtung bieten sich mit Informationsspuren und deren Abbildung auf Punkte in mehrdimensionalen Räumen an.

2. Informationsspuren

Jedes natürlichsprachliche Dokument generiert eine sogenannte *Informationsspur* [1]. Die Informationsspur eines Dokumentes kann verglichen werden mit der Spur, die jemand beim Gehen im Sand hinterlässt - oder m.a.W. die Informationsspur ist der "Fussabdruck eines natürlichsprachlichen Dokumentes". De Heer definiert die Informationsspur ($\pi(t)$) eines Textes t als die Menge aller sich *überlappender Trigramme* (das sind Zeichenketten der Länge drei). Beispiel:

$$\pi(\text{MISSISSIPPI}) = \{ \text{IPP, ISS, MIS, PPI, SIP, SIS, SSI} \}$$

Diese Definition der Informationsspur kann zusammen mit statistischen Informationen die Basis für eine trigrammbasierte Indexierungs- und Retrieval-Methode sein [2], [15], da die so repräsentierten statistisch-syntaktischen Eigenheiten eines Textes diesen in einer für das Retrieval brauchbaren Weise charakterisieren. Bei der Definition der Informationsspuren ist es wichtig, zu beachten, dass die Trigramme überlappend gewählt werden, wodurch implizit eine gewisse Fehlerkorrektur (bei Schreibfehlern oder unterschiedlichen Schreibweisen) erreicht wird. Eine Informationsspur entspricht mit der zugehörigen Frequenzinformation einer Art *Run-Length-Coding*, wodurch eine Datenkompression erreicht wird, die zugleich die statistischen Textcharakteristiken erhält.

Informationsspuren können nicht nur für den Dokumentenvergleich in Form von numerischen Ähnlichkeitswerten (Funktion klassischer IR-Systeme) benutzt werden, sondern können auch als multivariate Daten interpretiert werden, welche - wenn in geeigneter Weise dargestellt - einen *graphischen Vergleich natürlichsprachlicher Information* erlauben.

Abschliessend noch einige Bemerkungen zu Trigrammen allgemein. Bei einem Alphabet von 26 Zeichen existieren insgesamt 26^3 = 17 576 verschiedene Trigramme. Verschiedene Untersuchungen haben jedoch gezeigt, dass nur ca. 25 % aller möglichen Trigramme auch tatsächlich in grösseren Textsammlungen auftreten [13], [14]. Die hier verwendete Testkollektion (2472 Titel und Abstracts von INSPEC-Testdokumenten) bestätigt mit ca. 26 % diesen Trend.

3. Dokumente interpretiert als multivariate Daten

Dokumente als Punkte in hochdimensionalen Räumen

Die Verwaltung natürlichsprachlicher Informationen ist ein sehr viel schwierigeres Problem, als die Verwaltung einer Menge von Punkten aus einem mehrdimensionalen Raum. Mit der Annahme, dass ein Punkt in einem mehrdimensionalen Raum repräsentativ für ein Dokument ist, können über ein Ähnlichkeitsmass zwischen den zugehörigen Vektoren Aussagen bezüglich den Beziehungen zu anderen Dokumenten gemacht werden. Dokumente werden über Informationsspuren in folgender Weise in einen höher dimensionalen Raum transformiert. Ein Dokument wird auf einen Vektor abgebildet, dessen Dimension k die maximale Anzahl unterschiedlicher Trigramme der betrachteten Dokumentenkollektion ist. Dabei spiegeln die Elemente des Vektors die Häufigkeit eines Trigrammes in einem Dokument wieder. Die gesamte Dokumentenkollektion ist damit in einen Vektorraum der Dimension k eingebettet.

Wie im Vektorraum-Modell [11] wird angenommen, dass von ähnlichen natürlichsprachlichen Informationen auch ähnliche multidimensionale Trigramm-Vektoren entstehen. Dabei bedeutet die Ähnlichkeit eine "gewisse Übereinstimmung" in den Elementen zweier gegebener Vektoren. Diese Übereinstimmung kann z.B. durch den Winkel (Cosinus-Mass) zwischen zwei Vektoren bestimmt werden.

Dokumente als Punktmengen in niederdimensionalen Räumen

In den oben beschriebenen Modellen kann k sehr gross sein (für Informationsspuren ist $k \approx 5000$). Wenn multivariate Daten visualisiert werden, sollte jedoch deren Dimensionalität idealerweise unter einem Dutzend liegen. Aus diesem Grund wird die multidimensionale Vektordarstellung durch eine 3-dimensionale Darstellung ersetzt, indem jeder Komponente im Trigramm eine Dimension zugeordnet wird. Die Skalen der Dimensionen entsprechen dem verwendeten Alphabet. Ein Trigramm eines Dokumentes kann dann als Element in einem entsprechenden Würfel, das Dokument selbst als Punktwolke betrachtet werden.

3.1 Browsing-unterstützende Verwaltung mehrdimensionaler, dynamischer Daten

Eine in Echtzeit produzierte, visuelle Datenpräsentation ist nur wirkungsvoll, wenn die schnellen biologischen Systeme der visuellen Wahrnehmung berücksichtigt werden. Die heutigen, graphikfähigen Computerterminals stellen die notwendige Geschwindigkeit und Bandbreite problemlos zur Verfügung. Wenn die zu visualisierenden Daten jedoch zuerst vom Plattenspeicher geholt werden müssen, was bei sehr grossen Datenmengen zwangsläufig der Fall ist, können Probleme entstehen, wenn beim browsing mit Bereichsabfragen verschiedene Attributkombinationen dargestellt werden müssen. Um diese Probleme zu umgehen, sucht man Dateistrukturen, welche mit *gleichbleibend kurzen* Lesegeschwindigkeiten symmetrischen Zugriff (alle Suchschlüssel werden gleich behandelt) auf die von ihr verwalteten Daten gewährleisten.

Matrizenverzeichnisse . . .

Aus den oben erwähnten Symmetriegründen werden für die Verwaltung multivariater Daten in mehrdimensionalen Files in zunehmendem Masse Verzeichnisse mit Zellenstruktur, wir nennen sie Matrizenverzeichnisse (Verzeichnisse, welche eine Matrixstruktur aufweisen, cf. Gitterdatei unten) eingesetzt.

Matrizenverzeichnisse sind aus zwei Gründen attraktiv: 1) orthogonale sowie parallele Intervallgrenzen in den, als lineare Skalen dargestellten, Suchattributbereichen verleihen ihnen eine höchst symmetrische Struktur, 2) sie benötigen nur *eine* logische Ebene, um das kartesische Produkt dieser Attributbereichspartitionen auf einen linearen Adressraum (gegeben durch logisch aufeinanderfolgende Speicherplatzpositionen) abzubilden.

Matrizenverzeichnisse verbinden das Vergleichen von Schlüsselwerten (die Suche eines Intervalls in jeder der k linearen Skalen) mit Adressberechnungen (Bestimmung der Position eines Matrizenelementes im Adressbereich notwendig für die Repräsentation der linearisierten k-dimensionalen Matrix). Der Gebrauch von Matrizenverzeichnissen zur Verwaltung dynamischer Daten scheint auf den ersten Blick nicht angebracht, haben doch Dynamisierungstechniken in der Vergangenheit von Adressberechnungsmethoden weggeführt. Es zeigt sich jedoch, dass Matrizenverzeichnisse schnellen Zugriff und bei geeigneter Implementation, auch schnelles Nachführen erlauben (cf. Regionenverzeichnis in [3]).

. . . organisieren den Einbettungsraum

Suchbäume organisieren die zu speichernden Daten, während Matrizenverzeichnisse den Einbettungsraum der Daten organisieren. Konsequenzen dieses Unterschiedes findet man in den entsprechenden Speicherplatzbedürfnissen sowie in der Effizienz der Unterhaltsoperationen. Der Platzbedarf von Suchbäumen beschränkt sich auf die Grösse des eingegebenen Datensatzes (ist also $O(n)$), ungeachtet dessen (statistischer) Verteilung. Der notwendige Aufwand, um Suchbäume nachzuführen, kann jedoch mit der Verteilung der Daten drastisch ändern, vor allem wenn die entsprechende Datenstruktur mit Ausgleichs- oder Gewichtungsfaktoren "frisiert" wird.

Der Platzbedarf von Matrizenverzeichnissen kann andererseits sowohl von der (statistischen) Verteilung der Eingabedaten und der gewählten Partition des Einbettungsraumes, als auch der Grösse des Datensatzes abhängen. Im Gegensatz dazu ist die Effizienz der Zugriffs- und Nachführoperationen verteilungsunabhängig und wird im wesentlichen nur durch die für die Implementation des Verzeichnisses gewählte Datenstruktur bestimmt. Diese Unabhängigkeit ist besonders für die Verwaltung von natürlichsprachlichen Dokumenten äusserst nützlich.

3.2 Dateizugriff über Matrizenverzeichnisse am Beispiel der Gitterdatei

Die Gitterdatei [8] wurde entwickelt, um auf plattengespeicherte Daten effizient zugreifen zu können. Es ist eine sog. Behälter-Methode (bucket method), welche mit einem dynamischen Matrizenverzeichnis (grid directory) benachbarte Datenelemente einfängt und in Speichereinheiten (Behältern) organisiert, die auf einem Plattenblock oder einer Plattenseite abgelegt werden können. Die folgenden zwei Prinzipien steuerten den Entwurf der Gitterdatei.

Zwei-Plattenzugriff-Prinzip. Eine voll spezifizierte Abfrage (alle Schlüsselattribute weisen einen legalen Wert auf) muss einen einzelnen Datensatz mit höchstens zwei Plattenzugriffen in den Zentralspeicher bringen: Der erste Zugriff für die korrekte Position im Verzeichnis, der zweite für den korrekten Datenbehälter.

Effiziente Bereichsabfragen bezüglich allen Schlüsselattributen. Die Struktur des Speichers sollte möglichst viel der über die Attributbereiche definierten Ordnung erhalten. Das heisst, Datensätze welche in irgend einem Schlüsselbereich "nahe" beieinander liegen, sollten wenn möglich auf dem gleichen physischen Plattenblock abgelegt sein.

Die Funktionsweise der Gitterdatei lässt sich am besten mit einem Beispiel illustrieren. Betrachten wir einen Record-Raum dessen Schlüsselattribut 'year' den Bereich 0 .. 2000 und 'initial' den Bereich a .. z hat. Nehmen wir an, die Verteilung der Datensätze sei so, dass folgende Gitterpartition generiert wurde:

year = (0, 1000, 1500, 1750, 1875, 2000); *initial* = (a,f,k,p,z).

Die Ausführung einer FIND - Operation für eine voll spezifizierte Abfrage, z.B. FIND [1986, w], ist in Abb. 1 illustriert. Der Attributwert 1986 wird durch suchen in der Skala *year* zum Intervallindex 5 umgewandelt, und *w* wird im Intervall mit Index 4 der Skala *initial* lokalisiert. Die Konversion von Attributwerten zu Intervallindizes benötigt in einem Modell, das nur die Anzahl Plattenzugriffe zählt, keine Zeit, da lineare Skalen mit Partitionen mit realistischer Feinheit im Zentralspeicher gehalten werden. Die Intervallindizes 5 und 4 erlauben direkten Zugriff zum korrekten, die Behälteradresse beinhaltenden Element des Gitterverzeichnisses. Die korrekte Verzeichnisseite (diejenige, welche die gewünschte Behälteradresse aufweist) kann mit den Intervallindizes leicht berechnet werden, auch wenn nur ein Teil des Gitterverzeichnisses in den Zentralspeicher transferiert werden kann. Bereichsabfragen, den Spezialfall von teilweise spezifizierten Abfragen inbegriffen, können mit der Gitterdatei ebenfalls effizient erfüllt werden.

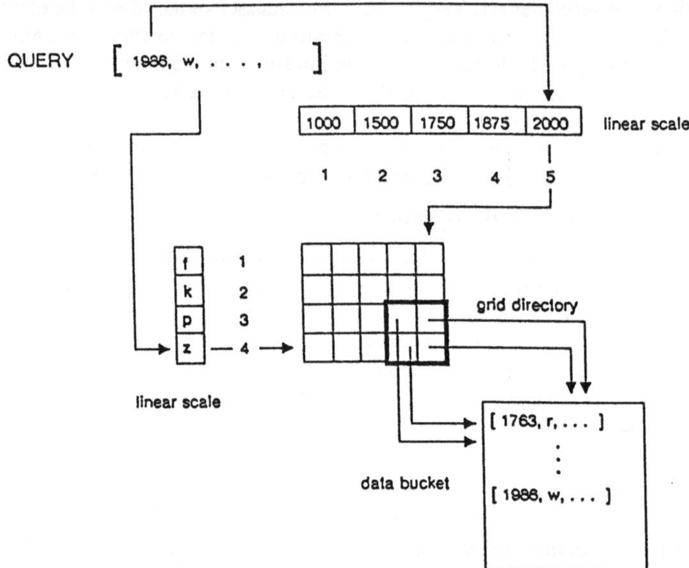

Abb. 1: Das Finden eines einzelnen, voll spezifizierten Datensatzes verlangt höchstens zwei Plattenzugriffe.

Für eine detailliertere Beschreibung der Gitterdatei und deren Operationen wird der Leser auf [3] und [8] verwiesen.

3.3 Visualisierung mehrdimensionaler Daten

Das Suchen (extrahieren und visualisieren) von interpretierbaren Strukturen in multivariaten Datensätzen ist ein noch wenig erforschtes Gebiet und bildet eine wichtige Aktivität in der *erkundenden Datenanalyse*, eine sich vorwiegend auf Datenbeschreibung stützende Methodik.

Beschreibungen anhand graphischer Darstellungen erlauben der erkundenden Datenanalyse die Mustererkennungsfähigkeit der menschlichen, visuellen Wahrnehmung auszunützen. Deshalb manipulieren die meisten traditionellen Methoden linear auf zwei- oder dreidimensionale Räume projizierte Datenwolken, d.h. zu Punkten im euklidischen Raum reduzierte multivariate Daten. Auf Projektionen basierende Methoden bereiten jedoch oft Schwierigkeiten, wenn nichtlineare Strukturen visualisiert werden müssen und können zudem u.U. zu irreführenden Resultaten führen. Der Grund des Versagens der gewöhnlichen kartesischen Koordinatenrepräsentation ist die Vorschrift nach orthogonalen Koordinatenachsen. Es wäre wünschenswert, eine gleichzeitige Repräsentation aller Koordinaten eines Datenvektors zu erreichen. Eine mögliche Lösung ist in Form der parallelen Koordinaten ([4], [17]) vorhanden.

Parallele Koordinaten

Für den N-dimensionalen euklidischen Raum R^N wird ein Koordinatensystem wie folgt konstruiert. In der xy-Koordinatenebene werden N reelle Linien mit gleichem Abstand rechtwinklig zur x-Achse gelegt und mit $x_1, x_2, \ldots, x_N$ markiert. Dies sind die Achsen des parallelen Koordinatensystems, sie weisen die gleiche positive Orientierung wie die y-Achse auf (siehe Abb. 2).

Ein Punkt mit Koordinaten $(c_1, c_2, \ldots, c_n)$ wird durch den polygonalen Linienzug dessen N Scheitelpunkte bei $(i\text{-}1, c_i)$ auf der x_i-Achse für $i = 1, 2, \ldots, N$ liegen, repräsentiert. Dadurch wird eine eins-zu-eins Übereinstimmung zwischen Punkten in R^N und polygonalen Linienzügen mit Scheitelpunkten auf x_1, $x_2, \ldots, x_N$, erreicht.

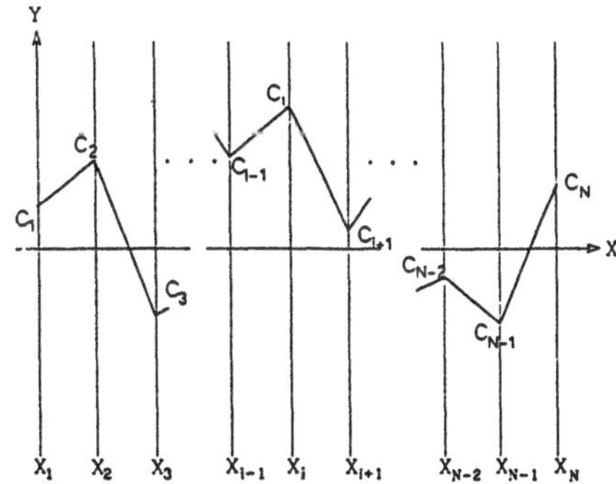

Abb. 2: Parallele Achsen für R^N (aus [4]).

Punkte mit kartesischen Koordinaten bilden sich in Linien mit parallelen Koordinaten ab, während Linien mit kartesischen Koordinaten sich in Punkte mit parallelen Koordinaten abbilden. Betrachte die x_1x_2-Ebene mit parallelen sowie kartesischen Koordinaten (siehe Abb. 3) und die Linie $l : x_2 = mx_1 + b, m < \infty$. Die Punkte auf l, wenn mit parallelen Koordinaten repräsentiert, bilden eine unendlich grosse Familie von Linien. Wenn $m \neq 1$, dann schneiden sich jeweils zwei beliebige dieser Linien im Punkt $\bar{l}$: $({}^1/1\text{-}m, {}^b/1\text{-}m)$. Somit ist $\bar{l}$ das Dual von l. Linien mit $m = 1$ haben keine entsprechende Punkte-Darstellung in der euklidischen Ebene. Wenn wir jedoch xy und x_1x_2 als zwei Kopien der projektiven Ebene betrachten, dann entsprechen Punkte auf der Linie $l : x_2 = x_1 + b$ parallelen Linien, welche sich im idealen Punkt mit Steigung $y/x = b$ schneiden.

Für weitere interessante Eigenschaften des parallelen Koordinatensystems (z.B. werden Rotationen im kartesischen Koordinatensystem zu Translationen im parallelen Koordinatensystem) sei der Leser auf [4] verwiesen.

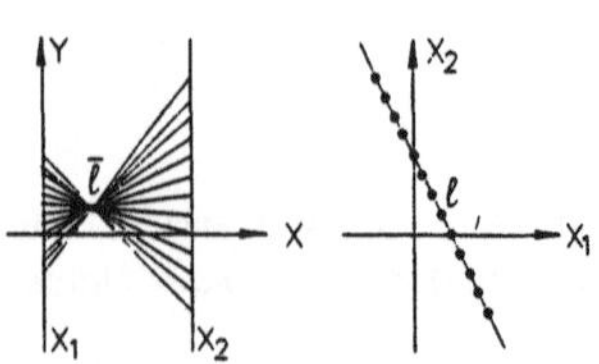

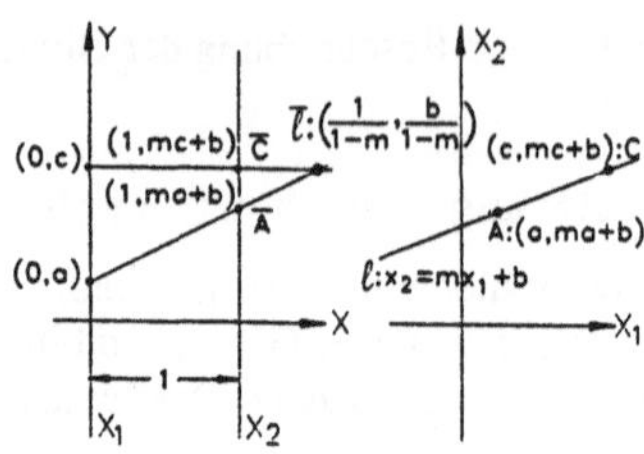

Abb. 3: Parallele Koordinaten induzieren Dualismen in der Ebene (aus [4]).

Erkundende Datenanalyse mit parallelen Koordinaten

Zum Paradigma der erkundenden Datenanalyse passen vor allem graphische Methoden der Datenvisualisierung, weil, im Gegensatz zur bestätigenden Datenanalyse (in den meisten Lehrbüchern der Statistik genannt), das Erkennen struktureller Eigenschaften der Daten wichtiger ist, als präzise, detaillierte (z.B. numerische) Information über deren Charakteristika. Diese Unterscheidung wollen wir auch mit einer vergleichenden Analyse natürlichsprachlicher Dokumente treffen.

Da sich das parallele Koordinatensystem leicht auf beliebige Dimensionen erweitern lässt, eine gleichzeitige Darstellung aller Komponenten erlaubt und diese auf gleiche Art behandelt, eignet es sich besonders für Visualisierungen zur erkundenden Datenanalyse. Die folgenden Darstellungen illustrieren Interpretationen von parallelen Koordinaten in einer statistischen Umgebung.

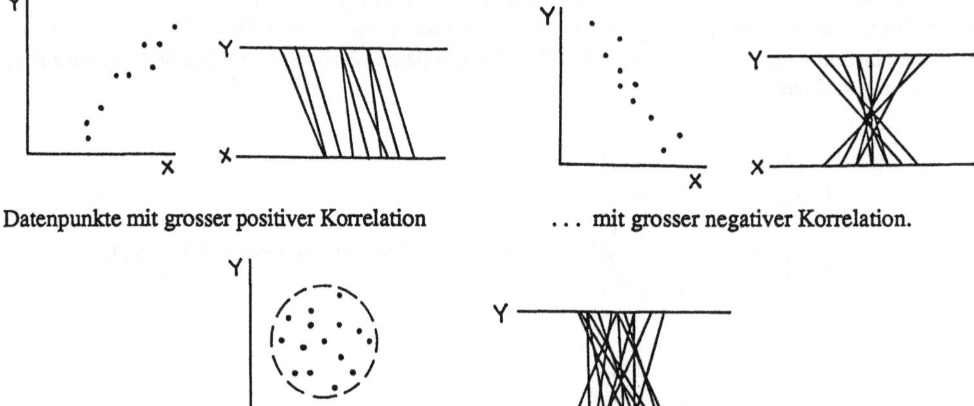

Datenpunkte mit grosser positiver Korrelation

... mit grosser negativer Korrelation.

Unkorrelierte Daten neigen zu einer angenähert kreisförmigen, konvexen Kugel.

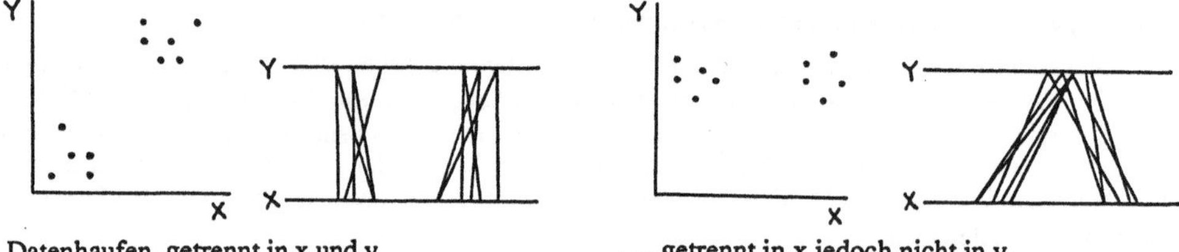

Datenhaufen, getrennt in x und y

... getrennt in x jedoch nicht in y.

4. Visualisierung von transformierten Informationsspuren

Datenvisualisierungen auf einem Bildschirm werden durch eine fundamentale Charakteristik der menschlichen visuellen Wahrnehmung beschränkt: sie müssen zwei-dimensionale Bilder erzeugen. Da die Informationsspuren zu Punkten in höher dimensionalen Räumen transformiert wurden, reduziert sich das Problem der Visualisierung somit zur Darstellung dieser Punkte in geeigneten Diagrammen.

Dimensionaltität vs. Interpretierbarkeit

Die Koordinaten k-dimensionaler Punkte können je nach Anzahl der Dimensionen (d) pro Diagramm verschiedenartig kombiniert (d.h. mittels $k! / [d! * (k - d)!]$ Diagrammen) geometrisch dargestellt werden. Die einzelnen Kombinationen erlauben das Visualisieren unterschiedlicher Beziehungen zwischen den Koordinaten (keine, wenn $d = 1$; k, wenn $d = k$), sind jedoch auch entsprechend leicht oder schwierig zu interpretieren. Durch die oben erwähnte Einschränkung auf zwei-dimensionale Bilder sind Diagramme von Kombinationen mit $d = 1$ oder 2 leicht interpretierbar, erlauben jedoch keine respektive höchstens eine Beziehung zwischen zwei Koordinaten pro Diagramm. Diagramme, welche nicht alle Beziehungen zwischen den k Koordinaten darstellen (d.h. $d < k$), können u.U. zu irreführenden Interpretationen Anlass geben (siehe hierzu die Diskussion in [17]).

Von den verschiedenen Möglichkeiten, gewisse Strukturen eines natürlichsprachlichen Dokumentes zu erfassen, haben wir die Visualisierung von ***Übergängen***, d.h. von ***Beziehungen*** zwischen einzelnen Zeichen, in Trigrammen gewählt. Aus diesem Grund legen wir mehr Wert auf eine Darstellung, welche das Visualisieren *aller* Beziehungen erlaubt ($d = k$), als auf eine leichte Interpretierbarkeit der Diagramme. Für die Darstellung dieser Übergänge benutzen wir - basierend auf parallelen Koordinaten - *Übergangsmatrizen* ($d = 2$), *Trigrammdiagramme* ($d = 3$) und *Übergangsdiagramme* ($1 \leq d \leq k! / [2! * (k - 2)!]$).

Die Koordinaten von Übergangsmatrizen und Trigrammdiagrammen entsprechen dem verwendeten Alphabet, während die Koordinaten der Übergangsdiagramme als Skalen das kartesische Produkt des verwendeten Alphabetes besitzen. Übergangsmatrizen dienen nicht nur der Visualisierung von Übergängen, sondern bilden auch die Grundlage für die Definition eines Ähnlichkeitsmasses für numerische Vergleiche.

Die beschriebenen Reduktionen, Verdichtungen, Transformationen und Visualisierungen hängen schematisch wie in Abb. 4 gezeigt zusammen.

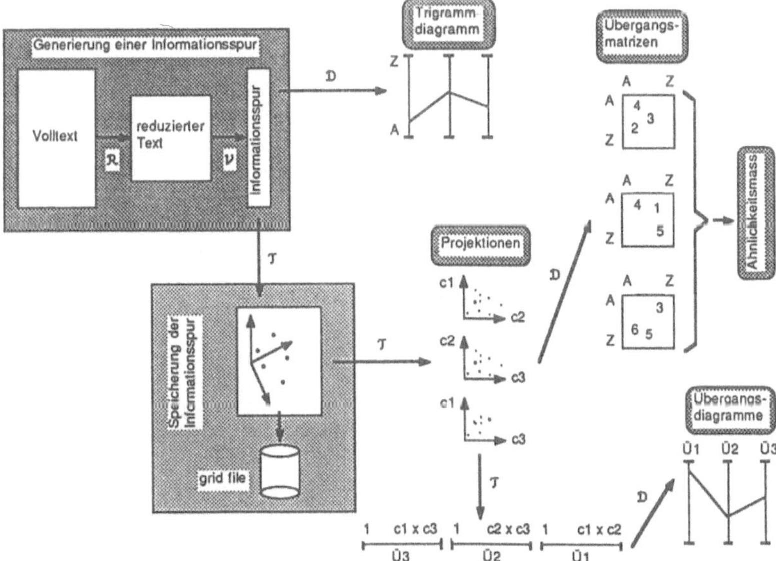

Abb. 4: Schematisch dargestellte Zusammenhänge von Reduktion (ℜ), Verdichtung (𝔙), Transformation (𝔗) und Visualisierung (𝔇).

4.1 Übergangsmatrizen, Ähnlichkeitsmass

Übergangsmatrizen erlauben visuelle Vergleiche

Übergänge in Trigrammen können mittels einer $n \times n$ Matrix, deren Reihen und Kolonnen der Ordnung des verwendeten Alphabetes entsprechen, kodiert werden; n steht also für die Kardinalität des verwendeten Alphabets. Dabei repräsentieren die Indizes der Reihen den ersten und die Indizes der Kolonnen den zweiten Buchstaben einer paarweisen Kombination der Trigramm-Buchstaben. Ein Eintrag in einer solchen Matrix gibt nun an, wie oft der durch die beiden entsprechenden Buchstaben gegebene Übergang in den Trigrammen des Dokumentes vorkommt. Von Trigrammen ($c_1c_2c_3$) können drei solcher Matrizen generiert werden (c_1c_2, c_2c_3, c_1c_3).

Ähnlichkeitsmasse erlauben numerische Vergleiche

Seien $u_1 = (c_1, c_2, t_k)$, $u_2 = (c_2, c_3, t_k)$, $u_3 = (c_3, c_1, t_k)$ die Übergänge im k-ten Trigramm (t_k). Seien U_{r1}, U_{r2}, U_{r3} die Mengen der entsprechenden u_i für Dokument r. Das Ähnlichkeitsmass A zum Vergleich zweier Dokumente r und s ergibt sich wie folgt:

$$A = \frac{D_1 * D_2 * D_3}{V_1 * V_2 * V_3}$$

wobei $D_i = |U_{ri} \cap U_{si}|$ und $V_i = |U_{ri} \cup U_{si}|$. Das Ähnlichkeitsmass **A** bildet das kartesische Produkt des Objektraumes der Dokumente auf das Intervall [0, 1] ab, wobei **A** = 1 für identische Dokumente gilt und **A** = 0 für Dokumente, die überhaupt keine Übergänge gemeinsam haben. Ausserdem ist **A** symmetrisch und erfüllt somit die Anforderungen an einen Ähnlichkeitskoeffizienten [5].

4.2 Trigrammdiagramme

Trigramme werden prinzipiell mit drei parallelen Koordinaten wie folgt dargestellt. Jeder Komponente eines Trigrammes wird eine Koordinate zugeteilt, deren Skala dem verwendeten Alphabet entspricht; es werden also Folgen von Buchstaben visualisiert. Für ein gegebenes Trigramm werden die entsprechenden Koordinaten durch eine der Trigrammhäufigkeit entsprechenden Anzahl Linienzüge verbunden. Damit die Häufigkeit eines Trigrammes nicht durch Überlappung verloren geht, werden diese polygonalen Linienzüge "verzittert" dargestellt (kleine künstliche, zufällige Verschiebung der Scheitelpunkte so, dass Überlappungen von Punkten mit gleichen Koordinaten reduziert, die Daten selbst jedoch nicht störend verzerrt werden). Dieses *Trigrammdiagramm* liefert also gesamthaft gesehen den Zusammenhang zwischen den ersten und zweiten sowie zweiten und dritten Zeichen der Elemente der Informationsspur.Durch das Zufügen der vierten parallelen Koordinate, die wiederum mit c_1 belegt ist, wird die Beziehung zwischen dem ersten und dritten Zeichen der Trigramme aufgezeigt, also eine zyklische Darstellung erreicht. Abb. 5 zeigt vier Beispieldokumente, wobei Koordinate 1 mit c_1, 2 mit c_2, 3 mit c_3 und 4 mit c_1 belegt ist.

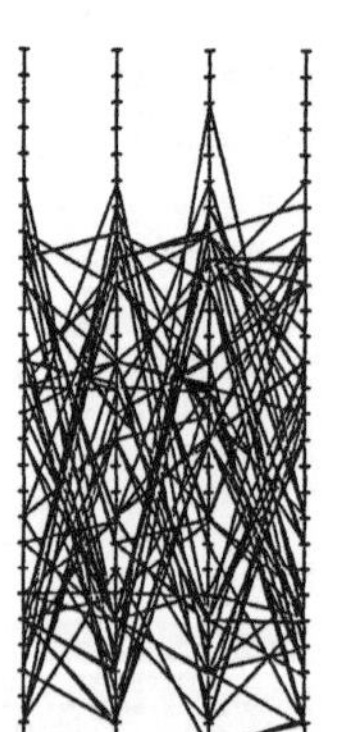
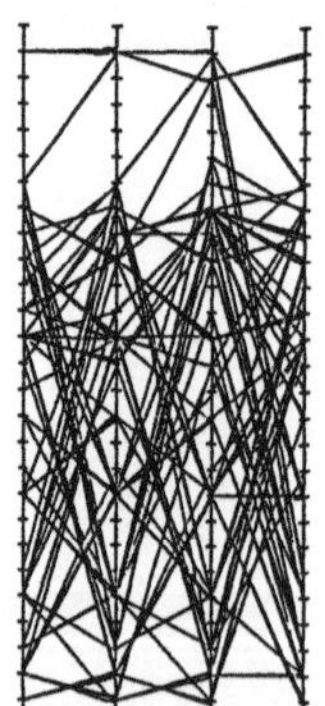
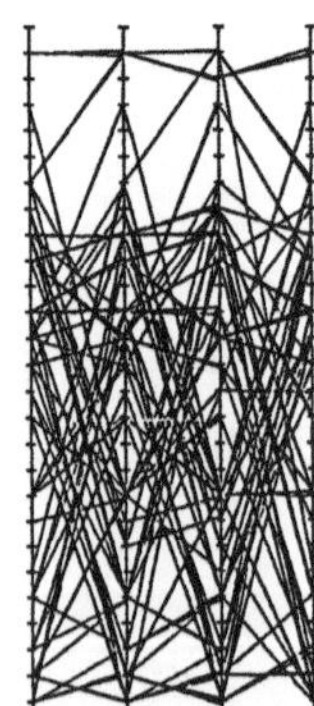

Abb. 5: Trigrammdiagramm von 4 Dokumenten, wovon jeweils das linke und das rechte Paar zwei ähnliche Dokumente sind, die beiden Paare sich jedoch unterscheiden.

4.3 Übergangsdiagramme

Übergangsdiagramme erlauben uns, Folgen von Übergängen (im Gegensatz zu den oben beschriebenen Folgen von Buchstaben) zu visualisieren. Konstruiert werden sie wie folgt.

Alle Übergänge in einem Alphabet der Kardinalität 27 (englisches Alphabet mit einem speziellen Zeichen um die Abwesenheit eines Buchstabens zu markieren, z.B. wenn Trigramme in einer 5-dimensionalen Gitterdatei gespeichert werden) lassen sich in den ganzzahligen Bereich 1 - 729 abbilden. Wir legen parallele Koordinaten fest, deren jede Achse dem Bereich 1 - 729 entspricht und einen der $n! / 2!(n-2)!$ Übergänge eines n-Grammes repräsentiert. Abb. 6 zeigt das Übergangsdiagramm für Dokument 1. Da die Gitterdatei Bereichsabfragen effizient unterstützt, können beliebige Untermengen von Trigramm-Übergängen visualisiert werden. Das heisst, wir können z.B. diejenigen Trigramme welche mit T beginnen und mit Buchstaben aus dem Bereich L bis T enden, aufzeichnen. Die Methode ist im nächsten Abschnitt illustriert.

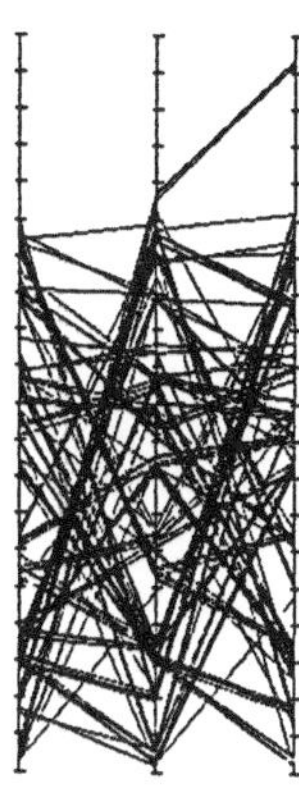

Abb. 6: Übergangsdiagramm für Dokument 1. Achse 1 der parallelen Koordinaten entspricht dem Übergang c_1c_2, Achse 2 c_2c_3 und Achse 3 c_3c_1; die Skala weist einen Bereich von 0 - 729 auf.

4.4 Beispiele

Als Dokumente standen uns Daten einer INSPEC-Testkollektion zur Verfügung. Die einzelnen Dokumente sind Titel und Abstracts von wissenschaftlich-technischen Zeitschriftenartikeln. Für die hier gezeigten Beispiele sind aus dieser Dokumentenkollektion mit 2472 verschiedenen Dokumenten vier Dokumente so ausgewählt worden, dass, wenn paarweise betrachtet, in zwei Paaren die gepaarten Dokumente sich ähnlich sind und in vier Paaren sie sich unterscheiden.

Zur Aufbereitung der Dokumente (Wortextraktion, Stoppwortliste und Grundformenbildung, Informationsspuren) steht eine in Modula-2 implementierte Modul-Bibliothek auf einer SUN-Workstation (unter UNIX) zur Verfügung (ca. 6000 Zeilen Quellencode). Um die Übergangsmatrizen und Übergangsdiagramme zu visualisieren, wurden die Informationsspuren (Trigramme) der vier Beispieldokumente einem experimentellen Datenverwaltungs- und Visualisierungspaket, genannt G [3], übergeben. G basiert auf der Gitterdatei, ist in Pascal geschrieben (ca. 5500 Zeilen Quellencode) und läuft auf einer VAX-11 unter VMS.

Übergangsmatrizen, Ähnlichkeitsmasse

Mit Übergangsmatrizen kann das Mass der Überlappung zweier Dokumente quantitativ und qualitativ leicht visualisiert werden. Die nächsten zwei Folgen von Matrizen repräsentieren die Differenzmatrizen von Dokument 1 und Dokument 2, sowie Dokument 2 und 4. Links sind die Übergänge c_1c_2, in der Mitte die Übergänge c_2c_3, und rechts die Übergänge c_3c_1 dargestellt. Unter jeder Matrix ist das entsprechende Ähnlichkeitsmass (cf. Abschnitt 4.1) aufgeführt, miteinander multipliziert ergeben sie ein Ähnlichkeitsmass für die beiden Dokumente als Ganzes, die entsprechenden Resultate sind rechts aufgeführt.

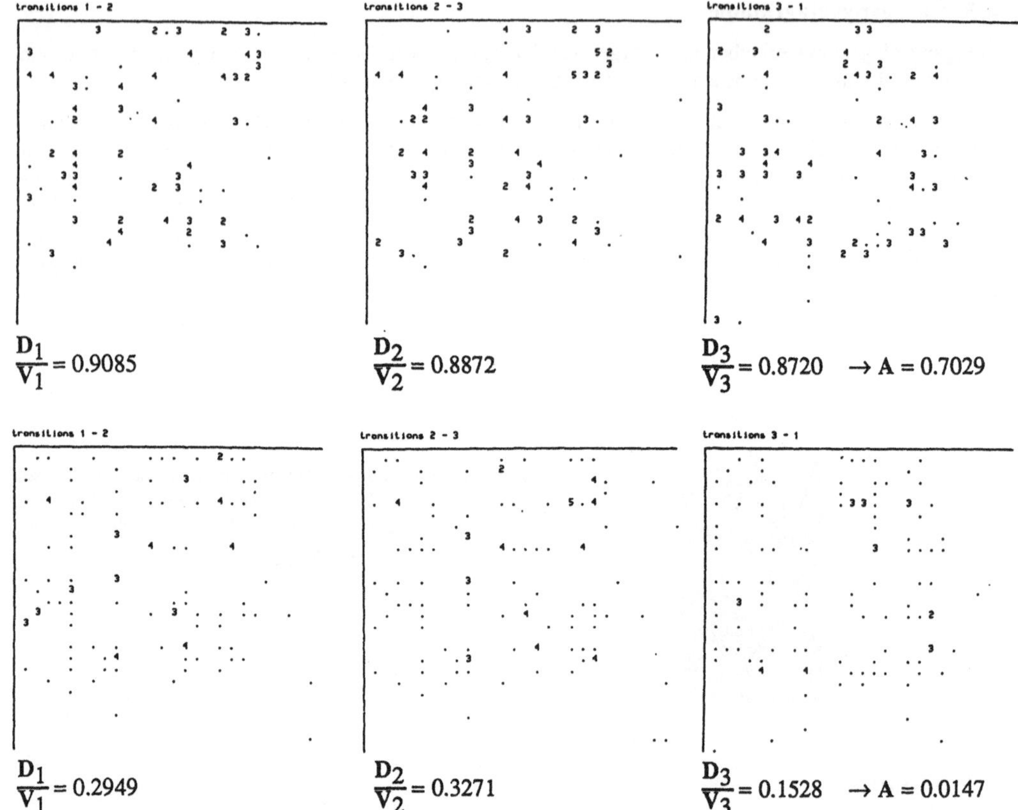

Jeder Eintrag > 0 der Differenzmatrix wird durch dessen Logarithmus zur Basis 2 dargestellt (wir wollen nur einstellige Zahlen in der garaphischen Darstellung). Falls nur in einer der beiden ursprünglichen Matrizen ein Eintrag > 0 war wird dies durch einen Punkt markiert.

Trigrammdiagramme

Da, wie aus Abb. 5 hervorgeht, die gesamthafte Darstellung aller Beziehungen durch Trigrammdiagramme für den ungeübten Betrachter etwas unübersichtlich ist, sind Methoden gefragt, die eine bessere Unterscheidung zulassen. Dazu kann, wenn der Vergleich zwischen zwei einzelnen Dokumenten gefragt ist, z.B. deren Durchschnitt im Trigrammdiagramm dargestellt werden. Eine weitere Möglichkeit besteht darin, ein Dokument durch mehrere Trigrammdiagramme, die einzelne Steigungsbereiche der Linien zwischen den Koordinaten herausfiltern, darzustellen. Die Kombination beider Möglichkeiten kann Aufschluss darüber geben, wo und wie Dokumente in ihrer statistisch-syntaktischen Struktur Beziehungen haben. Im folgenden ist der Durchschnitt zwischen zwei ähnlichen und zwei nicht-ähnlichen Dokumenten in verschiedenen Steigungsbereichen gezeigt. Dabei ist Achse 1 und 4 mit c_1, Achse 2 mit c_2, Achse 3 mit c_3 belegt. Das Paar der ähnlichen Dokumente ist in den oberen Diagrammen zu sehen, während das Paar der nicht-ähnlichen Dokumente die schwach belegten unteren Diagramme bildet.

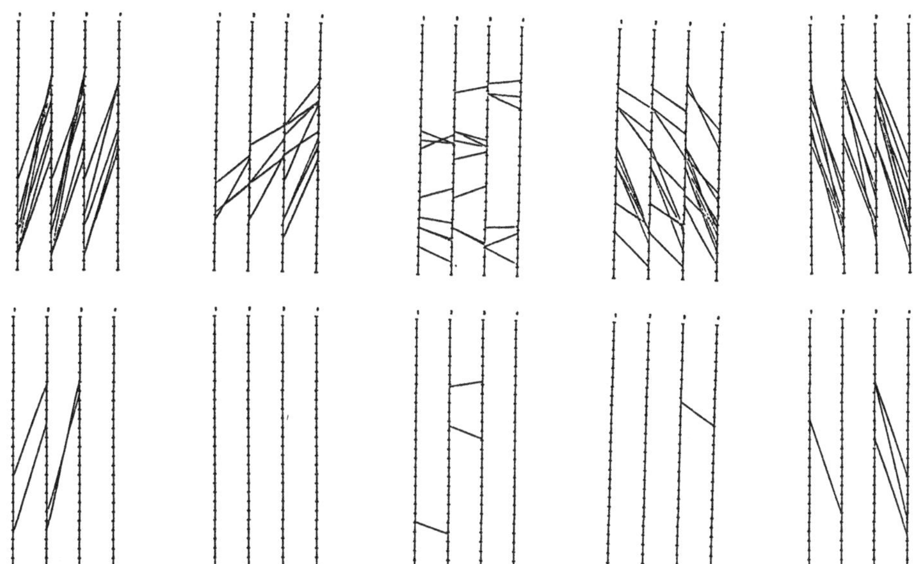

Übergangsdiagramme

Die folgenden vier Übergangsdiagramme wurden mittels folgender Bereichsabfrage, welche in Echtzeit für die 4 Dokumente auf zwischen 19 und 27 Prozent der Trigramme zugriff, generiert. Erster Buchstabe des Trigramms aus dem Bereich M bis und mit U, zweiter Buchstabe aus dem ganzen Alphabet, dritter Buchstabe wiederum aus dem Bereich M bis und mit U. Die Diagramme zeigen klar, welche Dokumentenpaare ähnliche Informationsspuren aufweisen und lassen auch schliessen, dass sie ebenfalls paarweise verschieden sind.

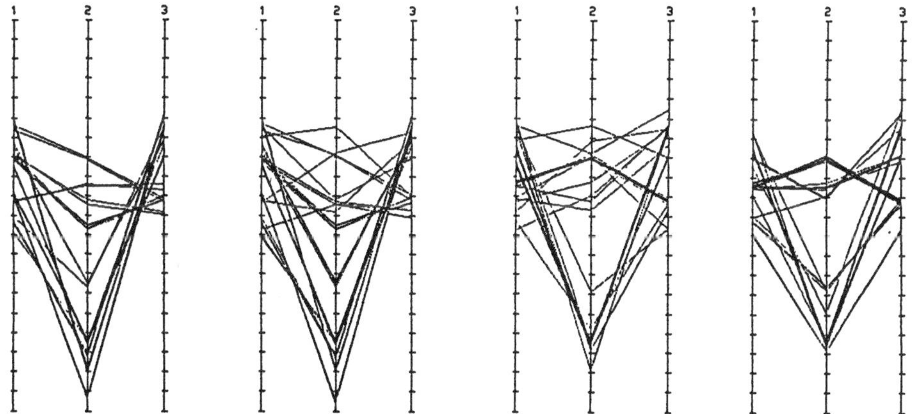

Die folgenden 4 Übergangsdiagramme erlauben eine feinere Analyse der Informationsspuren. Zwischen 3 und 8 Prozent der Trigramme wurden mit einer Bereichsabfrage, welche als zweiten Buchstaben nur T spezifizierte (für die beiden anderen jedoch das ganze Alphabet) für die Generierung der Übergangsdiagramme verwendet. Man sieht deutlich, dass in diesem Bereich sich die Dokumente 3 und 4 weniger ähnlich sind, als die Dokumente 1 und 2, was mit ein Grund für die unterschiedlichen Ähnlichkeitsmasse sein könnte.

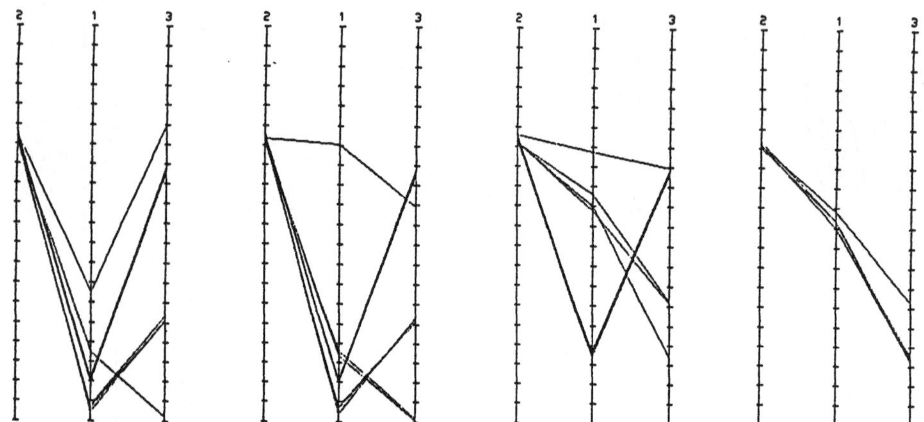

4.5 Visualisierungen ergänzen numerische Resultate

Die Möglichkeit den Inhalt von Übergangsdiagrammen mittels (symmetrisch effizienten) Bereichsabfragen selektiv zu bestimmen, gestattet es, ähnlich wie die Steigungsfilterung bei Trigrammdiagrammen, interaktiv "Fenster" über festgelegte Bereiche von Informationsspuren zu legen. Ein wichtiger Vorteil dieser, aufgrund der Flexibilität der Gitterdatei erreichbaren, Bereichsabfragen ist die Möglichkeit, bekannte Häufigkeitsverteilungen für Zeichen zu berücksichtigen.

Die im vorigen Abschnitt gezeigten Fenster auf Übergangsdiagramme sind nur ein Beispiel für eine sehr grosse Anzahl möglicher Fenster. Durch (sehr feine) Bereichsabfragen lässt sich genau erkennen, wo Übereinstimmungen zwischen Dokumenten gegeben sind. Eine solche selektive Visualisierung in Echtzeit ist nicht zuletzt für die nähere Untersuchung numerischer Ähnlichkeitswerte interessant. Für die in den obigen Beispielen betrachteten (ähnlichen) Dokumente 1 und 2 lässt sich z.B. mit dem in Abschnitt 4.1 definierten Ähnlichkeitsmass ein Wert von 0.7029 berechnen, während die (ebenfalls ähnlichen) Dokumente 3 und 4 nur einen Ähnlichkeitswert von 0.2246 aufweisen. Die oben gezeigten sowie weitere, hier nicht gezeigte, selektiv reduzierten Übergangsdiagramme geben hierfür auf visueller Ebene eine mögliche Erklärung. Es ist klar zu sehen, dass die Informationsspuren der Dokmente 1 und 2 mehr Gemeinsamkeiten als die Informationsspuren der Dokumente 3 und 4 aufweisen.

Die im Abschnitt 4.4 diskutierten Beispiele repräsentieren erste Resultate einer "manuellen" Anwendung der in diesem Beitrag vorgestellten Methodik. Zukünftige Entwicklungen sehen eine "maschinelle" Anwendung der Methodik in dem Sinne vor, dass der Rechner "interessante Fenster" über Informationsspuren für ein gegebenes Ähnlichkeitsmass selbst sucht und anwendet, und damit die Voraussetzung für eine, durch Visualisierungstechniken unterstützte, Browsing-Funktion bildet.

Literatur

[1] T. De Heer. Experiments with syntactic traces in information retrieval. *Inform. Stor. Retriev.* **10**, 133 - 144 (1974).

[2] T. De Heer. The application of the concept of homeosemy to natural language information retrieval. *Inform. Process. Mgmt.* **18**(5), 229 - 236 (1982).

[3] H. Hinterberger. *Data density: A powerful abstraction to manage and analyze multivariate data.* Diss. ETH-Zürich Nr. 8330, Zürich (1987).

[4] A. Inselberg. The plane with parallel coordinates. *The Visual Computer* **1**, 69 - 91 (1985).

[5] N. Jardine, R. Sibson. *Mathematical Taxonomy.* J. Wiley & Sons, London (1971).

[6] H. Karlgren. Homeosemy - on the linguistics of information retrieval. In: D. E. Walker, H. Karlgren und M. Kay (eds.). Natural language in information science. Skriptor, Stokholm (1977).

[7] R. Kuhlen. *Experimentelle Morphologie in der Informations-wissenschaft.* Verlag Dokumentation, München (1977).

[8] J. Nievergelt, H. Hinterberger und K. C. Sevcik. The grid file: an adaptable, symmetric multi-key file structure. *ACM Trans. on Database Systems* 9(1), 38 - 71 (1984).

[9] M. F. Porter. An algorithm for suffix stripping. *Program* **14**(3), 130 - 137 (1980).

[10] C. J. van Rijsbergen. *Information Retrieval.* Butterworths, London (1979).

[11] G. Salton, M. J. McGill. Introduction to modern information retrieval. McGraw-Hill, Singapore (1983).

[12] C. Schwarz. Freitextrecherche - Grenzen und Möglichkeiten, Anmerkungen aus der Sicht der Informationslinguistik. *Nachr. f. Dokum.* **33**(6) (1982).

[13] J. O. Stolley. *String retrieval in german texts by means of trigrams.* Philips Research Report, Pub.-No. IDR-R-ST/7809/2039, Eindhoven (1978).

[14] C. Y. Suen. N-gram statistics for natural language understanding and text processing. *IEEE Trans. Pattern Analysis Mach. Intell.* **PAMI-1**(2), 164 - 172 (1979).

[15] B. Teufel, S. Schmidt. Full text retrieval based on syntactic similarities. *Inform. Systems* **13**(1), 65 - 70 (1988).

[16] B. Teufel. Statistical n-gram indexing of natural language documents. *Int. Forum on Inform. and Docum. IFID* **13**(4), (1988).

[17] E. J. Wegman. *Hyperdimensional data analysis using parallel coordinates.* Technical Report No. 1, Center for Computational Statistics and Probability, George Mason University, Fairfax (1986).

PreTEXProfi - Ein TEX-Previewer für Text und Graphik

Dipl.-Math. F.-J. Prester
S.E.P.P. GmbH
Lohmühlweg 4, 8551 Röttenbach

Zusammenfassung: PreTEXProfi ist ein Previewing System für Dokumente, die mit dem Textverarbeitungs- und Satzsystem TEX [1] erstellt wurden. PreTEXProfi stellt auf einem hochauflösenden Portrait-Monitor eine DIN A4-Seite eines TEX-Dokumentes inklusive enthaltener Strich- und Rastergraphiken in Originalgröße dar. Durch schnellen Bildaufbau und komfortable Zugriffsmöglichkeiten auf jede Seite von beliebig langen Dokumenten ist PreTEXProfi ein hilfreiches Werkzeug für TEX-Benutzer und hilft die Papierflut einzudämmen.

Was ist TEX?

TEX ist ein Satzprogramm, das auf vielen Computern zur Verfügung steht. Die Textquellen können mit jedem beliebigen Texteditor erstellt werden. Im Text müssen alle Anweisungen für das TEX-System integriert werden. Sie bestimmen, wie TEX den Text setzen soll. Das TEX-System besteht aus dem TEX-Programm und mehreren Fonts (Zeichensätze), die in allen von TEX benutzten Größen als Pixelfiles vorhanden sind. Diese Fonts müssen mit Hilfe eines speziellen Programms (METAFONT) für jedes Ausgabegerät, abhängig von dessen Auflösung, erzeugt worden sein.

Entsprechend den im Textfile stehenden Anweisungen wird von TEX der Text mit Hilfe der Font-Metrik-Files, die unabhängig von der Auflösung die Abmessungen der einzelnen Buchstaben und Zeichen beschreiben, in eine virtuelle Seite gesetzt. Ist eine Seite fertig, werden die Satzinformationen auf einen File geschrieben und die nächste Seite gesetzt. Sind alle Seiten gesetzt, so ist ein sog. "DVI"-File (DVI steht für "device independent") vorhanden, der unabhängig vom Ausgabegerät alle nötigen Informationen enthält um das gesamte Dokument zu drucken; somit kann man seine Dokumente von TEX setzen lassen, ohne ein bestimmtes Ausgabegerät berücksichtigen zu müssen, auf allen von TEX unterstützten Geräten wird immer das gleiche Erscheinungsbild des Textes garantiert. Leider bietet TEX keine standardisierte Form der Graphik-Einbindung in Dokumente, jedoch kann mit sogenannten "special"-Kommandos die einzubindende Graphik angegeben werden. Dabei muß beachtet werden, daß alle angeschlossenen Geräte diese Graphik in gleicher Art und Weise darstellen.

Anforderungen an einen TEX-Previewer

Bei der Erstellung umfangreicher Dokumente mit TEX müssen in der Regel mehrere Korrekturversionen erstellt werden, bis das Ergebnis den Anforderungen entspricht. Da TEX kein WYSIWYG-System ist, muß das Ergebnis jedes Durchlaufes gedruckt werden. Die Erstellung der Drucke beansprucht Zeit und verursacht zusätzliche Kosten. Die Abzüge müssen, damit man sie sinnvoll korrigieren kann, gut lesbar sein und das endgültige Layout aller Seiten zeigen. Diese Dokumentenqualität ist zur Zeit nur auf Laserdruckern oder Belichtern verfügbar. Der Druck der Korrekturen ist eigentlich nicht notwendig, wünschenswert bei der Prüfung eines Dokumentes ist die Ausgabe auf einem Bildschirm, wobei folgende Voraussetzungen erfüllt sein müssen:

- Ausgabe einer DIN A4 Seite 1:1.
- Darstellung aller auf dem Endgerät verfügbaren Textfonts.
- Darstellung von Text und Graphik.
- Natürliche Darstellung, d.h. schwarze Schrift auf weißem Hintergrund.
- Einwandfreie Lesbarkeit aller Zeichen.
- Wahlfreier Zugriff auf alle Seiten des Dokumentes.
- Kürzeste Zugriffszeiten für professionelles Arbeiten.

Das von S.E.P.P. angebotene Programm PreTEXProfi erfüllt diese Anforderungen.

Previewing mit PreTEXProfi

PreTEXProfi ist ein Previewing System für den TEX-Benutzer, es ist auf dem IBM-AT bzw. jedem kompatiblen Rechner mit einer speziellen Graphikerweiterung und einem 19" S/W Bildschirm mit 1200 x 1664 Bildpunkten lauffähig. Da der Bildschirm hochkant aufgestellt ist, ist die Ausgabe einer ganzen DIN A4 Seite im Portraitformat möglich. Optional steht ein 15" Portrait Monitor mit gleicher Anzahl von Bildpunkten zur Verfügung, welcher die Seiten leicht verkleinert darstellt.

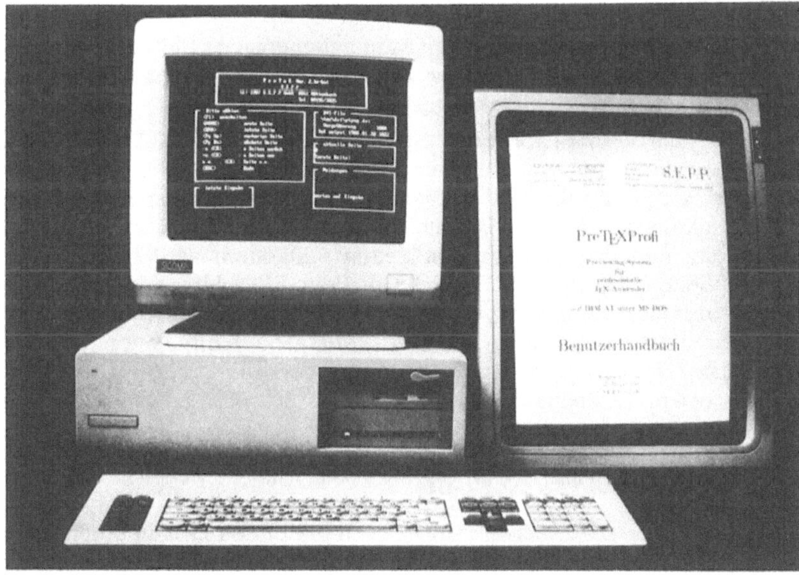

Beispiel einer PreTEXProfi-Konfiguration

Der Benutzer von PreTEXProfi kann jedes Dokument auf dem Bildschirm betrachten, er kann in dem fertigen Dokument blättern, d.h. er hat die Möglichkeit, das

Dokument seitenweise zu betrachten und kann dabei auf jede Seite zugreifen. Folgende "Blätterfunktionen" stehen zur Verfügung:

Tastatur-Eingabe:	Wirkung:
<Home>	erste Seite darstellen
<End>	letzte Seite darstellen
<Pg Up>	auf vorherige Seite vorblättern
<Pg Dn>	zur nächsten Seite weiterblättern
-n <CR>	n Seiten zurückblättern
+n <CR>	n Seiten weiterblättern
n.m. ... <CR>	Seite n.m. ... darstellen

Alle weiteren Tasten der Tastatur sind gesperrt und haben keine Wirkung.

Anwendungen von PreTEXProfi

PreTEXProfi ist für alle interessant, die auf einem Host-Rechner mit TEX, LATEX oder auf einem PC mit MicroTEX oder PC-TEX arbeiten. PreTEXProfi entlastet den Host-Rechner, verringert den Papierverbrauch, senkt die Druckkosten und verkürzt den Arbeitsablauf. PreTEXProfi bietet schnellen Bildaufbau, wahlfreien Zugriff auf die Seiten und eine flimmerfreie schwarz-weiß Darstellung.

Der DVI-File eines Dokumentes wird mit dem TEX-System auf einem AT oder am Host-Rechner wie gewohnt erzeugt und gegebenenfalls mit einem Kopplungsprogramm (z.B. Kermit) auf den AT übertragen. Bei einer Übertragungsrate von 9600 Baud und einer durchschnittlichen Seitengröße von bis zu 3 KByte pro Textseite des DVI-Files benötigt die Übertragung des DVI-Files vom Host zum AT ca. 5 sek. pro Seite.

Mit PreTEXProfi können Dokumente mit einer beliebigen Seitenanzahl dargestellt werden. Wird eine Seite vom Benutzer angefordert, so wird diese Seite von PreTEXProfi gesetzt und auf dem Schirm dargestellt.

Die Aufbereitung und die Ausgabe einer Seite dauert ca. 5 sek.. Um die Ausgabe zu beschleunigen, werden von einem Hintergrundprozeß bis zu 40 weitere Seiten des Dokumentes gesetzt und ihr Bild auf der Platte zwischengespeichert. Diese 40 Seiten sind die aktuelle auf dem Bildschirm dargestellte Seite, die 19 Seiten vor der aktuellen Seite und die 20 folgenden Seiten. Dadurch wird beim "Blättern" die Darstellung der Seiten aus diesem Bereich auf dem Bildschirm auf ca. 1,5 sek. beschleunigt. Blättert der Benutzer weiter, so werden auch die auf der Platte gespeicherten Seiten entsprechend aktualisiert (die genannten Zeiten beziehen sich auf einen 6 MHz AT, bei Verwendung eines Rechners mit 80386 Prozessor kann die Verarbeitung bis zu 4 mal schneller sein).

Graphikdarstellung mit PreTEXProfi

Bei der Darstellung der Dokumente werden auch die in den Dokumenten enthaltenen Grafiken dargestellt. Diese Grafiken können sowohl in GKS-Metafileformat [2], CGM-Format [3] oder in dem von Scannern erzeugten TIFF-Format [4] vorliegen. Diese Bilder werden in dem TEX-Dokument durch das TEX-"special"-Kommando angegeben, dabei wird auch ihre Größe festgelegt. Seiten, die Bilder enthalten, werden von PreTEXProfi genauso verwaltet wie es oben geschildert wurde, jedoch kann die erstmalige Aufbereitung der Bilder, abhängig von ihrem Inhalt, länger dauern als die Aufbereitung reiner Textseiten. Sind die Bilder dieser Seiten jedoch auf der Platte gespeichert, so kann mit der gleichen Geschwindigkeit geblättert werden wie bei reinen Textseiten.

Um PreTEXProfi-Anwender in die Lage zu versetzen, auch andere Graphikformate als die genannten darzustellen, werden die für die Ausgabe notwendigen Routinen für Rasterdaten und Vektoren ebenfalls zur Verfügung gestellt.

Zusammenfassend kann man sagen, die aufgeführten Eigenschaften des PreTEXProfi ermöglichen dem professionellen TEX-Anwender eine schnelle Korrektur seiner Dokumente, ohne daß die aufwendige und teure mehrfache Ausgabe des Dokumentes auf Papier durchgeführt werden muß.

Literatur:

1. Knuth, Donald E.: The TEXbook. Addison Wesley Publishing Company, 1986

2. Deutsches Institut für Normung: DIN 66525, ISO 7942, Informationsverarbeitung, Graphisches Kernsystem (GKS), Funktionale Beschreibung

3. Deutsches Institut für Normung: DIN ISO 8632, Funktionale Beschreibung und Kodierung einer Bilddatei

4. Davenport, T.; Vellon, M.: Tag Image File Format -- Rev 4.0. Aldus, Microsoft Memorandum, February 10, 1987

Bildlich gesprochen... mit SINIX

Axel Keller
Siemens AG, München, Unternehmensbereich
Kommunikations- und Datentechnik

Die Datenverarbeitung im Büro befindet sich im Wandel. Bestand ihr Einsatz früher vorwiegend in der Informationsverarbeitung auf Basis gemeinsamer Datenbestände, so wird sie heute mehr und mehr durch Werkzeuge ergänzt, die das Erstellen und Drucken von Texten am Arbeitsplatz ermöglichen, angefangen von kurzen Mitteilungen bis hin zu umfangreichen Handbüchern.

Neben der Erstellung und der Gestaltung solcher Textdokumente entsteht nun zunehmend auch der Wunsch nach Graphik, d.h. nach Integration von sprachlicher und bildlicher Information in einem Dokument. Ausschlaggebend hierfür ist sicherlich die Vielzahl an graphischen Applikationen, die heute bereits an jedem PC verfügbar sind. Da liegt es nur nahe, deren Arbeitsergebnisse wie Geschäftsgraphiken, schematische Zeichnungen oder gerasterte Bilder mit einem Textdokument zu einer Einheit zu verbinden.

Grundlage für solche Applikationen sind graphische Bildschirmarbeitsplätze, die bisher jedoch nur bei Einplatzsystemen wie kleineren PC oder größeren Workstations verfügbar sind. Moderne Systeme unterstützen dabei nicht nur die graphische Darstellung (passive Graphik), sondern bieten auch mit Fenstertechnik und Mausbedienung eine komfortable und zugleich einfach erlernbare Bedienoberfläche.

Nun werden im Bürobereich größerer Unternehmen vorwiegend Mehrplatzsysteme eingesetzt. Ist es möglich, auch an solchen Arbeitsplätzen eine graphische Bedienoberfläche ähnlich wie an Einplatzsystemen zur Verfügung stellen? Welche graphischen Applikationen sind typisch für das Büro? Wie sieht es mit der Integration von vorhandenen mit neuen, graphischen Anwendungen aus? Für SINIX®, das UNIX von Siemens, gibt es hier ganz neue Ansichten, bildlich gesprochen.

Mehrplatzgraphik: Graphische Bedienoberfläche für Mehrplatzsysteme

Ziel der SINIX-Mehrplatzgraphik ist es, an jedem Arbeitsplatz eines SINIX-Mehrplatzsystems anstelle eines alphanumerischen Terminals auch eine graphische Bedieneinheit einsetzen zu können. Damit können auch den Benutzern solcher Systeme die Vorzüge graphischer Bedienoberflächen verfügbar gemacht werden. Dies ist vor allem dort interessant, wo aus organisatorischen Gründen auf eine Mehrplatzfähigkeit nicht verzichtet werden kann, wie z.B. beim Zugriff mehrerer Benutzer auf eine gemeinsame, ständig aktualisierte Datenbasis. Außerdem können Zugriffsrechte auf solche Datenbestände effektiver organisiert sowie teure Resourcen besser gemeinsam genutzt werden.

Was ist nun das Besondere an einer graphischen Bedienoberfläche? Sie beinhaltet nicht nur eine bildliche Darstellung der zu bearbeitenden Gegenstände, kurz "Objekte" genannt, sondern auch eine bestimmte Vorgehensweise in ihrer Bearbeitung, "Anwendung von Methoden" genannt. Jedes am Bildschirm dargestellte Objekt, sei es eine geometrische Figur, eine Zeichenkette in einem Text oder eine mittels Symbol (Icon) dargestellte Datei, muß erst selektiert werden, bevor irgendwelche Funktionen bzw. Methoden auf das betreffende Objekt angewendet werden können wie z.B. Vergrößern der Figur, Ändern der Schriftart oder Löschen der Datei.

Die Maus ist hierbei ein unentbehrliches Eingabemedium. Mit ihr werden die am Bildschirm dargestellten Objekte frei selektiert, und zwar so, als ob man mit dem Finger darauf deuten würde. Dies ist eine wichtige Voraussetzung für die "objektorientierte" Bedienung. Auch die Methoden werden mit der Maus ausgewählt: entweder aus einem einblendbaren Menü oder durch die Art der Objektselektion wie z.B. Einfachklick, Doppelklick oder Ziehen mit gedrücktem Mausknopf. Wichtig ist, daß sich der Umfang der anwendbaren Methoden immer vom jeweils selektierten Objekt ableitet.

Auch wenn heute so mancher dieser Bedienweise mit der Maus noch skeptisch gegenübersteht, so wird er auch als ungeübter Anwender merken, wie schnell er damit zu einem gewünschten Arbeitergebnis kommt. Dank des graphischen Bildschirms kann er bereits am Schirm sein Text- oder Graphikdokument so sehen, wie es schließlich auf Papier erscheint (What You See Is What You Get). Da die Anwendung nichtzulässiger Methoden ausgeschlossen ist, kann man viele Funktionen einfach durch Probieren herausfinden und das Nachschlagen in Handbüchern erübrigt sich. Für den Anwender bedeutet dies letztlich gegenüber herkömmlichen Applikationen eine erhebliche Reduzierung des Schulungsaufwandes und eine leichtere Handhabung sporadisch eingesetzter Applikationen.

Systemschichten

Bei der Erstellung von Applikationen mit einer objektorientierten Bedienoberfläche wäre man schlecht beraten, wenn man sich allein auf die Leistungen eines graphischen Bildschirm-Controllers beschränken würde. Damit wäre man nicht nur von einer bestimmten Hardware abhängig, sondern würde auch gemeinsame Aufgaben in allen Applikationen spezifisch realisieren.

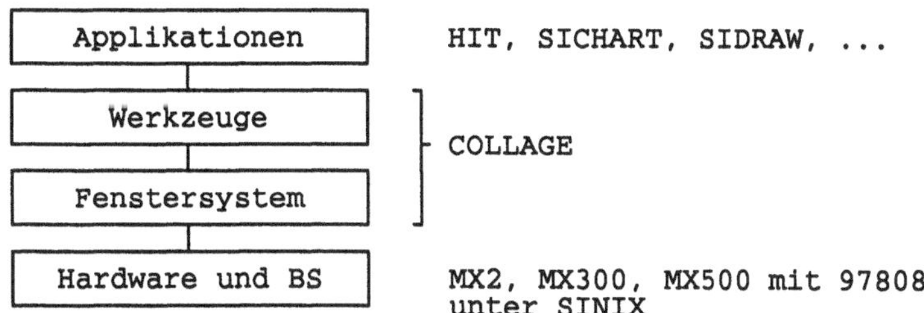

Zwischen den graphischen Applikationen und der Systembasis (Hardware und Betriebssystem) liegt mindestens eine weitere Systemschicht, die bei modernen Systemen als Fenstersystem angelegt ist und zwei wesentliche Dinge leistet:

- Darstellung graphischer und alphanumerischer Grundelemente
- Fensterverwaltung

Der erste Punkt stellt die Geräteunabhängigkeit der Applikationen sicher (ähnlich wie GKS, CGI etc.). Die Fensterverwaltung ermöglicht es darüber hinaus, an einem Bildschirm mehrere Applikationen gleichzeitig zu betreiben, was letztlich einer Vervielfältigung des Bildschirmarbeitsplatzes gleichkommt. Aus der Sicht der Applikation ist es dabei unerheblich, ob der Bildschirm lokal angeschlossen oder über ein Netz abgesetzt ist. Dies ist eine Leistung des jeweiligen Fenstersystems.

Damit alle Applikationen einer Familie eine einheitliche Bedienoberfläche ("Look and Feel") bekommen, ist es notwendig und zugleich ökonomisch, wenn Grundfunktionen für eine objektorientierte Bedienung wie Menüaufbau, Selektionsmechanismen, Gestaltung von Fensterrahmen etc. in Form allgemein verwendbarer Werkzeuge (Toolkit) zur Verfügung stehen. Die Summe dieser Werkzeuge, sei es als integrierte Systemfunktionen oder als eingebundene Routinen, stellt eine eigene, für sich betrachtbare Systemschicht dar.

Graphischer Bildschirmarbeitsplatz 97808

Grundlage für die SINIX-Mehrplatzgraphik ist ein graphischer Bildschirmarbeitsplatz, der genauso angeschaltet ist wie ein alphanumerisches Terminal, nämlich über eine serielle Leitung. Dadurch entstehen keine Mehrkosten, wie etwa bei einer LAN-Vernetzung mehrerer Einplatzsysteme. Wie jedes andere SINIX-Terminal ist der graphische Bildschirmarbeitsplatz natürlich auch als alphanumerisches Terminal mit allen zeichenbezogenen Bildschirmeigenschaften betreibbar.

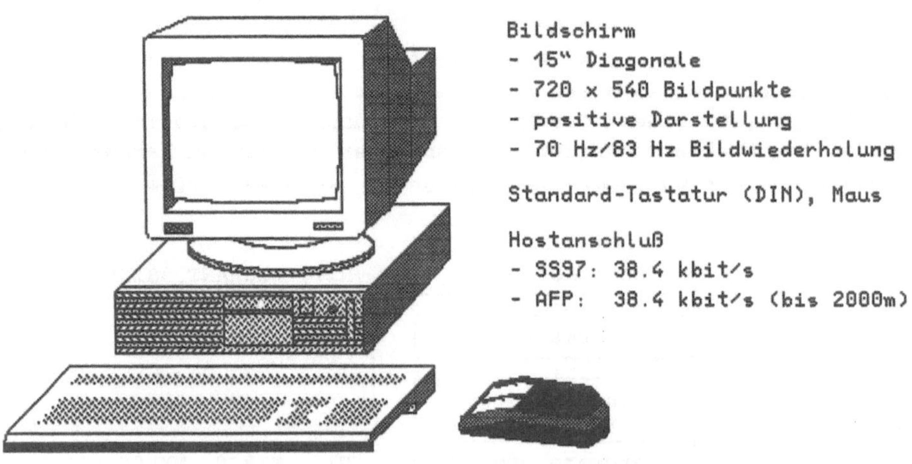

Leistungsmäßig und preislich ist der graphische Bildschirmarbeitsplatz für die Anforderungen im Büro ausgelegt. Dies drückt sich sowohl in der technischen Charakteristik als auch in der deutlichen Erfüllung der bekannten Ergonomierichtlinien aus.

Fenstertechnik mit COLLAGE

Das SINIX-Fenstersystem COLLAGE® bildet die Ausgabefenster mehrerer Applikationen auf die Darstellungsoberfläche des graphischen Bildschirms ab. Die Fenster können jederzeit in ihrer Größe variiert, an beliebiger Stelle positioniert und überlappend angelegt werden. Dialogeingaben beziehen sich immer auf ein aktuelles Fenster im Vordergrund. Zwischen den Fenstern, d.h. zwischen den Applikationen, kann beliebig gewechselt werden, wobei der Bearbeitungszustand der verlassenen Applikation erhalten bleibt, um die Bearbeitung an gleicher Stelle fortsetzen zu können. Über einen Clipboard-Mechanismus können dabei auch Informationen ausgetauscht werden.

Für den Übergang aus der bisherigen, alphanumerisch orientierten SINIX-Welt ist es wichtig, daß auch alle herkömmlicher Applikationen, die ja ihren Benutzerdialog über die Terminalschnittstelle führen und von einem Fensterverwaltungssystem nichts wissen können, in einem COLLAGE-Fenster ablaufen können. Für diese Applikationen wird ein sogenanntes TTY-Fenster erzeugt, in dem von COLLAGE die alphanumerischen Bildschirmeigenschaften nachgebildet werden.

Die grundlegenden Werkzeuge zur Gestaltung einheitlicher Bedienoberflächen von graphisch orientierten Applikationen sind als COLLAGE-Funktionen realisiert und stehen wie alle COLLAGE-Funktionen über die Programmierschnittstelle WAM (Window Access Method) für Entwicklungen allgemein zur Verfügung.

Applikationen für Text und Graphik unter COLLAGE

Ein graphischer Bildschirm verlangt natürlich nach Applikationen, die es ermöglichen, Informationen in bildlicher Form darzustellen bzw. zu erzeugen. Im Büro betrifft das vorwiegend die Darstellung von Zahlenmaterial als Geschäftsgraphik, die Erstellung schematischer Zeichnungen sowie die Wiedergabe von gescannten Bildern.

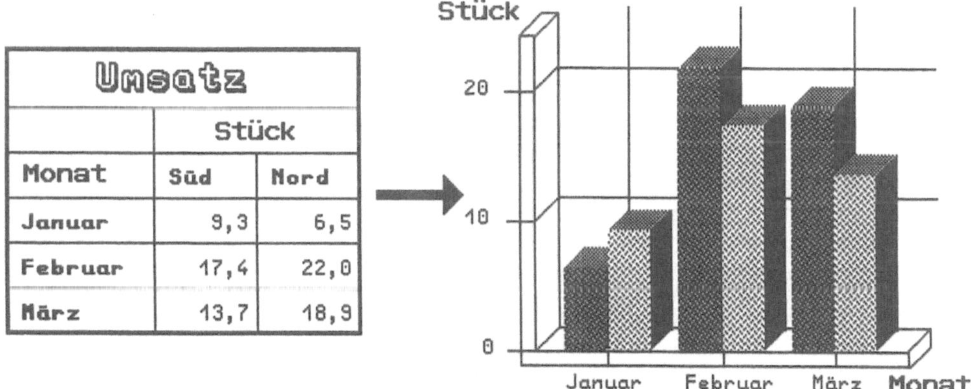

Umsatz		
	Stück	
Monat	Süd	Nord
Januar	9,3	6,5
Februar	17,4	22,0
März	13,7	18,9

SICHART und SIDRAW sind zwei SINIX-Standardprodukte, die dies leisten. Mit SICHART lassen sich alle gängigen Arten von Zahlendiagrammen wie Linie, Treppe, Balken/Säule und Kreis erzeugen und weitreichend gestalten. Das Zahlenmaterial kann dabei manuell erstellt oder vom Kalkulationsprogramm SIPLAN übernommen werden. Mit SIDRAW lassen sich Zeichnungen erstellen, die auf den geometrischen Figuren Linie, Rechteck, Polygon und Ellipse (Kreis) basieren. Zusätzlich können Bildvorlagen gescannt und als Rasterbild in eine Zeichnung integriert werden.

Beide Produkte sind als neue Eigenentwicklungen vollständig objektorientiert angelegt, d.h. alle Manipulationen werden unmittelbar am Arbeitsergebnis durchgeführt. So wird z.B. ein Tabellenfeld, für das eine Eingabe erfolgen soll, direkt durch Anklicken mit der Maus ausgewählt und nicht durch mühsames Navigieren mit einem Cursor. Oder das Verlängern bzw. Verkürzen einer Diagrammachse wird durch "Anpacken" des Achsenendpunktes mit der Maus (Mausknopf drücken und festhalten) und Ziehen zur gewünschten Position erreicht. Anschließend werden alle von solchen Änderungen betroffenen Objekte am Bildschirm neu dargestellt, so daß das Arbeitsergebnis immer auf dem aktuellen Stand ist.

Alle am Bildschirm so erzeugten Graphiken können selbstverständlich auch auf graphikfähigen Druckern und Plottern ausgegeben werden, und zwar nicht nur als Hardcopy, sondern auch als vollständiges Dokument auf einem wählbar großen Blatt Papier. Noch wichtiger ist aber, daß solche Arbeitsergebnisse auch in ein Textdokument integriert werden können und dieses als Mischdokument auf Druckern mit unterschiedlichen Qualitätsmerkmalen ausgegeben werden kann.

Aus diesem Grund wurde die Textverarbeitung HIT zum einen um eine objektorientierte Bedienoberfläche ergänzt und zum anderen die Möglichkeit geschaffen, aus der Textbearbeitung heraus Graphiken zu erstellen und in den Text zu montieren, wobei das Ergebnis bereits am Bildschirm sichtbar ist. Diese Montage ist zwar nicht mit den Leistungsmerkmalen eines Desk Top Publishing-Systems vergleichbar, sie stellt aber eine Lösung für den "weichen" Übergang von der weitverbreiteten, rein alphanumerischen Bedienweise von HIT zu einer graphischen Bedienoberfläche dar. Die mit HIT vertrauten Anwender haben damit die Möglichkeit, ihre bisher rein sprachlich gehaltenen Dokumente um bildliche Informationen zu ergänzen, so wie es in diesem Beitrag durchgeführt worden ist.

Grundlage für die Austauschbarkeit von Arbeitsergebnissen zwischen den verschiedenen COLLAGE-Applikationen ist die Objektverwaltung durch COLLAGE. Diese beinhaltet nicht nur Funktionen zur dynamischen Verwaltung hierarchisch aufgebauter Datenobjekte, sondern definiert auch ein einheitliches Ablageformat, das COLLAGE-Metafile. Damit bietet COLLAGE alle Voraussetzungen, integrierte Applikationen zu erstellen, und zwar nicht nur auf der Ebene einheitlicher Bedienoberflächen, sondern auch auf der Ebene des Datenaustausches.

GEAMATICS Dialog-Compiler

R. Eichhorn; R.D. Puetz
AEG
Hanns-Klemm-Str. 1, 7030 Boeblingen

Zusammenfassung:
Die Benutzungsoberflaeche von Softwareprodukten gewinnt in neuester Zeit mehr und mehr an Bedeutung. Um diesem Problem zu begegnen, wird in der AEG ein Werkzeug zur Gestaltung von Benutzungsoberflaechen entwickelt, das auch einem Dialogdesigner ohne besondere Programmierkenntnisse gestattet, graphische Oberflaechen zu generieren. Die Beschreibung des Dialogs erfolgt unter Verwendung von Dialogobjekten wie Fenster, Menues etc. und unter Verwendung von event-gesteuerten Produktionsregeln, die eine Spezifikation des Dialogablaufs ermoeglichen.
Aufbauend auf dem netzwerkfaehigen Fenstersystem X-WINDOWS (MIT) und einer Bibliothek von speziell dafuer entwickelten Dialogprimitiven (Menues, Scrollbalken, Knoepfe, Titelbalken, etc.) wird ein "Dialog Compiler" erstellt, der Produktionsregeln direkt in Programmcode uebersetzt.

1. Einleitung

Das Projekt hat als Zielsetzung die Entwicklung eines Werkzeugs (Dialog Compiler), mit dem Benutzungsoberflaechen ohne spezifische Programmierkenntnisse erstellt werden koennen. Dieses Werkzeug bietet die Moeglichkeit, die Bedienoberflaeche durch anwendungsspezifisches Know-how entsprechend zu gestalten und weiterzuentwickeln.

Mit dem Dialog Compiler koennen Darstellungsobjekte wie Fenster, Menues, Knoepfe etc. interaktiv definiert sowie funktionale Beziehungen zwischen diesen angegeben werden. Weiterhin werden die so definierten Objekte und deren Beziehungen zu einem Programm der Programmiersprache C mit entsprechenden Aufrufen des X-Window-Systems uebersetzt. Dieses Dialogprogramm kann dann mit anderen C-Anwenderprogrammen zusammen zur Ausfuehrung gebracht werden.

Die Merkmale des zu entwickelnden Systems lassen sich folgendermassen zusammenfassen:

Definieren statt programmieren
Mittels eines interaktiven Editors wird es einem Designer, d.h. einem programmiertechnisch unerfahrenen Entwickler von Dialogschnittstellen moeglich, einen funktional und optisch ueberpruefbaren Entwurf zu erstellen. Definieren bedeutet, dass z.B. direkt ein Fenster manipuliert wird und nicht dessen Beschreibung.

Modulares Programmieren durch objektorientiertes Design
Bei Software-Projekten, die mit Hilfe des Dialog Compilers die Benutzungsoberflaeche gestalten, ergibt sich durch die hier vorliegende Objektstruktur ein modularer Programm- und Funktionsaufbau.

Zeitersparnis durch hohes Sprachniveau
Auf Grund der Einfachheit der Operationssprache kann bei der Entwicklung von Benutzungsoberflaechen mit einer Verkuerzung der Entwicklungszeit gerechnet werden. Gegenueber bisher bekannten Werkzeugen (z.B. bei MS-Windows oder GEM) bietet der Dialog Compiler die Moeglichkeit, Beziehungen zwischen den Darstellungsobjekten mittels Regeln ausdruecken zu koennen. Dadurch entfallen Teile des Anwendungsprogramms, da sie durch diese Regeln dargestellt werden.

Rapid Prototyping statt Pflichtenheft
Das Aussehen und die Wirkungsweise einer Bedienungsoberflaeche kann durch den Dialog Compilers auch ohne eingebundene Programme schnell demonstriert werden. Im Sinne des rapid prototyping kann eine erste, flexible Version der Oberflaeche das Erstellen von Pflichtenheften ersetzen.

Kundenindividuelle Anpassung
Da das aeussere Erscheinungsbild leicht zu beeinflussen ist, wird der Designer in der Lage sein, kundenindividuelle Anpassungen im Rahmen der Objektbeschreibungen vornehmen zu koennen.

Ein- und Ausgabe-Kontrolle
Die Verwendung von Regeln und Objekten als Steuerungselemente der Operationssprache ermoeglicht die Kontrolle von Ein- und Ausgabe der Bedienungsoberflaeche und entlastet somit den Programmierer.

Automatische Ueberpruefung
Durch die Konstruktion der Sprache ist es moeglich, waehrend der Entwicklung eine automatische Ueberpruefung der definierten Oberflaeche durchzufuehren (Vollstaendigkeit, Konsistenz etc.). Dies unterstuetzt sowohl die Definitions- als auch die Evaluationsphase.

Kompatibilitaet
Auf Grund der ausgewaehlten Software-Basis wie UNIX, C und X-Windows ist ein Hoechstmass an Kompatibilitat und Portabilitaet zu erwarten.

Produktnaehe
Durch die direkte Uebersetzung in die Programmiersprache C und eine klare Schnittstelle zum Anwenderprogramm ist die Umsetzung der Benutzungsoberflaeche in ein Produkt direkt moeglich.

2. Architekturmodell

2.1. Aufgabenstellung

Die Sprache "D", die innerhalb dieses Projektes definiert wird, ist eine Programmiersprache fuer Benutzeroberflaechen, die in einer Backus-Naur Form (BNF) definiert wird, d.h. "D" ist eine deterministisch kontextfreie Sprache.

"D" erlaubt die Definition von Objektklassen und Regeln. Diese Sprache orientiert sich an Methoden von Expertensystemen, d.h. sie beschreibt Objekte (d.i. Typ- und Variablendefinition in ueblichen Programmiersprachen) und Regeln (d.i. Funktionen). Diese Repraesentation ist fuer Fenstersysteme gut geeignet, da Fenster, Menues etc. vom Fenstersystemkonzept her sog. Ereignisse (Events) liefern, die im allgemeinen lokal begrenzte Auswirkungen auf die Benutzungsoberflaeche haben oder Anwenderfunktionen initiieren. Unter einem bestimmten Ereignis wird eine Regel aktiviert und loest eine oder mehrere Aktionen aus. In einer Aktion kann u.a. ein Objekt manipuliert werden.

Die neu definierte Programmiersprache "D" soll
- sich in den Objektdefinitionen an X-Windows orientieren.
- in den Regeldefinitionen Relationen zwischen Objekten herstellen.
- Standardfunktionen zur Manipulation von Objekten besitzen, die in Regeln verwendet werden koennen. Dies sind Funktionen wie "bewege (Fenster, Zielposition)" usw.
- eine klare Schnittstelle zwischen Benutzungsoberflaeche und Anwenderprogramm bieten. Diese Schnittstelle besteht aus einer Ansammlung von C-Funktionen, die aus den D-Regeln heraus aufgerufen werden.

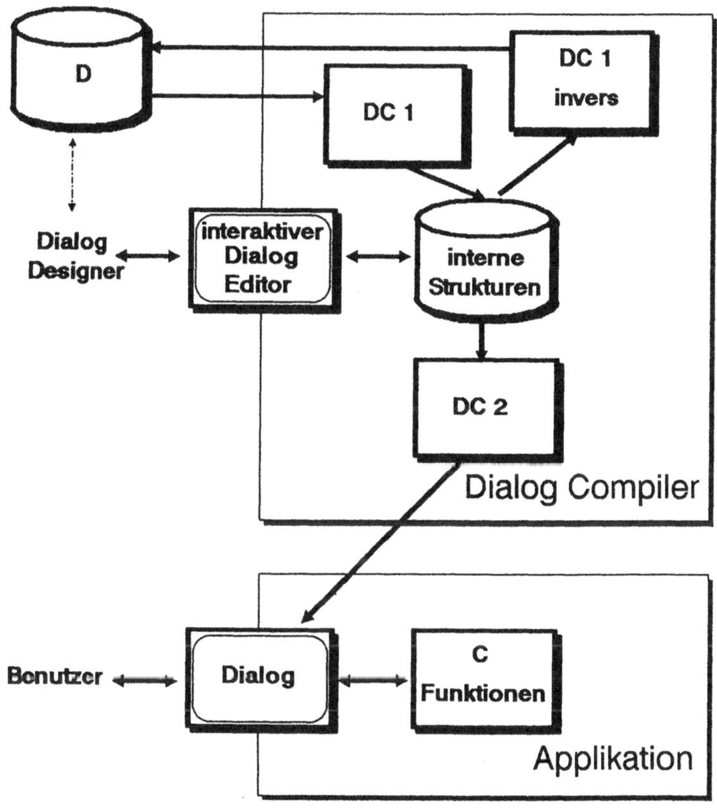

Bild 1: Architekturmodell des Dialog-Compilers (DC)

Der DC uebersetzt die Regeln und Objekte, die in der Sprache D geschrieben wurden, in ein C-Programm.
Die Aufgaben der Komponenten sind wie folgt zu charakterisieren:

2.2. File in D-Syntax

Dieser ASCII-Textfile kann, gemaess der definierten Sprachsyntax, mit einem einfachen Texteditor erstellt werden.

2.3. Die Komponente DC1

DC1 ist ein Programm zur Uebersetzung des D-Files in interne C-Strukturen; auch die Regeln werden in Datenstrukturen uebersetzt. Bei der Uebersetzung wird auf korrekte Syntax geprueft und eventuell werden die entsprechenden Fehlermeldungen produziert. Eine Semantikpruefung wird ebenfalls so weit wie moeglich durchgefuehrt. Z.B. wird auf korrekte Typ- und Bereichsdefinitionen geprueft. Fehlende Definitionen von Objektattributen werden mit Defaultwerten ergaenzt.

2.4. Die Komponente DC1-invers

Dieses Programm generiert aus internen Strukturen den D-File, damit dieser z.B. nach dem Testen eines Dialoges fuer weitere interaktive Aenderungen benutzt werden kann. Syntax- und Semantikpruefungen sind hier nicht notwendig, da die internen C-Strukturen bereits korrekt sind (durch DC1 oder IDE).

2.5. Interne Strukturen

Sowohl Funktionsdeklarationen, Objekte als auch Regeln werden als Datenstrukturen zwischengespeichert, um daraus das fertige C-Programm zu machen oder um interaktive Veraenderungen zuzulassen. Der Aufbau der Strukturen steht in enger Relation mit der definierten D--Sprachsyntax.

2.6. Die Komponente DC2

Diese Komponente ist der zweite Schritt der Uebersetzung zu C-Code, wobei die internen Strukturen uebersetzt werden.
Dieser Teil des Uebersetzers ist stark abhaengig von dem X-Window--System, speziell benutzt er das Event-Konzept des XWS.

Die Objekte werden in XWS-spezifische Typdefinitionen uebersetzt, entsprechende Variablen werden in C-Syntax erzeugt und Befehle zum Kreieren, Darstellen etc. werden laut C-Syntax erzeugt.

Regeln werden in geschachtelte IF-THEN-ELSE-Statements uebersetzt und mit den notwendigen Funktionsaufrufen ergaenzt.
Es wird eine globale Kontrollstruktur erzeugt, die das korrekte Abarbeiten der Regeln garantiert und die Kommunikation mit dem Anwenderprogramm durchfuehrt. Die Kontrollstruktur orientiert sich an den Events.

Ausser dem reinen C-Programm zur Realisierung der Benutzeroberflaeche unter XWS wird ein File mit den extern definierten Funktionen erzeugt. Diese Funktionen sind im allgemeinen Funktionen des Anwenderprogramms und von einem Programmierer fertigzustellen.

2.7. Die C-Applikation

Nach der Ausfuehrung der Programme DC1 und DC2 existiert ein fertiges C-Programm-File, welches mit den Funktionen des Anwenderprogramms vom C-Compiler uebersetzt und zusammengelinkt werden muss. Damit ist die gesamte Anwendung mit Benutzungsoberflaeche ein ausfuehrbares Dialogprogramm.

2.8. Der interaktive Dialogeditor (IDE)

Der Dialogeditor ist fuer das interaktive Definieren von Objekten und Regeln zustaendig. Objektdefinitionen sollen in aehnlicher Form geschehen, wie dies z.B. mit dem GEM-Resource-Construction-Set moeglich ist. Die Regeldefinitionen geschehen textuell, wobei Syntax- und Semantikpruefungen wie in DC1, jedoch menuegefuehrt direkt bei Eingabe einer Regel erfolgen.

3. Regeln

In diesem Kapitel soll auf die Verwendung von Regeln zur Beschreibung von funktionellen Abhaengigkeiten unter den Objekten eingegeangen werden. Diese Art der Beschreibung von Zusammenhaengen ermoeglicht dem Designer von Oberflaechen seine Vorstellungen in komprimierter und komfortabler Form auszudruecken.

Im folgenden wollen wir an einer Reihe von kleineren Beispielen illustrieren, wie ein "Gedankenmodell" zu formalisieren ist, d.h. wie bereits existente Objekte durch Regeln zu einer funktionalen Einheit zusammenwachsen.

Grundsaetzlich sind Regeln Handlunganweisungen an das System, die ausgefuehrt werden sollen, sobald ein bestimmtes Ereignis eingetreten ist.

3.1. Eine einfache Regel

Sobald der Benutzer mit der Maus auf den Exit-Knopf drueckt soll das Fenster 'MeinFenster' unsichtbar werden.

```
Regel
Sobald   Exit angewaehlt
Dann MeinFenster sichtbar = aus
Ende
```

In diesem Fall besteht eine direkte Abhaengigkeit zwischen einem Ereignis und einer Folgerung. Der Ereignis-Teil einer Regel hat grundsaetzlich den Aufbau:

```
Sobald <Objektname> <Ereignis>
```

Mit dieser Zeile wird eine Regel an ein bestimmtes Objekt gebunden, welches im weiteren Ablauf staendig ueberprueft, ob ein passendes Ereignis aufgetreten ist.

Der Folgerungs-Teil einer Regel stellt eine Anweisung dar, die vom System auszufuehren ist. Allgemein hat dieser Teil den folgenden Aufbau:

```
Dann <Objektname> <Attribut> = <Wert>
```

Im folgenden wird sich zeigen, dass dieser Aufbau in vielen Punkten variieren kann. Als Ueberblick soll diese Form der Regel hier genuegen.

3.2. Eine Regel mit Bedingung

Haeufig ist das Ausfuehren einer Anweisung nicht nur von einem bestimmten Ereignis abhaengig sondern auch von Nebenbedingungen, d.h. von dem momentanen Zustand in dem sich das System befindet.

Wird der 'Delete'-Knopf angewaehlt, so soll ein selektierter File geloescht werden. Der Name des selektierten Files steht in der Variablen 'file_select'.

```
Regel
Sobald    Delete angewaehlt
Falls     file_select <> ""
Dann      delete ( file_select )
Und       file_select = ""
Ende
```

Die Bedingung prueft ab, ob ueberhaupt schon eine Datei ausgewaehlt wurde. Ist dies nicht der Fall, so steht die Variable 'file_select' noch auf dem leeren Text. Erst nachdem diese Bedingung erfuellt ist, wird mittels einer Anwender-Funktion die Datei geloescht und die Selektion wieder zurueckgesetzt.

Die 'delete'-Funktion ist eine Anwederfunktion, die im Normalfall von einem geuebten C-Programmierer geschrieben werden sollte. In diesem Fall kann auch auf eine bestehende Betriebssystemfunktion zurueckgegriffen werden, so dass die Zeile

```
Dann      unix ( "rm -f ", file_select )
```

alternativ fuer "delete ..." benutzt werden kann. 'unix' ist eine in D integrierte Funktion, die mit dem UNIX-System ueber eine C-Shell kommuniziert.

3.3. Eine Regel mit Alternativen in den Folgerungen

In dem obigen Beispiel soll z.B. eine Nachricht 'Notiz' auf den Bildschirm geschrieben werden, falls versucht wurde, ohne Auswahl aus der Liste eine Datei zu loeschen. In diesem Falle muesste die Regel folgendermassen erweitert werden:

```
Regel
Sobald    Delete angewaehlt
Falls     file_select <> ""
Dann      delete ( file_select )
```

```
Und         file_select = ""
Sonst       Notiz sichtbar = an
Ende
```

'Notiz' ist eine sogenannte messagebox, die als Objekt in "D" existiert und die beim Druecken eines Knopfes namens "o.k." wieder verschwindet.

3.4. Eine geschachtelte Regel

In einigen Faellen ist es hilfreich, geschachtelte Folgerungen darstellen zu koennen. In unserem Beispiel sollen zwei unterschiedliche Funktionen zum Loeschen von Dateien und Katalogen existieren.

```
Regel
Sobald      Delete angewaehlt
Falls       file_select <> ""
Dann Falls       is_directory ( file_select )
     Dann        delete_dir ( file_select )
     Ende
     Falls       is_file ( file_select )
     Dann        delete ( file_select )
     Ende
Und         file_select = ""
Sonst       Notiz sichtbar = an
Ende
```

Die beiden Unterregeln werden je nach Ergebnis der Bedingung ausgewertet und sind wiederum in C zu implementieren.

3.5. Eine Regel mit Alternativen in den Bedingungen

Eine ausgewaehlte Datei soll abhaehngig vom Dateityp weiterverarbeitet werden. Hierzu bieten sich alternative Bedingungen an.

```
Regel
Sobald      Filelist angewaehlt
Falls       alternativ extension ( this text ) = "c"
            oder  extension ( this text ) = "h"
            oder  extension ( this text ) = "d"
Dann        file_select = this text
Sonst       file_select = ""
Ende
```

Die Fileselektion fuer weitere Bearbeitungen (s.o.) wird nur unter bestimmten Fileextensionen gemacht, andernfalls wird keine Selektion vermerkt.
Die Variable 'this' wird vom System gesetzt und bezeichnet das gerade selektierte Objekt.

Literaturhinweis

[1] Balzert, H.; Hoppe, H.U.; Ziegler, J.: Fenstersysteme im Vergleich: Architektur, Leistungsfaehigkeit und Eignung fuer die Anwendungsentwicklung. In Bullinger, H.-J. (Hrsg.): Softwareergonomie

[2] Boehm, O.: Implementierung eines Dialog-Managers basierend auf Dialog-Regeln. Studienarbeit Nr. 6o4; Universitaet Stuttgart 1987

[3] Dannenberg, M.: Definition und Implementation eines Ressource Construction Sets und eines Dialog-Managers. Diplomarbeit am Institut fuer Informatik. Universitaet Stuttgart 1986

[4] Geissler, A.: Definition und Implementation eines 'Dialog Managers'. Studienarbeit Nr. 592. Universitaet Stuttgart 1986

[5] Dannenberg, M.; Ziegler, J.: ESPRIT Project 385 - HUFIT: Working Paper B3.4a. A Dialogue Management Tool for Prototyping and Development of Interactive Systems. HUFIT/16-IAO-11/87

[6] Nilsson, N.: Principles of Artificial Intelligence. Palo Alto. Tioga Publishing Company 1980

[7] Shneiderman, B.: Designing the User Interface: Strategies for Effective Human-Computer Interaction. Addison Wesley Publishing Company 1987

Computer-Animation zur graphischen Gestaltung von Benutzungsoberflächen am Beispiel TRIXTER

Heiko Haenler
Co-Text GmbH
Adolf-Martens-Str. 16
1000 Berlin 45

Am Flughafen: Unter erheblichem Termindruck nehmen Sie Ihren Mietwagen entgegen - erfreut, daß man Ihnen aufgrund organisatorischer Schwierigkeiten zum gleichen Tarif ein teureres Fahrzeug zur Verfügung gestellt hat.

Sie steigen ein, schließen die Tür - und befinden sich in einer Ihnen unbekannten Geruchs-, Tast- und Sichtwelt. "Wo ist denn ...", in der klassischen Suchhaltung, leicht nach vorne gebeugt, die Hände etwas hilflos in die Luft gestreckt, suchen Sie nach den richtigen Schaltern und Tasten.

Sie wissen, wo sich die Kipp-, Wipp- und Multifunktionshebel in Ihrem eigenen Wagen befinden; und auch in der neuen Umgebung suchen Sie dort zuerst ... Fehlanzeige!

Dieses kurze Beispiel verdeutlicht sehr bildhaft die grundsätzlichen Probleme, die sich bei der Gestaltung neuer Benutzungsoberflächen stellen: Gleiche Inhalte in unterschiedlichen Verpackungen. Selbst reife Industrien bieten gleiche Funktionen unter unterschiedlichen Benutzungsoberflächen an.

Wie auch in anderen Bereichen, scheiden sich hier die Geister:

Standardisierung vs. Gestalterische Freiheit

Das gemeinsame Motto im Sinne des heutigen Software-Anwenders sollte, in Anlehnung an "wysiwyg", jedoch lauten:

"What you see is what you know",

denn es entspricht dem natürlichen Verhalten des Menschen, in neuen Situationen auf Bekanntes und Gewohntes zurückzugreifen. Zurückgreifen im ursprünglichen Sinne des Wortes.

Alle Gegenstände des täglichen Lebens lassen sich aus der Kombination von Wahrnehmungen mehrerer Sinnesorgane zusammensetzen. Neben dem Sehen, dem Erkennen, spielt das haptische Erlebnis, das Erfassen, eine wesentliche Rolle.

Doch gerade Computer schränken beim Benutzer das Spektrum der Wahrnehmungsmöglichkeiten und Reaktionen stark ein: Das haptische Erleben beschränkt sich auf die Bedienung von Tastatur und Mouse, das Sehen und Wiedererkennen wird durch einen zum Teil hohen Abstraktionsgrad unmöglich.

Drei grobe Abstraktionsebenen lassen sich im Umgang mit Software beschreiben:

* TEXT - als Analogie für den Gegenstand. Die Anforderungen an das Abstraktionsvermögen sind hier am höchsten.

* PICTOGRAMME - Bildsymbole senken zwar das Abstraktionsniveau, müssen aber erst in einer "Schaltstelle" im Gehirn des Anwenders entschlüsselt werden.

* ABBILDUNG - Abbildungen von Gegenständen ermöglichen das Prinzip "Sehen und Wiedererkennen" ohne Umschaltprozess. Auf dieser Abstraktionsstufe erhält der Anwender einen erheblichen Teil seiner verlorengegangenen realen Sinneswahrnehmung in simulierter Form am Bildschirm zurück.

Software, die geringe Abstraktionsanforderungen an den Benutzer stellt, ermöglicht intuitives Agieren, - der Anwender muß nicht den algorithmischen Vorgaben des Programmes oder der Denkweise des Informatikers folgen. Für das Arbeiten am System bedeutet das:

1) die Einarbeitungszeit wird herabgesetzt,

2) die Fehlerhäufigkeit reduziert sich drastisch,

3) das System kann von "Gelegenheitstätern" ebenso wie von Profis bedient werden.

Die von Co-Text verfolgen Ansätze in der Gestaltung von Benutzungsoberflächen von Software nutzt bereits die Erfahrungen, die im Simulations- und Computer-Animations-Bereich gemacht worden sind.
Durch die Darstellungsmöglichkeiten von räumlichen Objekten in allen Perspektiven und typischem Bewegungsverhalten, z.B. dem Blättern von Seiten in einem Buch, wird dem Benutzer Bekanntes und Vertrautes angeboten.

Die Grundidee von TRIXTER ist es, dem Benutzer den Status eines Kameramannes zu geben, der Monitor fungiert als Kameraauge.

Eine Vision:
Durch den Monitor sieht der Benutzer in eine imaginäre "Bürowelt", er sieht seinen Schreibtisch, Schränke und Schubladen, Karteikästen, Stifte, Lineal und Schere, etc.

Die Mouse ist die Schnittstelle zwischen beiden Welten, der verlängerte Arm des Anwenders. Über die Mouse kann er zeichnen und schreiben, Karteikästen öffnen und Akten schließen.

In dieser "neuen" Bürowelt gibt es keine virtuellen Arbeitsplatten, keine Pull-Down Menues oder andere "Hilfsmittel". Sämtliche Funktionen und Informationen sind an Objekte gebunden.
Beispiel:
Bei TRIXTER erscheinen Informationen nicht in abstrakt aufgezogenen Fenstern, sondern im "Info-Monitor", einem kleinen Monitor im Monitor.

Co-Text versucht so bereits heute, sichtbare Gegenstände und deren Raum-Zeit-Verhalten am Bildschirm zu simulieren, um die Abstraktionsvorgänge, die zur Bewältigung einer Arbeit notwendig sind, zu minimieren.

TRIXTER für Dokumente aus Texten, Bildern und Graphiken

Derzeit sind die Lay-Out-Programme im wesentlichen für eine einzige Funktion konzipiert: die Lay-Out-Gestaltung. Für die Erstellung und Bearbeitung von Texten, Bildern und Graphiken werden jedoch getrennte Programme in Form von Textverarbeitungs- und Graphikpaketen benötigt. TRIXTER bietet unter einer neuen Benutzeroberfläche gebündelte Funktionen an, die für das schnelle Erstellen von technischen Dokumenten, Katalogen, Diplomarbeiten oder Versuchsprotokollen unerläßlich sind.

Nichts ist lästiger, als aus verschiedenen Softwareprogrammen ein Dokument zusammenzupuzzeln, Bestandteile auszudrucken, um sie in das nächste Programm einzuscannen, und zwar unter ständigen Qualitätsverlusten.

Dem Benutzer muß daher die Möglichkeit gegeben werden, möglichst lange digital zu arbeiten, also vom Verfassen des Textes über das Erstellen von Grafiken bis hin zum Lay-Outen.

Unter diesem Gesichtpunkt sind für TRIXTER Schnittstellen zu den CAD-Programmen EUCLID, CATHYA und PATRAN vorgesehen. Nach der Konvertierung in das TRIXTER-Format können CAD-Daten übernommen und im Programm weiterverarbeitet werden. Problemlos können so qualitativ hochwertige Dokumente erstellt werden, die auch komplexe technische Zeichnungen beinhalten, unerläßlich für Ingenieure, Architekten und technische Autoren, die Schere und Klebestift endlich beiseite legen können, um mit TRIXTER ihre Dokumente digital zu erstellen.